La utopía
de la moneda común

EL DEBATE SOBRE INTEGRACIÓN MONETARIA
Y RÉGIMEN CAMBIARIO

Miguel Ignacio Purroy U.

La utopía de la moneda común: el debate sobre integración monetaria y régimen cambiario
© Miguel Ignacio Purroy U., 2014

Primera edición de tapa blanda: diciembre de 2014
ISBN: 978-1505259254

Diseño de portada: Reynaldo Álvarez
Director de Arte, Equis Creadores de Imagen

Maquetación: Valentina Truneanu

TABLA DE CONTENIDO

PREFACIO

Este libro emana de una obra mayor publicada en 2013 bajo el título *¿Moneda común o propia? Teoría y experiencias de la integración monetaria* (615 páginas), escrito con la pretensión de ser un tratado amplio y sistemático sobre la materia y dirigido principalmente al mundo conocedor, especialmente académico. La decisión de acceder a la plataforma digital con impresión bajo demanda y dirigirme así a un público más extenso ha implicado la toma de dos decisiones. En primer lugar, el contenido del "libro madre" ha sido dividido en tres libros más cortos, para lo cual ha sido necesario reorganizar y redondear el desarrollo de los temas, de tal forma que cada libro pueda ser leído y aprovechado independientemente de los otros. En segundo lugar, el texto ha sido ampliamente re-escrito para hacerlo accesible a no economistas con curiosidad intelectual y deseo de entender la economía, a hacedores de política, a estudiantes de pregrado y al público general interesado en el tema.

El libro versa sobre el dilema central que ha ocupado a la teoría monetaria internacional desde sus mismos orígenes: cuándo y por qué les conviene a los países conformar un área monetaria, es decir, integrarse monetariamente. La utopía de la moneda común o única ha sido una poderosa fuerza motora, una fuente de inspiración que ha impulsado reiteradas iniciativas de reforma monetaria a lo largo de la historia. Utopía como fuente de inspiración. Implícita en esta búsqueda ha estado también la cuestión de la elección del régimen cambiario más conveniente, porque lo cambiario y lo monetario son dos caras de una misma moneda. Por eso es que la teoría de las "áreas monetarias óptimas" ha constituido el corazón, el punto de partida y, de alguna forma, el punto de llegada de la economía cambiaria moderna. Conocer los planteamientos centrales de esa teoría es indispensable para entender lo que está pasando en Europa y en otros procesos de integración en el mundo de hoy.

El renovado interés por las uniones monetarias o por versiones más blandas de moneda común como, por ejemplo, las juntas monetarias, se alimenta de motivaciones y razones similares a las que dieron origen a esa teoría hace medio siglo y que posteriormente han sido objeto de una intensa discusión. A la búsqueda tradicional de las ventajas microeconómicas que se derivan de una ampliación supranacional del ámbito de uso de las monedas, se une después la preocupación por el logro de la estabilidad de precios a través de la disciplina que impone la convergencia de las políticas macroeconómicas. El debate sobre costos y beneficios de la integración cambiaria-monetaria continúa abierto. La autonomía de la política monetaria y el aislamiento frente a perturbaciones son los argumentos centrales a favor de la flexibilidad cambiaria; en su contra se aducen el riesgo desestabilizador de la variabilidad cambiaria, las pérdidas de bienestar asociadas a la incertidumbre cambiaria y la escasa o nula efectividad de las herramientas monetarias para impactar la economía real.

El lector encontrará también un análisis de la evolución del mapa mundial de esquemas cambiario-monetarios desde el colapso del sistema de Bretton Woods a principios de los setenta hasta hoy, donde se evidencia que el enfoque sobre la elección de régimen ha ido mutando desde el activismo macro-económico "pro-empleo" hacia la preferencia por la estabilidad nominal de la economía. Aunque todavía incipientemente y como consecuencia de la crisis financiera mundial post 2008, esta dicotomía entre objetivos reales (empleo) y objetivos nominales (inflación) está siendo superada en beneficio de novedosas combinaciones de políticas económicas, al tiempo que el papel de la política monetaria y de los bancos centrales está siendo cuestionado a fondo.

Para el lector que desee profundizar en algún tema o problema específicos, el libro ofrece una amplia bibliografía y referencias a pie de página, que abren una ventana a la discusión académica del tema pero que no son indispensables para la comprensión del texto. La formalidad matemática de los modelos económicos utilizados ha sido sustituida por gráficos simples que son explicados con suficiente detalle pedagógico.

En preparación se encuentran dos publicaciones adicionales. La primera analizará la importancia del régimen cambiario-monetario para los procesos de estabilización inflacionaria, así como la dinámica de economía política que subyace la elección de régimen. Y la segunda obra versará sobre experiencias concretas de procesos de integración monetaria, más en concreto el caso de la unión monetaria europea y los esfuerzos, no siempre exitosos, de avanzar hacia mayor integración en América Latina y el Caribe. ¿Dos continentes, un éxito y un fracaso? La crisis europea de fines de la década de los 2000 ha demostrado que esta dicotomía tan simple no se corresponde con la realidad y que hay mucho que aprender de la experiencia europea, ciertamente, pero también muchas advertencias sobre los riesgos de integraciones monetarias mal diseñadas. Al igual que hay muchos elementos válidos y rescatables de la vía latinoamericana hacia la integración.

No te afanes, alma mía, por una vida inmortal,
pero agota el ámbito de lo posible.

Píndaro (518-430 a.C.)

De la fuente de sueños generosos
emanan realidades beneficiosas.
La utopía es el principio de todo progreso
y el diseño de un futuro mejor.

Anatole France (1844-1924)

La historia económica de la humanidad ha estado signada por la incesante búsqueda de la integración monetaria y de la estabilidad cambiaria. Como sucede con todas las utopías de alcance universal, de ella han brotado poderosas fuerzas que han impulsado innumerables iniciativas. Y los fracasos en su consecución no han mermado en absoluto su atractivo para futuras generaciones. Se han vivido épocas doradas de integración y estabilidad, generalmente asociadas a tiempos de paz y progreso material, pero más frecuentes han sido los tiempos de descoordinación, perturbaciones y confrontaciones destructivas. Pareciera como si el mundo estuviera condenado al trágico destino del rey Sísifo de la mitología griega, cuyo artero comportamiento fue castigado con la eterna tarea de empujar una pesada piedra hasta la cima de una montaña, desde donde rodaba nuevamente hacia el valle. A lo largo de este libro el lector encontrará algunas luces que le hagan entender por qué es tan arduo remontar la montaña hacia la integración monetaria, por qué fatídicamente la armonía no dura, pero también por qué merece la pena "agotar el ámbito de lo posible" una y otra vez para volverla a construir.

11

I

INTEGRACIÓN MONETARIA Y RÉGIMEN
CAMBIARIO: SITUACIÓN ACTUAL DEL DEBATE

En este capítulo introductorio se aclaran algunos conceptos centrales como la definición de integración, la diferencia entre *política* y *régimen*, la relación entre integración monetaria y régimen cambiario y la vinculación entre integración monetaria y estabilidad económica. Así mismo se le ofrece al lector un resumen del hilo conductor argumental que recorre el libro, capítulo por capítulo, cuya comprensión le será muy necesaria para encajar las piezas de este complejo rompecabezas de la economía cambiaria y monetaria.

Una idea medular que subyace al libro es que lo monetario y lo cambiario son dos dimensiones inseparables de la política económica. El valor de la moneda y su inverso, la evolución del precio de los bienes y servicios –inflación–, son el núcleo central de la política monetaria; lograr anclar el nivel de precios es el objetivo principal de un banco central, salvo cuando los países entran en la trampa de la deflación. Si la moneda de un país está atada a la moneda de otro país, será la política monetaria del banco central de este país la que determine el nivel de inflación del país que ata su moneda. Cuando, por el contrario, un país prefiera perseguir sus propios objetivos monetarios, su moneda debe estar libre de ataduras (flotar) respecto de cualquier otra moneda. La opción entre atar una moneda a otra o dejarla flotar depende de la decisión sobre el marco monetario que un país decida adoptar. Igualmente, cualquier decisión sobre el régimen cambiario condicionará irremediablemente la actuación monetaria.

Consecuentemente, los regímenes cambiarios son en el fondo y principalmente regímenes monetarios: el espectro existente entre fijación y flotación cambiaria es espejo del espectro entre integración y autonomía monetaria. Optar por la integración monetaria con otro u otros países equivale a optar por un régimen cambiario de paridad fija o, en el extremo, renunciar a emitir una moneda propia (dolarización) o adoptar una nueva moneda común (unión monetaria); al igual que optar por la fijación o unión cambiaria obliga a coordinar (integrar) plenamente las políticas monetarias y a perseguir los mismos objetivos monetarios. Cuando, por el contrario, un país prefiere mantener sus propios objetivos de política monetaria, debe dejar flotar su moneda. En definitiva, fijación cambiaria e integración monetaria son las dos caras de una misma moneda, como lo son también flotación cambiaria y autonomía monetaria. Por eso, cuando un país elige un determinado arreglo cambiario, está al mismo tiempo y en el mismo acto eligiendo un régimen monetario.

El instrumental analítico que aborda esta relación ha sido desarrollado por la teoría de las áreas monetarias óptimas, que explora cuándo y por qué a un grupo de países les conviene atar sus monedas o, en el extremo, conformar una unión monetaria. Dicho de otra forma, la cuestión a dilucidar es cuál es el ámbito geoeconómico en el que resulta óptimo tener una misma moneda y una misma autoridad monetaria, es decir, plena integración monetaria. Esta es la cuestión central de la economía cambiaria, cuya discusión ha producido inmensos ríos de tinta y montañas de papel impreso desde que Robert Mundell acuñara el término en 1961.

Es precisamente esta íntima relación con lo monetario lo que le confiere al tema cambiario su fascinación, su riqueza de matices, pero también su complejidad teórica y práctica. Las razones que pueden conducir a un país a elegir un determinado régimen cambiario no son menos complejas que las que lo motivan a elegir un régimen monetario. Igualmente, las consecuencias o efectos de tal elección no difieren mucho de las consecuencias que un determinado marco monetario pueda tener sobre la economía. La elección de régimen cambiario no es, por consiguiente, un tema banal, como bien podrá apreciar el lector en el transcurso de este libro.

Y es también precisamente por esta vinculación con lo monetario que la relación entre régimen cambiario e inflación ocupa un lugar tan importante en el tratamiento del tema cambiario. Si el objetivo central de la política monetaria es la estabilidad nominal de la economía, la evaluación de los costos y beneficios de la integración monetaria y cambiaria debe considerar principalmente el efecto inflacionario de tal elección. Sobre el problema de la inflación y, en concreto, sobre el desempeño inflacionario de diferentes regímenes monetarios-cambiarios se ha producido también un intenso debate en las últimas décadas y varios "cambios de moda" del pensamiento económico. La economía política ha aportado las contribuciones más trascendentales a este debate.

Se hace esta advertencia preliminar sobre la simbiosis entre lo monetario y lo cambiario para que el lector mantenga siempre en mente que cuando más adelante se habla de la fijación (rigidez) cambiaria debe asociar ese término con la integración monetaria, y cuando se habla de la flexibilidad cambiaria debe asociarla a la independencia o autonomía monetaria. Como se dijo antes, el continuo entre rigidez y flexibilidad cambiarias tiene su espejo en el continuo entre integración y autonomía monetarias. Destacar esta simbiosis, sin embargo, no debe conducir el análisis a un reduccionismo simplista en el que lo monetario se reduce a lo cambiario. Es cierto que el tipo de cambio es el precio más fundamental de una economía, pero no el único. Es cierto que el ajuste cambiario es la más poderosa palanca de estabilización, pero no la única. La constelación de las relaciones monetarias conforma un universo superior.

1. Conceptos de integración y régimen

Según el *Diccionario de la Lengua Española* de la Real Academia Española, el vocablo integrar significa "constituir las partes un todo" o también "incorporarse, unirse a un grupo para formar parte de él". En el campo de la geoeconomía, los esquemas de integración suelen acercarse más a la primera acepción de que unas partes, los países, constituyen un todo, aun cuando también se dan casos de incorporación a un grupo existente. Hay diferentes niveles o esferas de la integración económica: integración comercial, integración aduanera, integración financiera e integración monetaria. Convencionalmente, estos niveles de integración suelen contemplarse también como fases secuenciales del proceso de integración según el grado de dificultad: se comienza por la integración comercial y aduanera, para luego avanzar hacia fases más complejas como son la integración financiera y posteriormente la integración monetaria. La realidad nos dice, sin embargo, que es frecuente la interacción dinámica simultánea entre los diferentes niveles, de forma tal que ciertos avances de integración son el efecto endógeno de los avances en otras esferas de la integración.

Específicamente, la *integración monetaria* sucede cuando dos o más países adoptan un mismo régimen y persiguen los mismos objetivos monetarios, especialmente en cuanto al nivel de precios de la economía. En la integración monetaria se pueden observar tres grados de intensidad: coordinación, subordinación y unión. Se habla de *coordinación* monetaria cuando los países establecen mecanismos de información y consulta de las

16

políticas monetarias que piensan implementar y coordinan acciones conjuntas de intervención en el mercado cambiario o monetario para preservar la estabilidad cambiaria y evitar flujos perturbadores de capital. Se habla de *subordinación* monetaria cuando un país renuncia al ejercicio de una política monetaria propia y se acoge a los designios de la autoridad monetaria de otro país. Por lo general, esta situación se presenta cuando un país adopta la moneda de otro país como moneda de curso legal, lo que se denomina "dolarización". El estadio superior de la integración sucede cuando un grupo de países acuerda de forma cooperativa y voluntaria crear una unión monetaria, es decir, adoptar una moneda común y establecer una única autoridad que dicte las políticas monetarias para todos los integrantes.

La distinción entre *régimen* y *política* es también de fundamental importancia, tanto para la economía cambiaria como para la economía monetaria. Los términos tienden a ser confundidos, incluso por economistas. En el ámbito cambiario, cuando se discute sobre si una moneda está sobrevaluada o subvaluada o sobre si la estrategia de crecimiento económico hace recomendable una apreciación o una depreciación del tipo de cambio real, estamos hablando de *política cambiaria*. También cuando se elaboran conjuntos de medidas monetarias y cambiarias con el propósito de ubicar el tipo de cambio en una determinada senda, se está haciendo política cambiaria. La discusión sobre el *régimen cambiario*, sin embargo, se ocupa del marco institucional y de las reglas de funcionamiento del mercado cambiario. Interesan los mecanismos a través de los cuales se forma el precio de las divisas y se regula su tenencia e intercambio. Para expresarlo en términos más directos, la política cambiaria se ocupa del nivel del tipo de cambio y de las acciones para alcanzarlo, mientras que el régimen cambiario simplemente determina el grado de flexibilidad o rigidez con que se mueve el tipo de cambio. La política cambiaria se expresa en actuaciones concretas de las autoridades, mientras que el régimen define las reglas que rigen esas actuaciones. Cuanto más flexible sea el tipo de cambio, menos estructurado y formal tiende a ser el régimen.

En el ámbito monetario debe hacerse similar distinción. La *política monetaria* es el conjunto de acciones de política para alcanzar y mantener un determinado nivel o senda de evolución del dinero y de los precios. El objetivo final es la estabilidad nominal de la economía, para lo cual los objetivos monetarios intermedios –base monetaria, dinero circulante, etc.– son gerenciados por la autoridad monetaria mediante diversas herramientas como las tasas de interés o las operaciones de mercado abierto. El *régimen monetario* es el marco institucional y el conjunto de reglas que rigen la actuación de la autoridad monetaria en el ejercicio de su política monetaria. La primera característica que define un régimen monetario es el grado de discrecionalidad o reglamentación con el que se desenvuelven las actuaciones monetarias de la autoridad. Cuanto más discrecional sea el manejo de la política, menos estructurado y formal tiende a ser el régimen monetario.

En un segundo nivel, los regímenes monetarios se diferencian según el ancla nominal que utilizan para estabilizar la economía nominal. Se habla de *ancla cambiaria* cuando la autoridad monetaria interviene en el mercado cambiario para mantener el tipo de cambio en un determinado nivel o rango de oscilación. El tipo de cambio funciona, por consiguiente, como el ancla nominal o el objetivo intermedio de la política monetaria. Se dice que un país utiliza un *objetivo de agregado monetario* cuando la autoridad monetaria emplea sus instrumentos de política para alcanzar un objetivo intermedio de tasa de crecimiento de alguno de los agregados monetarios, como la base monetaria o diferentes medidas de dinero, generalmente M1 o M2. Cuando el país adopta un *objetivo de inflación*, la autoridad monetaria anuncia públicamente una meta numérica de inflación y asume un compromiso institucional auditable de alcanzar ese objetivo a mediano plazo, para lo cual direcciona sus actuaciones hacia ese fin. Cuando una autoridad monetaria no preestablece ni anuncia un tipo de ancla nominal, sino que toma decisiones discrecionales ad hoc, está optando por un marco monetario discrecional.

En pocas palabras, que un banco central decida que la inflación no exceda, por ejemplo, de un 3 por ciento anual y ejecute acciones para lograr ese objetivo, es asunto de la política monetaria; pero que esa política la enmarque dentro de un compromiso público, preanunciado y auditable de objetivo de inflación como ancla nominal es materia de régimen monetario.

No es de extrañar, como se verá en el siguiente capítulo, que haya una marcada correspondencia entre el tipo de ancla nominal utilizada por un régimen monetario y el tipo de arreglo que define a un régimen cambiario. Todos los regímenes cambiarios fijos tienen su correspondencia en regímenes monetarios cuya ancla nominal es el tipo de cambio. Todos los regímenes cambiarios flotantes se corresponden con regímenes monetarios que definen autónomamente sus objetivos monetarios o, en el extremo, los fijan discrecionalmente. En el intermedio existe multiplicidad de combinaciones de regímenes.

Utilizando el símil político de una nación, el régimen equivaldría al marco constitucional, la *carta magna* que gobierna, orienta y limita las actuaciones de las instituciones y de los ciudadanos de un país. Es en ese marco donde se establecen arreglos fundamentales de funcionamiento del país, como serían el régimen de elección de representantes, la separación de poderes, el carácter de Estado social de derecho, etc. Las políticas serían los instrumentos legislativos y normativos que comandan las actuaciones de los distintos órganos del Estado, así como los recursos que les son asignados para la obtención de determinados objetivos concretos.

Dicho en términos sencillos y generales, los regímenes tienen que ver con las *reglas* de conducta que gobiernan las actuaciones de las instituciones, mientras que las políticas son las *actuaciones* concretas de las autoridades dentro de un determinado marco regulatorio.

2. EL DEBATE CENTRAL DE LA ELECCIÓN DE RÉGIMEN

En este libro el foco principal de atención es el régimen, y solo en segundo plano las políticas. Pero, ¿realmente importa el régimen cambiario-monetario o solo importan las políticas? La respuesta es que sí importa, y mucho. Del régimen cambiario-monetario, entre otras cosas, dependerá la capacidad de una economía de responder frente a perturbaciones. Cuanto más flexible es el tipo de cambio, mejores serán supuestamente las posibilidades de amortiguar los vaivenes del ciclo de negocios y estabilizar el nivel de actividad económica. También sirve la flexibilidad para enfrentar las asimetrías de productividad. Pero un uso intensivo de la herramienta cambiaria tiende a desestabilizar el nivel de precios, lo cual obliga a las autoridades monetarias a emprender acciones correctivas que pueden desembocar en un nocivo ciclo de contracción-expansión del empleo y del producto. La elección de régimen cambiario-monetario es importante, porque, a fin de cuentas, la ciencia económica gira alrededor de la preocupación por la estabilidad, incluidos dentro de ella los equilibrios en el crecimiento. Sea cual sea el objetivo elegido de estabilidad (empleo o precios), el grado de flexibilidad o rigidez del tipo de cambio será determinante para su consecución.

Pero nada fácil es, como veremos a lo largo del libro, llegar a resultados sólidos respecto de los determinantes que explican la elección de un régimen o los efectos económicos que de él se derivan[1]. Sobre los determinantes y los efectos del régimen cambiario en la esfera de la economía real, la discusión y el disenso son especialmente intensos. Algo más de consenso existe sobre la relación entre el régimen cambiario y las variables nominales de la economía, lo cual no es de extrañar tratándose lo cambiario de un fenómeno básicamente monetario.

A pesar de que la utopía y el anhelo de integración han estado más presentes en la historia monetaria internacional que el impulso de la disgregación y de la autarquía, el devenir de los sistemas monetarios ha estado signado por vaivenes entre regímenes cambiarios rígidos y flexibles. Puestos a establecer una relación de causalidad, aun cuando nada es limpiamente unilineal en este campo, puede decirse que han sido principalmente los cambios de moda en el pensamiento económico los que explican los virajes hacia un tipo de régimen u otro. Pero esta evolución del pensamiento en el área monetaria-cambiaria, a su vez, ha estado estrechamente ligada a los cambios que se han ido produciendo en la esfera geopolítica internacional. Un sistema monetario internacional construido sobre tipos de cambio fijos requiere la existencia de un liderazgo hegemónico y de mecanismos vinculantes de coordinación internacional que garanticen su viabilidad. Por esta razón, aun cuando los cambios de moda motivan a los "hacedores de política" a crear las condiciones institucionales para la aplicación de un determinado régimen, las circunstancias geopolíticas deben estar dadas también.

---

[1] Rose (2011), en su conocido estilo provocativo, resalta la decepcionante incapacidad de la profesión económica de establecer vínculos sólidos entre el régimen cambiario y la economía, tanto por la vertiente de los determinantes como por la de los efectos. Como veremos en el siguiente capítulo, la explicación de este pobre conocimiento debe buscarse más en la gran disparidad de las metodologías y criterios para clasificar los regímenes que en la propia relación entre régimen y entorno.

Los cambios de moda del pensamiento han girado alrededor de tres cuestiones centrales, todas ellas estrechamente relacionadas. La primera se refiere a las preferencias de las sociedades, y de sus gobiernos, respecto del sempiterno conflicto entre estabilidad de *precios* y estímulo del *empleo*. Períodos en los que el objetivo de estabilidad de precios ha tenido prioridad han testimoniado la predominancia de regímenes cambiario-monetarios fijos o rígidos. Períodos en los que los gobiernos han privilegiado el estímulo del empleo (o de la competitividad externa) han sido más proclives a adoptar regímenes donde el tipo de cambio se pudiera mover con flexibilidad. En segundo lugar, la controversia ha girado alrededor de la *efectividad o inefectividad* de políticas nominales para lograr efectos reales. Los partidarios de la flexibilidad cambiaria han solido creer en la efectividad de variaciones del tipo de cambio nominal para lograr metas de competitividad externa o de empleo. Una devaluación nominal, por ejemplo, mejoraría la balanza corriente de un país. Mientras que los partidarios de la rigidez cambiaria acostumbran a ser escépticos respecto de la capacidad de obtener resultados reales mediante manipulaciones de la oferta de dinero o del precio nominal de la divisa; los agentes económicos no sucumben permanentemente a la "ilusión monetaria". De lo anterior se deriva una tercera divergencia acerca del *grado de activismo* de la política monetaria-cambiaria. Quienes privilegian el objetivo de la estabilidad de precios y son escépticos sobre la efectividad real de políticas nominales suelen adoptar una postura *pasiva* y prefieren someterse a reglas predeterminadas, mientras que los que priorizan el objetivo del empleo y creen en la efectividad de las políticas nominales asumen una política económica *activista* y se resisten a renunciar a la *discrecionalidad* en el ejercicio de la política. Se trata de la ya clásica discusión entre monetarismo y keynesianismo, entablada por los seguidores de Milton Friedman y John Maynard Keynes.

Pero en la vida real las decisiones de política en cuanto a la elección de régimen cambiario-monetario suelen regirse más por consideraciones de *costo político* que por convicciones teóricas. Los gobiernos son, por definición, entes políticos que buscan minimizar las pérdidas o maximizar las ganancias que se derivarán de cada decisión. Ciertamente, esta apreciación de los costos y beneficios esperados de cada régimen cambiario-monetario estará también determinantemente influenciada por la concepción teórica de moda y por el peso que esta les asigne a los distintos instrumentos y objetivos. Un esquema cambiario rígido implica la renuncia al uso del tipo de cambio como herramienta de ajuste frente a desequilibrios externos. El mecanismo de ajuste queda limitado a procesos de deflación o de inflación internas, que típicamente llevan a dolorosas pérdidas de empleo o sobrecalentamiento del ciclo de negocios. Pero la rigidez cambiaria tiene el beneficio de que la estabilidad de precios tiende a estar garantizada al final del proceso de ajuste. Un esquema cambiario flexible, por el contrario, suele terminar generando inflación en presencia de perturbaciones negativas, pero tiene la ventaja de que el proceso de ajuste es más rápido y menos doloroso en términos de empleo.

El balance final de costos y beneficios de la integración cambiaria-monetaria dependerá, en primer lugar, de qué peso relativo asigne el gobierno a los objetivos de empleo y de estabilidad de precios dentro de su función de preferencias políticas. A mayor peso relativo del objetivo de estabilidad nominal, mayor será la preferencia por anclajes cambiarios, mientras que tipos de cambio flexibles serán preferidos por gobiernos que privilegien el empleo y la competitividad externa. En segundo lugar, el balance dependerá también de cómo se evalúe teóricamente la efectividad de cada uno de los mecanismos de ajuste. Si prevalece el escepticismo sobre el uso del tipo de cambio nominal, el beneficio de la flexibilidad cambiaria se reduce. Pero si predomina la fe en la efectividad de la política cambiaria, el costo del ajuste deflacionario bajo un régimen de cambio fijo se percibirá como excesivo e innecesario. Por supuesto, la evaluación de costos dependerá también de cómo se perciba la capacidad de la economía para emprender ajustes internos no cambiarios, lo cual dependerá del grado de flexibilidad de los precios y salarios internos, especialmente hacia la baja. Pero tomando la flexibilidad interna como dada, las diferencias en la concepción teórica pasan a ser determinantes en la elección de régimen.

Hay relativo consenso en los economistas de que si el objetivo prioritario es la estabilidad de precios, los regímenes cambiarios rígidos son más adecuados para este propósito, excepto cuando la intensidad y la asimetría de las perturbaciones superan cierto umbral relativo. A primera vista, esta aseveración puede sonar banal, pero basta revisar el acalorado debate ideológico que durante las pasadas décadas ha tenido lugar sobre este tema para darse cuenta de que el problema es más complejo de lo que parece. Importantes argumentos se han esgrimido también a favor de la flexibilidad cambiaria, incluso para fines de estabilización de precios. Si lo que importa a efecto de asignación de recursos es el tipo de cambio real, un régimen nominal flexible podría, en principio, apuntar mejor hacia la estabilidad de un tipo de cambio real de equilibrio, lo cual garantizaría un mejor equilibrio macroeconómico y, por ende, menor inflación. Por otra parte, numerosas han sido las experiencias de regímenes con tipo de cambio fijo que han desembocado en debacles inflacionarias después de su colapso. Latinoamérica proporciona varios casos de estudio al respecto.

Como verá el lector, el tema no es fácil, ya que la rigidez cambiaria en sí misma no es garantía de estabilidad de precios si no va acompañada de disciplina monetaria, fiscal y financiera. Una cuestión crucial, por lo tanto, es determinar si esquemas de tipo de cambio fijo hacen más proclives a los gobiernos a adoptar principios de sanidad financiera. Un buen cúmulo de argumentos teóricos y de evidencias empíricas permite suponer que, en general, ello es así. Pero el argumento principal a favor de la tesis del efecto estabilizador/disciplinador de la rigidez cambiaria gira en torno al problema de la inconsistencia temporal de las políticas que subyace al fenómeno inflacionario. Este concepto hace referencia al incentivo racional que tiene la autoridad monetaria de incumplir "sorpresivamente" un compromiso previamente anunciado, por ejemplo el de controlar la inflación o defender un tipo de cambio. En un primer momento, los agentes económicos creen de buena fe en el anuncio del gobierno, lo que les motiva a ser ellos también moderados en sus aspiraciones salariales o fijaciones de precios, pero posteriormente el gobierno sabe que una expansión monetaria inesperada tiene mucha ganancia en términos de reactivación económica y empleo. Un compromiso creíble de tipo de cambio fijo disminuye el incentivo del gobierno para embarcarse en un juego de engaño, mediante el cual busca obtener ganancias de empleo (competitividad) a través de la generación de inflación (devaluación) inesperada. El costo o las pérdidas esperadas del gobierno en el caso de un régimen flexible son mayores que las esperadas en el caso de apegarse al compromiso del cambio fijo, puesto que el resultado final será una mayor tasa de inflación sin una ganancia compensatoria en empleo (competitividad).

Han sido principalmente estas consideraciones acerca de la credibilidad de los regímenes cambiario-monetarios las que han impulsado el debate sobre las uniones monetarias o las dolarizaciones. La discusión sobre los costos y beneficios *reales* de la integración monetaria es todavía materia inconclusa en la teoría económica, no así el beneficio *nominal* de credibilidad que obtiene un país al atar su moneda a otra moneda que tenga una historia de éxitos antiinflacionarios. La turbulencia financiera de la primera mitad de la década de los 90 ayudó a darle el impulso final a la convicción de los países europeos de que les convenía tomar "prestada" la credibilidad del marco alemán y de su Bundesbank.

3. EL HILO ARGUMENTAL DEL LIBRO: UNA SINOPSIS

El libro aborda el problema de la elección de régimen cambiario-monetario desde una perspectiva teórica general. Aquí el lector encontrará el "estado del arte" en lo que se refiere a la evolución del mapa mundial de regímenes cambiarios desde el colapso de Bretton Woods, la discusión teórica tradicional acerca de las áreas monetarias óptimas, los principales argumentos esgrimidos alrededor del dilema entre integración y autonomía, rigidez y flexibilidad, así como una revisión crítica de los postulados teóricos y prácticos de la teoría de áreas monetarias óptimas.

Hemos considerado útil para el lector elaborar una especie de resumen del contenido central de cada capítulo para que en un vuelo de pájaro esté en capacidad de captar y entender la evolución del pensamiento económico sobre esta materia. Muy dinámica ha sido la evolución del mapa mundial de regímenes cambiarios post Bretton Woods. El *capítulo II* ofrece una interpretación de las fuerzas y razones que han impulsado estos cambios. Siguiendo la taxonomía del FMI, el criterio básico de clasificación es el grado de rigidez o flexibilidad de los mecanismos de determinación del tipo de cambio. Dentro de ese espectro, el FMI ha ido adaptando su clasificación a los cambios de la realidad. Posteriormente a la caída de Bretton Woods y hasta mediados de los 90, los niveles de integración monetaria se reducen sustancialmente, tal como se evidencia por el incremento significativo de países con regímenes cambiarios más flexibles. Se hace un análisis de las fuerzas detrás de esta flexibilización y se diferencia entre los países en desarrollo y la economía global. Otra constatación importante es que, más allá de lo declarado oficialmente, buena parte de los regímenes denominados flexibles son en realidad arreglos donde el tipo de cambio es administrado y parcialmente rigidizado a través de diversos mecanismos.

En la segunda mitad de los 90, azotado el mundo por varias oleadas de turbulencias financieras, se pone de moda la huida hacia las "soluciones de esquina" (fijación dura o flotación pura) como únicos mecanismos de defensa frente a la globalización financiera mundial. La primera década del presente siglo, empero, ha sido testigo de un mayor pragmatismo que se refleja en la vuelta a regímenes intermedios que, sin renegar de las bondades de la coordinación monetaria dentro de los bloques regionales, también quieren preservar ciertos grados de libertad en el manejo de la política monetaria. Sin embargo, la opción de regímenes plenamente integrados representa a comienzos de la década de 2010 una sólida cuarta parte del mapa mundial. Después de concluido el recorrido histórico se procede a establecer la matriz que relaciona cada una de las modalidades de régimen cambiario con su respectivo régimen monetario. Finaliza el capítulo con una comparación y revisión crítica de otras clasificaciones distintas a la del FMI, para concluir que existen fuertes disparidades que obligan a ser cautelosos a la hora de extraer conclusiones de los estudios empíricos que utilizan estas clasificaciones para analizar los determinantes y las consecuencias de los regímenes cambiario-monetarios.

El *capítulo III* aborda la discusión del "área monetaria óptima". Esta teoría ha sido el punto de partida, el eje central y, de alguna forma, el punto de retorno de la teoría monetaria internacional desde principios de los sesenta hasta hoy. La teoría se dirige a indagar sobre las condiciones en las que conviene atar irrevocablemente dos o más monedas dentro de un área monetaria más amplia o, incluso, adoptar una nueva moneda común. Nuevamente se evidencia que, en el fondo y expresado en otros términos, la cuestión de la optimización de áreas monetarias es equivalente al dilema de la flexibilidad o rigidez del régimen de cambio. La teoría de las áreas monetarias óptimas ha evolucionado al ritmo de los cambios en los paradigmas del pensamiento económico. La primera generación de los 50 a los 70 centró su atención en las características estructurales "reales" de una economía, entre las que destacaban el grado de movilidad de la fuerza laboral, el grado de apertura y tamaño de la economía, el grado de diversificación del aparato productivo, la concentración del comercio o el grado de desarrollo financiero. Dependiendo de las características de un país, la rigidez o la flexibilidad cambiarias –la integración o la autonomía monetarias– podrían ser más adecuadas. En general, países pequeños con economías abiertas y poco diversificadas son, de acuerdo con los precursores de la teoría, mejores candidatos para la integración monetaria.

Los *shocks* petroleros y la inestabilidad macroeconómica de los setenta hacen que la atención se oriente hacia el tipo de perturbaciones a las que puede verse sometida la economía. Dependiendo de si las perturbaciones son externas o internas, nominales o reales, simétricas o asimétricas, un régimen fijo o, alternativamente, un régimen flexible podría aislar mejor la economía frente a esas perturbaciones. La mayoría de los autores sugieren que las perturbaciones externas se enfrentan mejor con una dosis conveniente de flexibilidad cambiaria, mientras que las perturbaciones internas, especialmente las de carácter nominal, pueden ser enfrentadas más adecuadamente con regímenes fijos. No logra conducir esta teoría, sin embargo, a un consenso definitivo sobre la combinación de características de la economía y tipo de perturbaciones que hacen más recomendable un régimen u otro. Pero es importante notar que estudios empíricos emprendidos en la segunda mitad de los setenta y primera mitad de los ochenta confirman, en general, las correlaciones inicialmente postuladas por la teoría entre características/ perturbaciones de la economía y régimen cambiario-monetario.

Una discusión sistemática de los costos y beneficios asociados a integrarse o no en un área monetaria se emprende en el *capítulo IV*. Frente al colapso institucional del sistema de Bretton Woods, la divergencia de políticas macroeconómicas y la creciente movilidad de capitales, la desvinculación de las monedas fue vista como una buena solución. Pero no más de una década después, muchos teóricos y, sobre todo, los hacedores de política se tornaron escépticos respecto de las bondades de los sistemas flexibles, ya que los tipos de cambio flotantes estaban mostrando una excesiva volatilidad, tanto nominal como real. Básicamente, la discusión ha girado desde entonces alrededor de cuatro cuestiones fundamentales: 1) la *disciplina macroeconómica* y el desempeño inflacionario de cada régimen, 2) la *capacidad de aislamiento* frente a perturbaciones, 3) la *independencia* y *efectividad* de las políticas económicas, y 4) la *estabilidad* del mercado cambiario y sus efectos microeconómicos.

La primera cuestión cobra especial relevancia en países que muestran un pobre historial en materia de estabilidad financiera e inflacionaria. De hecho, la principal motivación que movió a los países de la periferia mediterránea a adherirse convencidamente a la unión monetaria europea fue la poca confianza en la propia disciplina para mantener en el tiempo políticas macroeconómicas estabilizadoras. La adhesión a una moneda tutelada por el banco central del país con la mejor reputación anti-inflacionaria de la región les permite a las autoridades de esos países tomar prestada la credibilidad de la moneda fuerte.

La capacidad de aislamiento de la economía frente a perturbaciones es, ciertamente, la principal ventaja de la autonomía monetaria con flexibilidad cambiaria, sobre todo si se compara el ajuste cambiario con la otra alternativa del ajuste interno de precios y salarios. Este último puede ser lento y doloroso, especialmente si los precios y salarios internos no son suficientemente flexibles hacia la baja. Es precisamente el escepticismo acerca de esta flexibilidad interna lo que conduce a Milton Friedman (1953) a construir su ya clásica defensa de la flexibilidad cambiaria. Con ayuda de un modelo de equilibrio general de economía abierta, el análisis se profundiza para incorporar el diferente grado de flexibilidad interna en el corto y en el largo plazo, el papel de las expectativas cambiarias y los efectos monetarios de cada régimen cambiario. Se concluye que cuando las perturbaciones son consideradas temporales, especialmente si son de carácter monetario, la estabilidad nominal del tipo de cambio es más conveniente, mientras que perturbaciones permanentes (estructurales) exigen una flexibilización del tipo de cambio.

En cuanto a las relaciones de subordinación o independencia de las diferentes políticas económicas, el modelo de economía abierta demuestra que la integración monetaria con movilidad de capital supedita el resto de las políticas económicas al objetivo de preservar el cambio fijo, mientras que un régimen cambiario flexible permite un ejercicio más autónomo de las políticas monetarias y fiscales. Ahora bien, la autonomía suele tener en la vida real límites autoimpuestos por la aversión de las autoridades a permitir fluctuaciones cambiarias excesivas, lo que Calvo y Reinhart (2002) han llamado el "miedo a flotar".

Más complejas son las conclusiones respecto de la efectividad de las políticas, al depender de si estas son monetarias o fiscales y de si el análisis se circunscribe al corto o al largo plazo. Entendiendo como "efectividad" el impacto sobre la actividad económica real (producto y empleo), puede afirmarse que en el corto plazo la política monetaria es más efectiva bajo un régimen cambiario flexible, mientras que la política fiscal es más efectiva bajo un régimen de cambio fijo. Ello es así por el impacto monetario derivado de la defensa del tipo de cambio. En el largo plazo, sin embargo, cuando los precios y salarios son flexibles, el efecto real de la política monetaria y fiscal se revierte en ambos regímenes, el producto y el empleo vuelven a su nivel "natural" y la política expansiva solo conduce a un aumento equivalente de los precios y del tipo de cambio nominal. Son las expectativas de los agentes económicos las que se encargan de revertir los impactos iniciales. En consecuencia, si bien un régimen de autonomía cambiaria-monetaria permite mayor control sobre la oferta monetaria, ello no garantiza su efectividad sobre la actividad económica real a mediano y largo plazos. Al final, la mayor autonomía monetaria bajo regímenes flexibles simplemente se traduce en la libertad de elegir una mayor o menor tasa de inflación. La tesis de la "neutralidad real del dinero", por lo tanto, reviste primerísima importancia para la discusión sobre integración monetaria.

En lo que se refiere a la *estabilidad* del mercado cambiario y sus implicaciones macro y microeconómicas, la cuestión fundamental a dilucidar es si la especulación en el mercado de divisas es estabilizadora, como opinaba Milton Friedman, o desestabilizadora, como afirmaba Nurkse (1944), uno de los arquitectos de Bretton Woods. Si prevalece la primera opinión, la flexibilidad de los tipos de cambio puede acelerar beneficiosamente la restauración de los equilibrios. Pero si la especulación cambiaria tiende a generar una variabilidad "excesiva" de los tipos de cambio, los regímenes que propicien la flexibilidad cambiaria entorpecerán el comercio internacional y, sobre todo, desestabilizarán el nivel de precios. En nuestra opinión, son de mucho peso las evidencias empíricas y los argumentos teóricos que apuntan hacia la existencia de elementos desestabilizadores en el mercado cambiario. Implícita está la discusión sobre la "eficiencia" de este mercado, así como sobre la lógica de funcionamiento de los mercados de activos financieros en general. Un análisis histórico comparativo muestra que la volatilidad de los tipos de cambio, tanto nominales como reales, no relacionada con cambios en los "fundamentos" económicos, se incrementó con el advenimiento de la flotación desde la década de los setenta.

En el *capítulo V* se procede a una revisión crítica de algunos de los postulados de la teoría de las áreas monetarias óptimas, al tiempo que se esbozan los elementos sobre los que debe basarse el nuevo acercamiento al viejo problema de la elección de régimen desde la perspectiva de la *economía política*, lo que podría denominarse la segunda generación de la teoría. De forma muy simplificada podríamos decir que el acento se traslada desde la preocupación por la estabilidad real de la economía hacia la estabilidad nominal.

Primeramente es necesario llamar la atención sobre las opciones de política que están implícitas en toda elección de régimen cambiario-monetario. Al elegir régimen, los países están tomando decisiones fundamentales sobre el modo de relacionarse con el entorno internacional, el grado de activismo e independencia de la política económica interna y la importancia asignada al problema de la inflación. Si un país opta por una economía abierta y estrechamente vinculada a sus vecinos, la integración monetaria con régimen de cambio fijo será la alternativa más adecuada, puesto que ello vendrá necesariamente asociado con mecanismos de coordinación, convergencia de las políticas económicas y niveles de inflación comunes. Pero si un país prefiere aislarse del entorno macroeconómico internacional, necesitará disponer de la herramienta de tipos de cambio flexibles para preservar su autonomía monetaria. De la decisión que se adopte dependerá también el margen de acción de la política económica interna. Como resaltábamos más arriba, la defensa de un tipo de cambio fijo deja muy poco campo para el activismo y la independencia de la política económica, especialmente la monetaria. Un régimen cambiario flexible, por el contrario, permite utilizar activamente las herramientas de política en función de los objetivos independientes del país. Igualmente, si el país le otorga preferencia al objetivo de estabilidad de precios, tenderá a utilizar el tipo de cambio como "ancla" nominal de la inflación, pero si prevalecen objetivos reales, propenderá a utilizar el tipo de cambio como "palanca" del crecimiento económico.

De forma casi general, la cuestión sobre la optimización de áreas monetarias comunes había venido siendo respondida negativamente por los exponentes tradicionales de esa teoría. La pérdida de instrumentos de política en un régimen de integración monetaria era considerada como un costo excesivo en comparación con el beneficio de la estabilidad de precios. Esta visión descansaba en varios supuestos, cuya validez ha sido crecientemente cuestionada. Se pensaba, en primer lugar, que existía un trueque (*trade off*) estable entre inflación y desempleo, al estilo del sugerido por la curva de Phillips, lo cual daba pie a un marcado optimismo sobre la efectividad de la política monetaria. Hoy existe consenso en que ese trueque, si realmente existe, es de muy efímera duración. Igualmente efímera parece ser la capacidad de afectar permanentemente el tipo de cambio real mediante variaciones del tipo de cambio nominal, lo cual pone en duda también la efectividad de la misma política cambiaria. En segundo lugar, algunos de los supuestos sobre las características estructurales de la economía, necesarios para la integración monetaria, lucen excesivamente restrictivos, como la completa flexibilidad de precios y salarios hacia la baja, la movilidad de los factores de producción y la ausencia de asimetrías entre los países. Y en tercer lugar, se pone en cuestionamiento la secuencia de las fases o niveles de la integración, según la cual primero deben estar dadas las condiciones estructurales reales, por ejemplo la integración comercial, para poder avanzar hacia la integración financiera y monetaria. Frente a esta secuencia unilineal y unicausal se contrapone un proceso virtuoso endógeno de facilitación y retroalimentación de los diferentes aspectos de la integración, donde avances en la coordinación monetario-cambiaria permiten impulsar progresos en la integración comercial.

Estos argumentos, conjuntamente con los avatares de las crisis financieras de los 90, hicieron ver con mejores ojos la alternativa de la integración monetario-cambiaria. De esta forma, la preocupación se traslada ahora a la cuestión de la viabilidad de tipos de cambio fijos en contextos de alta movilidad de capital y credibilidad imperfecta, situación especialmente frecuente en el mundo en desarrollo. La vulnerabilidad frente a ataques especulativos es la principal objeción contra los regímenes de cambio fijo. Diferenciales de inflación, la percepción por parte de los agentes financieros de desviaciones del tipo de cambio real de equilibrio o la simple volatilidad de las expectativas son suficientes para desatar ataques. La credibilidad en el compromiso de las autoridades de defender el tipo de cambio es la única forma de prevenir los ataques, pero la construcción de la credibilidad se ha convertido en una tarea crecientemente difícil en un mundo tan globalizado financieramente. Hacer creíble un tipo de cambio fijo implica una perfecta coordinación de las políticas macroeconómicas o la total subordinación monetaria de un país a otro. El mercado debe percibir, además, que ese compromiso es irrevocable, porque tiene una sólida base institucional y política.

En el transcurso de estas consideraciones surge entonces la pregunta obvia de por qué no prescindir del anacronismo de tipos de cambio fijos que, por definición, están ahí para ser "cambiados" algún día, y no acceder directamente a esquemas de verdadera unión monetaria, donde las monedas individuales desaparezcan. Una unión monetaria es el estadio final de la rigidez cambiaria. Estas dudas sobre la viabilidad de tipos de cambio fijos "revocables", más la preocupación por la estabilidad inflacionaria, le han dado un nuevo impulso a la teoría de las áreas monetarias óptimas, esta vez enriquecida por los avances del pensamiento económico en las áreas de las expectativas racionales y de la teoría de juegos. El nuevo enfoque con el que se aborda el tema de la unión monetaria gira fundamentalmente alrededor de los conceptos de inconsistencia temporal de las políticas, dinámica de expectativas y construcción de credibilidad. Haremos referencia también a nuevos enfoques sobre las condiciones de movilidad laboral, similitud institucional, simetría de las perturbaciones y apertura comercial que posibilitarían una unión monetaria.

En la revisión de la teoría del área monetaria óptima, los conceptos de simetría / asimetría así como el de flexibilidad pasan a ocupar el centro del análisis. En la medida en que más asimetrías afecten a los candidatos a conformar un área monetaria, mayor debe ser la flexibilidad interna de cada país para enfrentar los efectos de tales asimetrías, entendiendo por flexibilidad interna la que tengan los precios y salarios internos, especialmente hacia la baja, o la movilidad de la fuerza laboral entre los países del área integrada. En este sentido, la visión moderna del problema retorna al pensamiento central del padre de la teoría, Robert Mundell, quien decía que únicamente países con esta capacidad de flexibilidad y movilidad son buenos candidatos para conformar un área monetaria integrada.

II

SISTEMAS MONETARIOS Y REGÍMENES CAMBIARIOS: CLASIFICACIÓN Y EVOLUCIÓN

En este capítulo nos dedicaremos a la interesante y enriquecedora tarea de presentar la evolución del mapa mundial de regímenes cambiario-monetarios, porque esa evolución es reflejo tanto de cambios en el entorno económico mundial, como de cambios de moda en el pensamiento económico. Así es como casi tres décadas de relativa estabilidad mundial desde mediados de los 40 hacen posible la sobrevivencia de un sistema cambiario rígido, como el acordado en Bretton Woods entre las potencias occidentales al finalizar la Segunda Guerra Mundial. Contribuyen fundamentalmente a esa estabilidad la existencia de efectivos mecanismos de coordinación económica internacional, el ejercicio de la hegemonía monetaria por parte de los EEUU de América y la voluntad de los gobiernos de someterse a la disciplina financiera que la rigidez cambiaria exigía. Esta voluntad se resquebraja en la segunda mitad de los sesenta por la violación de la disciplina monetaria por parte del país hegemónico, que obliga a sucesivas realineaciones de las principales monedas. El intento de retornar a la estabilidad del sistema de Bretton Woods se ve frustrado a principios de los 70 por el primer *shock* petrolero, que somete a las economías a fuertes presiones inflacionarias y pérdidas de empleo. Simultáneamente, en la esfera del pensamiento económico, el objetivo de preservación del empleo y el ejercicio activo de la autonomía monetaria, los dos pilares del pensamiento keynesiano, pasan a ser los ejes de la nueva política económica.

Frente a este nuevo contexto de perturbaciones externas y activismo monetario, la adopción de regímenes cambiarios flotantes es la respuesta lógica. El ingrediente adicional en el ámbito de los *países en desarrollo* es la creciente indisciplina fiscal y financiera y las recurrentes crisis de balanza de pagos en los 70 y 80, que hacen imposible el mantenimiento de esquemas cambiarios rígidos. Por su parte, el pensamiento económico desarrollista, muy en boga en esa época, reivindica el uso del tipo de cambio como herramienta de ajuste y como palanca para fomentar las exportaciones. En la mayoría de los casos, más que una elección racional, la opción por la flexibilidad cambiaria y la autonomía monetaria es producto de la insostenibilidad de tipos de cambio fijos en un contexto de indisciplina financiera y progresiva liberalización de los mercados de capitales. Paradójicamente, tanto en el norte desarrollado como en el sur en vías de desarrollo, la insatisfacción con la inestabilidad cambiaria va creciendo al mismo ritmo que la proliferación de regímenes flexibles, por cuanto la variabilidad de los tipos de cambio es considerada excesiva y perjudicial para el clima de inversión y para la estabilidad de precios. Adicionalmente, la creciente globalización de los mercados financieros y la movilidad de capitales ponen en duda la capacidad de los países de sacarle individualmente provecho al activismo cambiario o monetario. Por todas estas razones prácticas y teóricas, conforme avanza la década de los noventa se observan crecientes esfuerzos por aplicar esquemas intermedios que estabilicen los tipos de cambio, aunque sin renunciar a un cierto margen de flexibilidad administrada.

Sin embargo, sucesivas oleadas de turbulencias financieras en los 90 hacen tambalear muchas soluciones intermedias y se impone por un tiempo la tesis de que únicamente soluciones extremas de fijación o flexibilidad –plena integración o plena autonomía monetarias– son viables. Ciertamente un buen número de países han decidido quedarse en las "esquinas", pero la mayoría continúa ensayando esquemas pragmáticos intermedios con diferentes grados de coordinación monetaria y macroeconómica dentro de sus bloques regionales. Los que decidieron colocarse en el extremo de la plena rigidez cambiaria e integración monetaria, como es el caso de las uniones monetarias, están "condenados" a defender por siempre el esquema unitario porque su eventual fracaso traería consecuencias catastróficas.

1. Sistemas monetarios internacionales: breve sinopsis histórica

Podemos concebir el sistema monetario internacional como una estructura piramidal, en cuya base se encuentran los países individuales con sus respectivos regímenes cambiarios, en el intermedio los bloques regionales de jure o de facto con sus respectivos arreglos monetarios y en la cúspide los sistemas monetarios mundiales que dominan y regulan las relaciones monetarias y cambiarias entre los bloques y los países. Dependiendo de cuán hegemónica y concentrada sea la estructura de poder mundial en cada momento, se observarán en el devenir histórico sistemas monetarios internacionales de mayor o menor cobertura geográfica, de mayor o menor poder de imposición por parte del centro hegemónico, pero en cualquier escenario de unicidad o polaridad siempre tendrán que funcionar unas reglas e instituciones que regulen el intercambio de monedas y los sistemas de pagos mundiales. Son esas reglas e instituciones las que básicamente definen un régimen monetario.

A lo largo del último siglo y medio se pueden identificar tres grandes sistemas monetarios internacionales, básicamente homogéneos y universalmente extendidos, que han dominado la escena monetaria mundial: el patrón oro y su variante del patrón cambio-oro, el patrón dólar-oro de Bretton Woods y la flotación en bloques. La muerte de unos sistemas y el nacimiento de otros han venido acompañados de variados sistemas "interinos", marcados frecuentemente por la autarquía y la conflagración. Aun cuando las fechas de inicio y fin de cada sistema no son siempre claramente identificables, podemos diferenciar los siguientes sistemas y períodos[2]:

1) Patrón Oro (1879-1914)

Aun cuando este sistema data de 1819 con el Acta de Reanudación Británica, es solo a partir de 1879, cuando Estados Unidos se adhiere al esquema, que el régimen experimenta su mayor apogeo, el cual se extiende hasta la segunda década del siglo XX. En este sistema, sin duda el más transparente y exitoso de la historia, el oro ejerce la función de numerario, por cuanto todas las monedas establecen su valor en relación con el oro, cuya paridad moneda-oro es irrevocablemente fija y las emisiones de moneda están respaldadas por reservas de oro. Las monedas son convertibles en oro sin ninguna restricción y debe existir total libertad para el comercio internacional de oro, para que esos movimientos de oro se encarguen de efectuar los procesos de ajuste automático interno de precios y salarios relativos. En caso de suspensión de la convertibilidad o de modificación de la paridad por razones de fuerza mayor, los países se comprometen a retornar a la paridad original una vez desaparecida la fuerza mayor.

---

[2] Esta cronología sigue en lo esencial la propuesta por Grilli y Kaminsky (1991).

2) *Flotación controlada durante la I Guerra Mundial (1914-1919)*

Suspendida la convertibilidad de las monedas en oro por motivo de la conflagración bélica, el sistema del patrón oro deja de funcionar, las naciones se cierran monetariamente, cesan los flujos de oro y de capitales y se aplican controles de cambio y de comercio para estabilizar las monedas. Los mecanismos de coordinación económica desaparecen.

3) *Flotación preparatoria de la restauración del patrón oro (1919-1925)*

Pasada la conflagración bélica, la comunidad financiera internacional declara mantenerse adherida al principio del retorno a las paridades existentes al momento de la interrupción del patrón oro. Dados los diferentes niveles de inflación acumulados durante la guerra, las monedas flotan temporalmente respecto de la libra esterlina, mientras dura el necesario proceso de deflación interna para recuperar la paridad oro previa a la suspensión del patrón oro. No todos los países logran "deflacionar" lo suficiente sus niveles de precios, razón por la cual no serán capaces después de retornar a la paridad previa con el oro.

4) *Patrón cambio-oro (1925-1931)*

El período se inicia con la restitución de la convertibilidad en oro en 1925 por parte de la libra esterlina inglesa, que regresa al sistema con la paridad prebélica, pero con el sacrificio de una considerable sobrevaluación de la libra esterlina al no haber podido deflacionar suficientemente los precios. Gran Bretaña, como país de la moneda reserva del sistema, no podía apartarse de la paridad anterior. Sin embargo, el sistema no se instaura en su versión pura anterior a la guerra, ya que, por un lado, algunos países se ven obligados a retornar al patrón oro con una paridad superior a la anterior (es decir, con una moneda devaluada) y, por otro lado, la regla del respaldo en oro del dinero emitido se suaviza al permitir que parte de las reservas de los bancos centrales sean constituidas en divisas, particularmente en libras esterlinas. De ahí el nombre de "patrón cambio-oro", por cuanto estas reservas eran cambiables por oro. Ambas laxitudes respecto de la versión pura fueron acordadas en la Conferencia de Génova en 1922. Al permitir a los bancos centrales, excepto al Banco de Inglaterra, respaldar sus monedas con reservas de monedas de otros países, sobre todo libras esterlinas, se alivia el serio problema de la incapacidad de la producción de oro para acompañar el crecimiento de la economía mundial.

La mayor parte de los países se adhieren al sistema entre 1925 y 1929, pero la Gran Depresión de 1929-1933 y el debilitamiento de los mecanismos de coordinación internacional hacen que esas adhesiones tengan corta vida. El sistema finaliza oficialmente cuando el banco central británico, el Banco de Inglaterra, se ve obligado a suspender en septiembre de 1931 la convertibilidad en oro de la libra esterlina, la moneda hege-mónica, a la cual le sigue más tarde el dólar estadounidense. Se pierde así el eje alrededor del cual pivotaba todo el sistema. Mucha influencia en la efímera vida de la restauración del sistema tuvo la imposibilidad de ejercer el necesario liderazgo por parte de un decadente Imperio británico, la renuencia de los Estados Unidos a asumir ese papel y la falta de institucionalidad para sustentar mecanismos de coordinación. No poca influencia tuvo también en este desenlace el ambiente financiero inter-nacional creado por el colapso de Alemania al ver suspendidos los flujos de capital que permitieron a este país atender por un tiempo las absurdas cargas por reparaciones de guerra impuestas en el tratado de Versalles.

5) Flotación controlada (1931-1939)

Después de la Gran Recesión, el sistema monetario internacional entra en un proceso de inestabilidad, proteccionismo comercial y devaluaciones competitivas. Solamente a partir de mediados de la década vuelve un cierto nivel de coordinación al celebrar en 1936 los Estados Unidos de América, Gran Bretaña y Francia un Acuerdo Monetario Tripartito, mediante el cual acuerdan un sistema de flotación administrada y colaboración entre los bancos centrales, pero sin renunciar ningún país a la manipulación de su moneda para obtener ventajas comerciales. Las constantes guerras comerciales no solamente impiden el funcionamiento de un sistema monetario con reglas y mecanismos de coordinación, sino crean climas propicios para las posteriores confrontaciones bélicas.

6) Control de cambio durante la II Guerra Mundial y su epílogo (1939-1949)

Como consecuencia de la economía de guerra, las transacciones cambiarias y comerciales vuelven a ser controladas por los gobiernos individuales y dejan de funcionar los sistemas de pago y los flujos financieros internacionales. Este ambiente bélico es la antítesis de un sistema monetario que exige, por definición, coordinación.

La segunda mitad de la década de los cuarenta se caracteriza todavía por un alto nivel de autarquía comercial, ausencia de convertibilidad entre las monedas y ajustes deflacionarios. Presiones especulativas de posguerra obligan a varias oleadas de devaluaciones con respecto al dólar. En estos años, sin embargo, se consolida el hecho fundamental que marcará al sistema monetario mundial por las siguientes décadas: la total hegemonía de Estados Unidos y el papel del dólar como moneda de reserva mundial.

7) *Régimen fijo ajustable bajo Bretton Woods (1949-1971)*

Desde 1944, en la Conferencia de Bretton Woods, comienzan a sentarse las bases del nuevo orden monetario mundial, cuyo funcionamiento pleno arranca un lustro después. El nombre del acuerdo Bretton Woods proviene del hotel resort de la región de las White Mountains del estado de New Hampshire en los Estados Unidos en el que se celebró la Conferencia monetaria y financiera de las Naciones Unidas en julio de 1944, a la que asistieron los delegados de las naciones aliadas con el objetivo de establecer un sistema de instituciones centradas en el ordenamiento y regulación del sistema financiero internacional de la posguerra. Una vez finalizada la conflagración bélica, los países comienzan a liberar paulatinamente las transacciones de la cuenta corriente, proceso que se completa hacia fines de los cincuenta en Europa y que permite dar inicio a la plena aplicación de las disposiciones aprobadas en 1944 en Bretton Woods.

En el sistema de Bretton Woods el dólar estadounidense pasa a ser el numerario o patrón monetario para el resto del mundo y su valor se establece a una determinada paridad fija con el oro. El resto de los países establecen una paridad fija respecto del dólar, que únicamente puede ajustarse bajo determinados parámetros y mecanismos. Coyunturalmente cada moneda puede fluctuar +/- 1 por ciento con respecto al dólar. Las autoridades de los países signatarios del acuerdo, excepto Estados Unidos, se comprometen a defender una paridad fija, que solo puede ser ajustada en caso de desequilibrios fundamentales y previa aprobación del Fondo Monetario Internacional. La política monetaria y el nivel de inflación mundiales los determina la Reserva Federal estadounidense, mientras que le corresponde al resto de los países subordinarse a esta política e intervenir en el mercado cambiario-monetario para defender la paridad fija con el dólar. A pesar de esta subordinación, la existencia de controles sobre los flujos de capitales –únicamente existe convertibilidad para transacciones de cuenta corriente– permite un pequeño margen de maniobra para las políticas nacionales. Bretton Woods crea también una nueva arquitectura financiera mundial, cuyos pilares principales son el Fondo Monetario Internacional (prestamista de última instancia de los bancos centrales nacionales), el Banco Mundial (banco de financiamiento de proyectos de desarrollo) y el Acuerdo General sobre Aranceles Aduaneros y Comercio (marco general de los acuerdos de comercio internacional).

8) Régimen de flotación en bloques (1971 hasta hoy)

El sistema de Bretton Woods colapsa cuando en septiembre de 1971 el gobierno de Estados Unidos, siendo Nixon presidente, decide suspender la convertibilidad en oro de las reservas oficiales de dólares e impone una sobretasa a las importaciones, equivalente a una devaluación de facto del dólar de 10 por ciento. De esta forma, el país hegemónico reniega del cumplimiento de sus responsabilidades y obligaciones como moneda ancla mundial. Todas las monedas se ven forzadas a modificar sus paridades respecto al dólar. La formalización de esta realineación de monedas y de la suspensión de la convertibilidad del dólar tiene lugar en diciembre de 1971 en una reunión del Grupo de los Diez en el Instituto Smithsoniano de Washington; de ahí el nombre de Acuerdo Smithsoniano.

El período 1971-1973 es testigo de varios intentos de restauración de tipos de cambio fijos, que duran poco y van dando paso a realineaciones cambiarias cada vez más frecuentes.

A partir de 1973, el yen japonés y la mayoría de las monedas europeas comienzan a flotar oficialmente día a día frente al dólar. En enero de 1976 se produce la enmienda del artículo IV de los Estatutos del Fondo Monetario Internacional, mediante la cual se reconoce formalmente que los países tienen el derecho de elegir el régimen que más les convenga (flotación o fijación). Tres grandes bloques y sus respectivas monedas ancla dominan la escena monetaria mundial: EEUU y las Américas alrededor del dólar, Europa alrededor del marco alemán y Asia alrededor del yen. Con la gran deflación de la economía japonesa desde hace casi dos décadas, un buen número de países asiáticos han preferido utilizar el dólar estadounidense como ancla y moneda de reserva.

Al interior de los bloques se intenta preservar la estabilidad cambiaria, pero los bloques flotan libremente entre sí. Únicamente Europa logra avanzar institucionalmente hacia esquemas de mayor integración cambiaria y monetaria, primero con la Serpiente de 1973 a 1979, luego con el Sistema Monetario Europeo y su mecanismo cambiario de 1979 a 1999 y, finalmente, con la unión monetaria a partir de 1999. A mediados de los 80, debido a la alta volatilidad del dólar y el retorno de brotes de "devaluaciones competitivas", los tres bloques celebran algunos acuerdos de cooperación e intervención entre los grandes bancos centrales, como son los acuerdos de Plaza New York de 1985 o de Louvre de 1987. Los desarrollos más significativos de los últimos años en esta materia han sido el surgimiento progresivo del yuan (renminbi) chino como moneda de referencia y de reserva en el bloque asiático, la sustitución del marco alemán por el euro en el bloque europeo y la cesión de espacios de hegemonía monetaria por parte del dólar estadounidense, lo cual no quiere decir que no siga siendo por mucho tiempo la moneda de reserva y de referencia más importante a nivel mundial. Europa tiene problemas propios que atender y China tiene un largo camino que recorrer hasta alcanzar la convertibilidad plena de su moneda y la liberalización de su mercado financiero.

2. REGÍMENES CAMBIARIOS: LAS TAXONOMÍAS DEL FMI

Los diferentes sistemas monetarios mundiales han sido el marco dentro del cual los países han tomado las decisiones de implantar sus regímenes cambiarios. Evidentemente los grados de libertad individual de decisión estarán fuertemente limitados por el sistema monetario circundante, especialmente cuando han prevalecido sistemas de marcado "autoritarismo" como el patrón oro o Bretton Woods, pero siempre hay espacios para esquemas propios, de jure o de facto.

Empecemos por recordar la distinción que mencionáramos en el primer capítulo entre régimen cambiario y política cambiaria. Mientras que la política cambiaria se refiere a la definición de un determinado nivel del tipo de cambio y las acciones para alcanzarlo, el régimen cambiario consiste en el marco institucional y en las reglas de funcionamiento mediante las cuales se forma el precio de las divisas y se regula su tenencia e intercambio. La característica distintiva de un régimen cambiario es el grado de flexibilidad del tipo de cambio y no su nivel. Evidentemente, ciertos regímenes cambiarios son más eficientes en la consecución de determinados objetivos de política cambiaria o son más proclives a ciertas políticas, pero esta estrecha relación entre política y régimen no debe conducir a difuminar los contornos respectivos.

Asimismo conviene aclarar que la diferenciación entre flexibilidad y rigidez no debe confundirse con la dicotomía entre mercado y regulación. Un sistema de cambio fijo puede existir tanto en un mercado libre como en uno controlado. Igual puede decirse de los sistemas cambiarios flexibles. De hecho, la sostenibilidad de tipos de cambio fijos exige el casi perfecto funcionamiento y flexibilidad de los mercados de factores. Tampoco es equiparable la intervención oficial cambiaria con intervenciones en otros mercados. Fijar el tipo de cambio es algo muy distinto a establecer, por ejemplo, límites a las variaciones de los precios de las acciones bursátiles, de las tasas de interés o de ciertos bienes. Un tipo de cambio es el precio relativo de dos divisas, es decir, de dos monedas fiduciarias emitidas por gobiernos en función de sus propios objetivos. Nada más sujeto a decisiones soberanas de política que el valor de las monedas. Más allá de la conveniencia o no de hacerlo, fijar el precio de la divisa por vía administrativa o por vía de mercado es un simple ejercicio de soberanía monetaria.

La tipología más comúnmente utilizada es la establecida por el Fondo Monetario Internacional en su *Reporte Anual sobre Regímenes Cambiarios y Restricciones Cambiarias*. Aun cuando en principio habría también otras opciones para abordar la tarea de clasificar los regímenes de cambio[3], la primera ventaja del esquema del FMI reside en el hecho de que es la única fuente estadística disponible que abarca todo el universo de países a través de un horizonte temporal suficientemente largo, lo cual la ha convertido en estándar obligado a la hora de estudiar la evolución de los arreglos cambiarios. Una segunda bondad de la tipología del FMI es la sencillez de su criterio de clasificación, que consiste en ubicar a los países dentro de un eje, cuyos extremos son la rigidez y la flexibilidad de los mecanismos de determinación del tipo de cambio. En esta taxonomía los regí-

---

[3] Los regímenes cambiarios pudieran clasificarse bajo otros criterios diferentes como, por ejemplo, el grado y alcance del control administrativo oficial, la estructura unitaria/dual/múltiple del tipo de cambio, la mezcla de instrumentos cambiario-monetarios (anclaje cambiario o anclaje monetario), el activo de respaldo de la moneda, el grado de convertibilidad, etcétera. En este estudio adoptamos el criterio de la flexibilidad-rigidez. Quirk (1989) para una explicación detallada de los criterios de clasificación del FMI.

menes cambiarios difieren únicamente en el grado de flexibilidad, y se entiende por esta la frecuencia con la que el sistema de reglas e instituciones cambiarias permite ajustes del tipo de cambio nominal. En la vida real, el eje entre rigidez y flexibilidad es un continuo de infinitas variantes de regímenes cambiarios. A efectos analíticos, sin embargo, es necesario establecer agrupaciones "discretas" que permitan encasillar cada país con su respectivo arreglo cambiario dentro de grupos y subgrupos.

Durante la vigencia de Bretton Woods, el FMI consideraba únicamente dos regímenes cambiarios: paridad fija y fluctuación. A partir de 1975, con la autorización para flotar que se abre con la modificación del Artículo IV de sus estatutos, el FMI empieza a clasificar los arreglos cambiarios de manera más diferenciada, para reflejar los diversos grados de flexibilidad que adoptaban los países, y establece tres grandes grupos: regímenes fijos, regímenes de flexibilidad limitada y regímenes más flexibles.

En el cuadro II.1 encontrará el lector una sinopsis compactada de la evolución de las taxonomías del FMI desde 1944 hasta el presente. Puede observarse que la variedad de regímenes se incrementa con el tiempo en un intento de captar las nuevas variantes y matices de rigidez y flexibilidad. Así como a partir de 1982 la taxonomía empieza a reflejar la creciente presencia de diversos esquemas de flotación, es recién a partir de 1999 que la clasificación hace honor a las especificidades de los diferentes esquemas de fijación del tipo de cambio.

La clasificación de 1999 representa un punto de quiebre mucho más profundo en el laborioso esfuerzo del FMI por capturar el mapa mundial de regímenes cambiarios. Producto de investigaciones empíricas en el mundo académico, la taxonomía del FMI empieza a reconocer que una cosa es lo que los gobiernos declaran perseguir como arreglo cambiario y otra muy distinta la práctica en la vida real.

CUADRO II.1
Evolución de la taxonomía de regímenes cambiarios del FMI,
1994-2009

1944	1975	1977
Paridad fija entre bandas	Fijo respecto a una moneda	Fijo respecto a una moneda
Fluctuación	Fijo respecto a un compuesto de monedas	Fijo respecto a un compuesto de monedas
	Flotante - ajustado a indicadores	Ajustado según indicadores
	Flotante - márgenes comunes cooperativos	Arreglos cooperativos
	Flotante - independiente	Otros arreglos flexibles

1982	1999	2009
Fijo respecto a una moneda	Sin moneda legal separada	Sin moneda legal separada
Fijo respecto a un compuesto de monedas	Junta Monetaria	Junta Monetaria
Flexibilidad limitada respecto a moneda indiv.	Fijación convencional	Fijación convencional
Flexibilidad limitada respecto a arreglo coop.	Fijo entre bandas horizontales	Arreglo estabilizado
Flotante ajustado a indicadores	Fijo deslizante	Fijo deslizante
Flotación administrada	Banda deslizante	Arreglo cuasi-deslizante
Flotación independiente	Flotación administrada sin senda preanunciada	Fijo entre bandas horizontales
	Flotación independiente	Otros arreglos administrados
		Flotación
		Flotación libre

Nota general: Algunos arreglos cambiarios tienen nombres iguales o parecidos, pero los parámetros de su funcionamiento pueden variar en los diferentes años. Por ello, deben consultarse las caracterizaciones contenidas en los respectivos Reportes Anuales para una definición exacta. *Crawl* se traduce como deslizante. (Fuente: IMF, *Annual Report on Exchange Arrangements and Restrictions*, 2011)

Sobre esta fundamental distinción entre regímenes *de jure* y regímenes *de facto* volveremos más adelante en el capítulo, pero baste aquí con destacar que a partir de 1999 los equipos técnicos del FMI incorporan en su análisis evaluativo observaciones empírico-estadísticas, que son contrastadas con el comportamiento oficialmente declarado y que finalmente prevalecen a la hora de ubicar un determinado régimen dentro del continuo entre rigidez y flexibilidad.

Desde 1982 hasta 1998 las categorías y subcategorías contempladas dentro de la taxonomía de regímenes cambiarios eran las siguientes:

a) Regímenes fijos

Se catalogan como regímenes fijos aquellos arreglos cambiarios en los cuales el tipo de cambio está ordinariamente "enganchado" a otra(s) moneda(s) y solo es modificado de forma discrecional y poco frecuente en circunstancias extraordinarias. El término "enganche" significa que la paridad de la moneda doméstica se mantiene inalterada respecto de la(s) moneda(s) de referencia. Tanto la moneda doméstica como la(s) moneda(s) de referencia fluctúan en bloque frente al resto de las monedas.

Los regímenes fijos se subdividen en tres tipos, dependiendo, en primer lugar, de si el país emite su propia moneda, y, en segundo lugar, de si la referencia es a una divisa individual o a una cesta de divisas:

a.1) Uniones monetarias

Lo esencial de una unión monetaria es que el país renuncia a la emisión de moneda propia, con lo cual el tipo de cambio desaparece como variable de ajuste económico. En algunos casos, uno o varios países adoptan la moneda de un tercer país, como sucede con la unión monetaria centroafricana[4]; en otros casos, varios países pueden acordar emitir una moneda común, tal como decidió Europa en la década de los noventa.

Una sub-variante de unión monetaria es un arreglo mediante el cual un país utiliza la moneda de otro país como medio doméstico de circulación (moneda de curso legal), también llamado "dolarización". Este término se emplea genéricamente para describir la decisión de un país de renunciar a su propia moneda y adoptar la de otro país como moneda de curso legal. A pesar del término utilizado, no tiene por qué ser el dólar la moneda adoptada. Eventualmente, el país puede emitir una cantidad moderada de monedas y billetes propios de baja denominación para facilitar el manejo del efectivo. Este circulante local se cambia a la paridad de uno a uno con la moneda extranjera de curso legal[5]. A diferencia de la dolarización, que implica subordinación monetaria de un país a otro, la unión monetaria nace como un arreglo "inter pares" que deciden crear y adoptar una moneda común y una única autoridad monetaria.

a.2) *Enganches a una moneda individual*

El país engancha su moneda, mediante una paridad fija, a la de un país importante, que usualmente es el principal socio

---

[4] Este es el caso de 14 países francófonos del África Central, que desde el otorgamiento de la independencia conformaron una zona cambiaria alrededor del franco centroafricano (CFA franc), que es emitido por el Banco Central de los Estados del África Occidental. Esta unión monetaria ha mostrado una considerable capacidad de sobrevivencia a lo largo de varias décadas, en buena parte debido al papel activo cumplido por Francia como eje hegemónico de la unión. Para mayores detalles sobre el desempeño de la zona del franco centroafricano, ver Bayoumi y Ostry (1995), Devarajan y Rodrik (1991) y Boughton (1991).

[5] Ejemplos pioneros de uso de moneda extranjera como moneda de curso legal son Panamá y San Marino. Ejemplos más recientes son Ecuador, El Salvador y Zimbabwe. Existen también formas intermedias más suaves, consistentes en diferentes grados de "sustitución" de monedas. Sobre las implicaciones monetario-financieras de la sustitución de monedas, ver Calvo y Vegh (1992).

comercial. Existen versiones duras y blandas de enganche. Una forma dura de vincular y anclar el tipo de cambio es a través de una junta monetaria, también denominada "caja de conversión", mediante la cual la emisión de moneda local debe estar respaldada por un monto equivalente de divisas. Formas blandas son arreglos en los que el tipo de cambio se mantiene fijo, pero que es revisado y ajustado por las autoridades cuando las circunstancias así lo aconsejan.

a.3) *Enganches a una cesta de monedas*

En estos arreglos, el tipo de cambio es fijado en relación con un conjunto de monedas (cesta), que usualmente refleja algún tipo de promedio de las monedas de los países con los que se realiza la mayor porción del intercambio comercial. La utilización de una cesta de monedas suele responder al deseo de atenuar el impacto de la volatilidad de una sola moneda, al tiempo que permite mantener un mejor seguimiento de la evolución del tipo de cambio real "efectivo", para cuyo cálculo se toma en cuenta la estructura del intercambio comercial del país. La composición de la cesta debe reflejar, como mínimo, la estructura comercial del país, es decir, los pesos relativos ponderados de las importaciones y exportaciones de mercancías con los principales socios comerciales. En cálculos más sofisticados pueden incluirse también en la ponderación los flujos de la balanza de servicios, la estructura de los flujos de capital y las elasticidades de las importaciones y exportaciones. Una alternativa para obviar la complicación de definir la estructura de la cesta de monedas es utilizar como referencia los derechos especiales de giro (DEG) emitidos por el Fondo Monetario Internacional. Ya que los DEG reflejan *grosso modo* el peso relativo de los países en la economía mundial, esta referencia puede convertirse en un sustituto de la cesta ad hoc.

b) Regímenes de flexibilidad limitada

Se trata de arreglos cambiarios en los que el tipo de cambio puede variar dentro de ciertos márgenes de fluctuación, que han sido determinados previamente, pero donde las reglas de juego tienden a hacer más rígido, de hecho, el tipo de cambio.

b.1) Flexibilidad respecto de una moneda individual

Estos son regímenes intermedios en los que el tipo de cambio está *de facto* enganchado a una moneda individual, pero goza teóricamente de zonas de flexibilidad que eventualmente son utilizadas. Dentro de esta categoría se ubicaban en los 70, por ejemplo, la mayor parte de los países árabes, que mantenían enganchadas sus monedas con el dólar o con el franco francés; era responsabilidad del respectivo banco central establecer regularmente una paridad. La flexibilidad venía dada por la definición de una banda "teórica" de fluctuación de +/- 7,5 por ciento alrededor de los DEG.

b.2) Arreglos cooperativos

Las monedas de los países miembros de un arreglo cooperativo están enganchadas entre sí dentro de márgenes bastante estrechos de variación, pero fluctúan en bloque frente a las monedas de terceros países. El término "cooperativo" pretende resaltar el hecho de que estos arreglos exigen una fuerte coordinación de las políticas macroeconómicas de los países miembros, así como una intervención muy activa de los bancos centrales en los mercados cambiarios. Esta categoría fue concebida para identificar el peculiar arreglo cambiario de los países integrantes del mecanismo cambiario europeo vigente desde 1979.

c) Regímenes más flexibles

Se incluyen en este grupo arreglos cambiarios en los que el tipo de cambio, *de facto* y *de iure*, varía. Al igual que en el extremo de los regímenes fijos, los grados de flexibilidad son muy diversos, razón por la cual se establecen tres subcategorías que van de menor a mayor flexibilidad.

c.1) *Ajuste según indicadores*

Las variaciones del tipo de cambio se producen más o menos automáticamente sobre la base de variaciones de ciertos indicadores. Esta vinculación entre el tipo de cambio y los indicadores debe quedar formalmente establecida. Un ejemplo típico son los arreglos cambiarios en los que el tipo de cambio nominal es ajustado automáticamente para absorber el diferencial de inflación con los socios comerciales y preservar así un nivel constante del tipo de cambio real.

c.2) *Flotación administrada*

En regímenes de flotación administrada, la autoridad cambiaria (usualmente, el banco central) interviene activa y regularmente para dirigir el rumbo del tipo de cambio y afectar su nivel. El banco central cotiza periódicamente el tipo de cambio y actúa para defender esa paridad. El nivel de la cotización es una decisión más o menos discrecional del banco central, en la que intervienen elementos tales como la situación de la cuenta corriente, el nivel de reservas y el entorno internacional. Lo definitorio de este grupo de regímenes es que la influencia de la intervención oficial sobre el tipo de cambio es mayor que la del mercado y, por lo tanto, determinante para el resto de participantes en el mercado cambiario. Dentro de esta categoría se ubican regímenes muy diversos que van desde el *crawling peg* (fijación deslizante o reptante, definida como sistema de minidevaluaciones sucesivas y frecuentes del tipo de cambio para ajustarlo a diferenciales de inflación o a otros indicadores), hasta una amplia gama de variantes de zonas cambiarias.

c.3) *Flotación independiente*

En estos regímenes, la influencia de las "fuerzas del mercado" sobre la determinación del tipo de cambio es superior a la ejercida por la intervención oficial. Esta se produce más con la intención de moderar el ritmo de variación del tipo de cambio que con la de quebrar tendencias de mercado o de influir sobre el nivel del tipo de cambio. Arreglos usuales dentro de esta categoría son los mercados de subastas de divisas y los mercados interbancarios.

Cada régimen cambiario definido en esta taxonomía debería poder ubicarse dentro de un continuo entre rigidez y flexibilidad. En la vida real, sin embargo, los países adoptan e "inventan" regímenes, que no son siempre fáciles de encasillar dentro de alguna de las categorías. Con frecuencia, un país ensambla elementos o mecanismos que pertenecen a varios regímenes diferentes. Otras veces, las autoridades anuncian formalmente la adopción de un determinado régimen, pero su comportamiento real se corresponde con otro régimen distinto. No es de extrañar, por consiguiente, que el FMI confronte dificultades a la hora de emprender la clasificación de países y se haya visto obligado a usar métodos estadísticos de observación propia. Pero, como decíamos más arriba, la cuestión importante es disponer de una medida gruesa de qué tan flexible o rígido es el tipo de cambio en cada caso, y eso es aproximado satisfactoriamente con esta clasificación.

3. PROCESO DE FLEXIBILIZACIÓN DE LOS REGÍMENES CAMBIARIOS POST BRETTON WOODS

Si uno observa cómo ha variado la clasificación de jure de países durante las tres décadas posteriores al colapso de Bretton Woods, se hace evidente que la proporción de países con esquemas cambiarios rígidos ha ido disminuyendo en pro de esquemas más flexibles (ver cuadro II.2). Mientras la proporción de los regímenes fijos desciende de 74 por ciento en 1976 a 37 por ciento en 1997, los flexibles pasan de 26 a 63 por ciento. Son diversos los factores que explican este giro hacia la flexibilidad. En los países desarrollados, el colapso del sistema de Bretton Woods hizo patente la dificultad de mantener tipos de cambio fijos sin un mínimo de coordinación de las políticas macroeconómicas. Pero quizás el principal impulsor de la flexibilidad fue la creciente apertura y liberalización de los mercados de capitales. La profundización de los mercados financieros y la creciente movilidad de capitales trajeron como consecuencia que la determinación del tipo de cambio estuviera cada día más en manos de los mercados y menos en la esfera de influencia de los bancos centrales. Era sencillamente incompatible pretender al mismo tiempo fijar el tipo de cambio, permitir la movilidad de capitales y mantener una política monetaria autónoma. El conflicto dentro de este triángulo incongruente se resolvió a favor de la flexibilización del tipo de cambio.

CUADRO II.2
Evolución de regímenes cambiarios: comparación de países en vías
de desarrollo con total mundial, 1976-1997 (Porcentajes)

	1976	1983	1989	1997
Total mundial				
Regímenes fijos	74	62	61	37
Regímenes más flexibles (1)	26	38	39	63
Países en vías de desarrollo				
Regímenes fijos	86	72	66	41
Regímenes más flexibles (1)	14	28	34	59

(1) Incluye regímenes de flexibilidad limitada. Clasificación basada en taxonomía de 1982.
Fuente: IMF, *Annual Reports on Exchange Arrangements and Exchange Restrictions.*

Algo distintos fueron los motivos en el ámbito de los países en vías de desarrollo. De hecho, la flexibilización cambiaria se produce con cierto retraso respecto del mundo desarrollado. A principios de los setenta, cuando los países desarrollados viraron hacia esquemas de flotación, buena parte de los países no desarrollados todavía permanecían anclados bajo la esfera de influencia de algún país hegemónico. La opción más evidente era ponerse a flotar "enganchados" a la moneda hegemónica, de ahí que hasta mediados de esa década de los setenta predominaran los arreglos cambiarios fijos. En 1976, 86 por ciento de los países en vías de desarrollo todavía tenían regímenes fijos, una proporción superior al 74 por ciento a escala mundial. Sin embargo, en el mismo cuadro puede apreciarse que el proceso de flexibilización a partir de la década de los ochenta es relativamente más acelerado en el ámbito de los países en desarrollo que en el conjunto mundial.

Entre los factores que explican esta evolución de los países en desarrollo cabe destacar, en primer lugar, la culminación del proceso de independencia política tanto de las ex colonias, especialmente en el continente africano, como de otros países con mayor tiempo de independencia formal, pero todavía económicamente muy dependientes de algún centro hegemónico. Al diluirse paulatinamente los nexos políticos, la coordinación económica e institucional, que necesariamente debe acompañar todo enganche con otra moneda, se hizo más difícil. Es explicable también el deseo de trasladar al ámbito económico el mismo afán de independencia del ámbito político. En segundo lugar, la indisciplina macroeconómica de algunos países, especialmente los latinoamericanos, produjo niveles de inflación que hacían insostenibles los tipos de cambio fijos, ya que la pérdida de competitividad frente a los socios comerciales desembocaba inexorablemente en crisis de balanza de pagos. Sobrevino, en tercer lugar, la recesión mundial y la crisis de la deuda de comienzos de la década de los ochenta, que colocó a gran parte de los países en vías de desarrollo a las puertas de la insolvencia financiera. Muchos países, fuertemente endeudados, necesitaban elevar las exportaciones para cumplir las obligaciones de la deuda. En estas condiciones de bajas reservas internacionales y alta vulnerabilidad financiera era muy cuesta arriba preservar la estabilidad cambiaria.

Pero el factor fundamental, a nuestro entender, que explica el viraje hacia la flexibilidad de los regímenes cambiarios en los países en vías de desarrollo durante el período analizado, fue la concepción del tipo de cambio como un instrumento central de política económica. Durante los setenta y ochenta las economías se vieron sometidas a frecuentes perturbaciones externas en contextos políticos internos que dejaban poco margen para el uso de los tradicionales mecanismos deflacionistas que caracterizaron la época de apego a la rigidez cambiaria. Los gobiernos no estaban dispuestos a aceptar el alto costo de la deflación interna para restaurar el equilibrio externo. De acuerdo con la nueva concepción, el tipo de cambio comenzó a ser usado como la variable operativa clave en los procesos de ajuste, razón por la cual los gobiernos prefirieron arreglos cambiarios que permitieran variar el tipo de cambio, pero sin "abandonarlo" a los vaivenes del mercado. Así como en los países desarrollados la creciente apertura de los mercados financieros y la consiguiente predominancia de las fuerzas de mercado en la determinación del tipo de cambio fueron los elementos propulsores del giro hacia la flexibilidad cambiaria, en los países en vías de desarrollo los esquemas cambiarios adoptados, aun cuando pasan estadísticamente a formar parte de la categoría de "más flexibles", respondieron a una necesidad de política económica y mantuvieron, por lo tanto, un alto componente de intervención oficial. Ello no quiere decir que casi todos los países no hayan vivido episodios cortos de "flotación independiente", que típicamente solían coincidir con las fases de eclosión de las crisis externas, cuando los tipos de cambio se precipitaban en "caída libre", y que marcaban el inicio de nuevos intentos de estabilización para luego dar paso a regímenes administrados[6].

Subyace también a la concepción activista de la política cambiaria una creciente preocupación por el tipo de cambio *real*, en gran parte producto de la percepción de que el anterior modelo de "crecimiento hacia adentro" ya estaba agotado y que la única vía de crecimiento estable pasaba por la apertura comercial y las exportaciones. Uno de los instrumentos centrales de la estrategia de promoción de exportaciones fue un tipo de cambio real más competitivo. Como es sabido, la mayor parte de los determinantes del tipo de cambio real escapan al ámbito de influencia de las autoridades. Si el gobierno adopta un objetivo de tipo de cambio real, la manipulación del tipo de cambio nominal es prácticamente su única herramienta disponible en el corto plazo. Una de las principales causas de fluctuación de la paridad real

---

[6] Aghevli y Montiel (1991) realizan un detallado estudio sobre la evolución de arreglos cambiarios en el ámbito de los países en desarrollo durante el período post Bretton Woods.

fue la aceleración de las tasas de inflación en esos años, lo cual, a través de la apreciación real, erosionaba la competitividad externa de los países víctimas de mayor inflación. Ante los brotes inflacionarios, las autoridades se vieron compelidas a "manejar" el tipo de cambio nominal para evitar fluctuaciones indeseadas del tipo de cambio real efectivo, que es el que realmente importaba a efectos económicos. De ahí que muchos gobiernos adoptaran políticas más o menos explícitas de devaluación, para lo cual era necesario flexibilizar el esquema cambiario[7].

Otro factor explicativo del viraje hacia la flexibilidad fue el creciente escepticismo frente a sistemas administrados de control de cambio. Mantener paridades fijas en contextos de divergencia de variables macroeconómicas y de progresiva apertura financiera exigía la imposición de prohibiciones y controles administrativos sobre las transacciones con divisas. Pero la acumulación de experiencias de controles de cambio fallidos generalizó la percepción acerca de la inefectividad de estos controles de cambio, al igual que los de precios. La principal lección práctica de este proceso de aprendizaje fue el reconocimiento de que los controles no solo eran incapaces de preservar el nivel deseado de reservas, sino que generaban importantes distorsiones en el proceso de asignación de recursos en la economía e incentivos perversos de arbitraje entre la tasa oficial subsidiada y la tasa paralela de mercado. En consecuencia, la mayoría de los países no tuvieron otra alternativa que adoptar esquemas orientados al mercado que, por definición, exigían mayor flexibilidad.

---

[7] Ello explica la proliferación de considerables devaluaciones nominales durante los ochenta, que abrieron la puerta a booms exportadores, no todos ellos con suficiente base de sustentación para perdurar. Véase Corden (1993) y Little, Cooper, Corden y Rajapatirana (1993).

Pudiera argumentarse que todas estas razones favorables a la flexibilidad no tenían por qué haber desembocado en esquemas cambiarios en los que el tipo de cambio se moviera más o menos libremente en función de las fuerzas del mercado. Una alternativa podían haber sido regímenes fijos, pero *ajustables* por las autoridades cada vez que los fundamentos económicos lo exigiesen. Los gobiernos suelen ser de la opinión de que ellos saben interpretar cambios en los fundamentos mejor que los mercados. De hecho, regímenes fijos ajustables fueron la regla general durante la vigencia de los acuerdos de Bretton Woods. El esquema, sin embargo, funcionó adecuadamente sólo mientras el entorno económico mundial se mantuvo relativamente estable, los flujos de capitales eran controlables y los países se acogían voluntariamente al mandato de la convergencia de las políticas macroeconómicas. Pero cuando estas tres condiciones empezaron a desmoronarse desde la década de los setenta, los ajustes cambiarios se hicieron más frecuentes y de mayor cuantía. Aparte de la turbulencia que generaban las apuestas especulativas en una sola dirección, devaluaciones de tal magnitud acarreaban un alto costo político para los gobiernos de turno. El costo político esperado suele ser la consideración central en la elección de régimen cambiario por parte de los gobiernos. Una forma de atenuar el costo político de las devaluaciones "discretas" era asignarle al mercado, y no al gobierno, esa responsabilidad de ajustar día a día el tipo de cambio, para que los deslizamientos de las monedas no fueran interpretados inmediatamente como fracasos del gobierno, sino como resultado de las fuerzas del mercado. Aquí reside otra de las razones fundamentales de la mayor preferencia por regímenes flexibles durante las tres décadas posteriores a Bretton Woods.

Desde el punto de vista de la economía política, ¿qué explica, en definitiva, este abandono masivo de esquemas cambiarios rígidos post Bretton Woods? Eichengreen (1995b) sugiere la tesis de que los regímenes cambiarios son el producto *endógeno* del conjunto de circunstancias prevalecientes en el ámbito político-económico mundial en un momento dado. Explicaciones monocausales no son capaces de tomar en cuenta la complejidad de esta relación endógena entre los arreglos cambiarios y su entorno económico y político. En su opinión, y viendo en retrospectiva la evolución del sistema monetario internacional desde la época del patrón oro, el éxito de la estabilidad de los regímenes cambiarios fijos ha dependido de la presencia de los siguientes factores:

a) Disposición a ejercer el liderazgo económico internacional por parte de un poder individual dominante[8]. Este papel fue asumido por Inglaterra durante la época del patrón oro y por los Estados Unidos durante Bretton Woods.

b) Cooperación internacional: Un sistema internacional de regímenes de cambio fijo requiere de una "gerencia" colectiva, donde las partes estén de acuerdo sobre las medidas a tomar en caso de desajustes.

c) Consenso intelectual acerca del marco en el que puede y debe desenvolverse la política macroeconómica y, especialmente, la política cambiaria. Políticas monetarias y fiscales activas y autónomas no son compatibles con un sistema de regímenes fijos.

---

[8] Eichengreen hace suya la teoría de la "estabilidad hegemónica" de Charles Kindleberger (1984). Según este último autor, la estabilidad cambiaria es un bien público, del cual se benefician todos los miembros de la comunidad internacional. Debido a que la contribución de una nación individual a la estabilidad beneficia también a otras naciones, este bien público tiende a ser subofertado, como acostumbra a suceder con los bienes públicos. De ahí la necesidad de un poder hegemónico que sea lo suficientemente grande como para apropiarse de la mayor tajada del beneficio de la estabilidad y esté así dispuesto a asumir la carga de estabilizar el sistema mundial. Se trata de "internalizar las externalidades" a cambio de los beneficios y privilegios que reporta ejercer la hegemonía monetaria y que su moneda sea la moneda de reserva e intercambio mundial.

d) Estabilidad macroeconómica: Si las perturbaciones económicas son intensas, frecuentes y asimétricas, la defensa del tipo de cambio puede resultar excesivamente costosa.

e) Acuerdo sobre la prioridad del objetivo antiinflacionario: El relajamiento de la voluntad antiinflacionaria suele coincidir con el resquebrajamiento de los regímenes de cambio fijo.

Prácticamente, todas estas condiciones necesarias para el mantenimiento de un sistema monetario internacional basado en paridades fijas fueron desapareciendo desde fines de la década de los sesenta, pero hubo principalmente dos elementos que dieron al traste con la estabilidad cambiaria mundial. El primero fue la negativa de los Estados Unidos a continuar aplicando la mesura que su papel de centro hegemónico le exigía. Y el segundo factor de resquebrajamiento fue el cambio de moda en la forma de concebir la política económica y en las prioridades con respecto a los objetivos de inflación y empleo[9]. No somos de la opinión de que la presencia de perturbaciones económicas como los *shocks* petroleros de los setenta fueran la causa fundamental del viraje hacia la flexibilidad. Si bien es cierto que hubo fuerte inestabilidad en los setenta, la época de vigencia del acuerdo de Bretton Woods no estuvo tampoco exenta de perturbaciones de oferta y de demanda. De hecho, el sistema colapsó antes de iniciarse las turbulencias de los setenta.

4. EVOLUCIÓN DEL MAPA DE REGÍMENES CAMBIARIOS 1976-2002

Para analizar con más detalle la evolución del mapa mundial de regímenes cambiarios desde 1976, categoría por categoría y

---

[9] Grilli y De Kock (1989) ponen el acento en estos cambios de preferencias de las autoridades para explicar el carácter endógeno de los pases de un régimen cambiario a otro.

período por período, invitamos al lector a observar el Cuadro II.3[10].

Los datos del cuadro ratifican la constante disminución de la rigidez hasta 1997, pero también cambios en las preferencias por los diferentes tipos de régimen dentro de cada categoría. Se observa que las mayores disminuciones porcentuales de regímenes fijos suceden entre 1976 y 1983 y luego entre 1989 y 1997. La disminución en 12 puntos porcentuales de países con régimen fijo entre 1976 y 1983 tiene su contrapartida en un aumento de países con regímenes de flexibilidad limitada (siete puntos de incremento) y de países con regímenes más flexibles (cinco puntos de incremento). Adicionalmente, esta evolución se traduce en el progresivo abandono del dólar estadounidense y de otras monedas individuales como moneda de enganche. La racionalidad detrás de ello debe buscarse en el intento de atenuar el impacto negativo de la excesiva fluctuación de las principales monedas y especialmente del dólar estadounidense. La solución preferida fue sustituir las monedas individuales por cestas de monedas, cuyo comportamiento es lógicamente más estable. El uso de cestas de monedas pasa de 23 a 27 por ciento de los países en el subperíodo 1976-1983.

---

[10] Para evitar confusiones es pertinente aclarar que la taxonomía utilizada en el Cuadro II.3 es un híbrido entre la clasificación establecida por el FMI en enero de 1982 y la clasificación de noviembre de 1998 (ver recuadro II.1 más adelante). Solo de esta forma ha sido posible construir una serie suficientemente larga que permitiese analizar la evolución del mapa mundial de regímenes cambiarios post Bretton Woods. La evolución del mapa cambiario desde fines de la década de los 90 hasta hoy se presentará y analizará más adelante en el cuadro II.4, que utiliza la taxonomía de 2009.

Cuadro II.3
Evolución de regímenes cambiarios, 1976-2002 (Porcentajes)

	1976	1983	1989	1993	1997	2002
Regímenes fijos	74	62	61	42	37	48
Uniones Monetarias (1)	11	9	9	8	14	22
- Zona Euro	0	0	0	0	0	6
- Zona Franco CFA	11	9	9	8	8	8
- Otras Monedas (2)	-	-	-	-	6	8
Juntas Monetarias	-	-	-	-	6	4
Fijos respecto a:	63	53	52	34	17	22
- Moneda individual	41	26	25	17	9	17
- Cesta de monedas (3)	23	27	27	17	8	5
Flexibilidad limitada respecto a:	5	12	9	7	9	3
Moneda individual (4)	-	6	3	2	2	2
Arreglos cooperativos (5)	5	6	6	5	7	1
Regímenes más flexibles:	20	26	30	51	54	49
Ajustados según indicadores	5	3	3	2	0	0
Flotación administrada	-	17	14	17	26	28
- Fijación deslizante	-	-	-	-	2	2
- Banda deslizante	-	-	-	-	6	3
- Sin senda preanunciada	-	-	-	-	18	23
Flotación independiente	-	6	13	32	28	22
Otros arreglos flexibles (6)	15	-	-	-	-	-
TOTAL	100%	100%	100%	100%	100%	100%

Nota general: Se utiliza una combinación de las taxonomías de 1982 y 1998. El símbolo (-) significa que el FMI no reportó estadísticamente esa categoría en ese año.
(1) Países sin moneda legal propia (monedas "comunes" o "adoptadas").
(2) Países que han adoptado otra moneda foránea para curso legal (7) y grupo ECCU de islas del Caribe (6).
(3) Incluye fijación respecto a derechos especiales de giro (DEG).
(4) En el año 2002, el FMI los define como "países con fijación cambiaria dentro de bandas horizontales".
(5) Países miembros del Mecanismo Cambiario Europeo.
(6) A esa fecha (1976) el FMI no diferenciaba todavía entre flotación administrada e independiente.

Fuente: IMF, *Annual Reports on Exchange Arrangements and Exchange Restrictions.*

Es de resaltar que el uso de los derechos especiales de giro (DEG) no se vio favorecido con este deseo de adoptar carteras balanceadas de monedas, hasta el punto de que hoy prácticamente no quedan países atados a los DEG. Las principales razones del desuso de los DEG como cesta de referencia parecen residir en la escasa transparencia de un compuesto tan amplio de monedas y en la rigidez institucional para actualizar y reflejar los cambiantes pesos de los países dentro de la economía mundial. Desde un punto de vista operativo, para las autoridades cambiarias que usan los DEG resulta difícil definir cuáles monedas mantener en las reservas, con qué monedas intervenir en el mercado cambiario y contra qué tipo de cambio monitorizar la evolución diaria de este.

En el lapso 1983-1989, la proporción de países con régimen fijo se mantiene estable. Disminuye la proporción de países con régimen de flexibilidad limitada respecto de monedas individuales y aumentan en la misma proporción los países con regímenes más flexibles. Dentro de esta última categoría se observa un claro incremento de la preferencia por regímenes de flotación independiente (de 6 a 13 por ciento) y una leve disminución de países con esquemas de flotación administrada.

La tendencia a la libre flotación se acentúa marcadamente en el lapso 1989-1993, cuando los regímenes de flotación independiente se incrementan de 13 a 32 por ciento del total de países. También los esquemas de flotación administrada experimentan un incremento, aunque más moderado (de 14 a 17 por ciento). En contraparte, los regímenes fijos disminuyen de 61 a 42 por ciento del total de países, en los que resalta el descenso tanto de países con enganche al dólar estadounidense como de países atados a cestas de monedas o DEG. Esta última tendencia se debe a que las cestas de monedas comparten, aunque en menor medida, los mismos problemas de transparencia y de operatividad a los que hemos hecho referencia más arriba en relación con los DEG. Aun cuando la cesta provee una referencia de mayor estabilidad como un todo, en las paridades bilaterales pueden producirse fluctuaciones erráticas. Si el país no tiene mercados financieros desarrollados con operaciones a futuro, el riesgo cambiario puede ser difícil de cubrir. Un enganche a una moneda individual, por el contrario, permite tomar ventaja de los servicios de cobertura de riesgo del mercado financiero del país con el que se produce el enganche. Otra importante desventaja de los compuestos de monedas es que carecen de simplicidad y transparencia, razón por la cual son poco adecuados para anclar expectativas cambiarias y monetarias[11].

Es de hacer notar que estos cambios se concentran exclusivamente en el mundo subdesarrollado. Este inusitado auge de regímenes de flotación independiente en los países en vías de desarrollo es congruente con cambios importantes en la escena económica mundial, que también se reflejan al interior de esos países: liberalización y profundización de mercados financieros internos, mayor movilidad internacional de capitales (globalización financiera), bancos centrales más independientes y política monetaria más activa. Es comprensible también que los procesos de apertura y modernización económicas que tuvieron lugar en América Latina y Europa del Este durante esos años exigiesen un cierto movimiento pendular desde los anteriores mercados altamente regulados hacia mercados más libres.

Entre 1993 y 1997 continúa, más moderadamente, la tendencia hacia la flexibilidad, pero el movimiento pendular empieza a retornar hacia esquemas cambiarios que, sin renunciar totalmente a la flexibilidad, la reduzcan mediante la incor-

---

[11] Sobre las ventajas y desventajas de engancharse a una moneda individual o a una cesta de monedas, ver Bird (1979) y Williamson (1991).

poración de elementos de rigidez (principalmente bandas y compromisos de intervención) que le confieran mayor estabilidad al tipo de cambio. Los comienzos de la segunda mitad de la década de los 90 son el punto más bajo de la preferencia post Bretton Woods por los regímenes flexibles. La crisis financiera del Sudeste Asiático en 1997-1998, y su posterior contagio a importantes economías emergentes como Brasil, Rusia y Argentina, puso en duda la viabilidad de esquemas cambiarios flexibles en un mundo financiero implacablemente globalizado por la apertura y liberalización de los mercados financieros y de capitales.

Nótese en el mismo cuadro II.3 que la proporción de países con esquemas de flotación independiente se reduce de 32 a 28 por ciento entre 1993 y 1997, mientras que los países con regímenes de flotación administrada incrementan su participación de 17 a 26 por ciento. En esta misma tónica, los arreglos cooperativos de flexibilidad limitada también incrementan levemente su participación de 5 a 7 por ciento. En lo que se refiere a los países con regímenes fijos, su proporción disminuye de 42 a 37 por ciento. Se observa una fuerte reducción de la modalidad de fijación respecto de monedas individuales y cestas de monedas (de 34 a 17 por ciento) y un aumento de esquemas de fijación "dura", como son las uniones monetarias y las juntas monetarias, que pasan a representar 14 y 6 por ciento, respectivamente, del mapa mundial de arreglos cambiarios[12].

Un análisis todavía más detallado del mapa mundial de regímenes cambiarios a mediados de 1997 nos revela que gran parte de los arreglos catalogados como de "flexibilidad limitada" y "flotación administrada" contienen un fuerte componente de elementos tendentes a dotar de estabilidad (rigidez) el mercado

---

[12] Es necesaria aquí, sin embargo, una nota de cautela en la interpretación de estos porcentajes, porque la modalidad de las juntas monetarias estaba antes incluida dentro de la categoría de fijación respecto de una moneda individual.

cambiario. En efecto, la totalidad de los países catalogados como regímenes de flexibilidad limitada funcionan con bandas estrechas. En esta categoría de flexibilidad limitada están incluidos los 12 los países del Sistema Cambiario Europeo y 4 países árabes (Arabia Saudita, Emiratos Árabes Unidos, Bahrein y Qatar). Aun cuando formalmente la banda de fluctuación de las monedas europeas fue ampliada a mediados de 1993 a +/-15 por ciento, de hecho para 1997 los requerimientos de convergencia hacia la unión monetaria continuaron confinando la fluctuación de los tipos de cambio a bandas muy estrechas. De los 47 países clasificados en ese momento como regímenes de flotación administrada, 4 practican un enganche de facto[13], 10 mantienen el tipo de cambio cuasifijo entre bandas más o menos formales[14], 3 practican un "enganche deslizante" o *crawling peg*[15], y 11 funcionan con un esquema de bandas deslizantes[16]. Solamente 19 de los 47 países con flotación administrada se inhiben de preanunciar la senda de evolución deseada del tipo de cambio.

Concluyendo el análisis de este período, el mapa mundial de regímenes cambiarios a mediados de los 90 muestra que, a pesar del innegable desplazamiento hacia la flexibilidad, una buena parte de los regímenes que en ese momento recibían la calificación de "más flexibles" eran de facto arreglos que buscaban limitar la variabilidad del tipo de cambio. En general, se observa un retorno hacia una mayor "administración" del tipo de cambio. Esta tendencia refleja, por un lado, un creciente

---

[13] El Salvador, Letonia, Macedonia y las Maldivas.

[14] Brasil, China, Singapur, Bielorrusia, Croacia, Ucrania, Túnez, Sudán, Sri Lanka y Vietnam.

[15] Costa Rica, Nicaragua y Turquía.

[16] Chile e Indonesia (deslizamiento retrospectivo); Venezuela, Colombia, Honduras, Israel y Polonia (metas prospectivas de deslizamiento); Ecuador, Uruguay, Rusia y Hungría (tasa preanunciada de deslizamiento).

consenso entre los hacedores de política sobre la prioridad del objetivo de la estabilidad de precios y, por otro lado, un también creciente escepticismo respecto de la efectividad de los instrumentos monetarios y cambiarios para el logro de objetivos reales. Sobre este viraje en el pensamiento económico trataremos *in extenso* en los próximos capítulos. Por otra parte, desde fines de los 80 se produce un cambio de paradigma con respecto al clásico dilema entre rigidez y flexibilidad cambiarias. En términos generales, la rigidez del tipo de cambio comienza a ser más valorada por su efecto beneficioso sobre la estabilidad de los precios y el clima de inversión.

5. Trinidad imposible, soluciones extremas y la nueva taxonomía de 1998

Buena parte de la discusión de los 90 se centra en las condiciones necesarias para la estabilidad cambiaria, tema en el cual crece la convicción de que, ante la liberalización y globalización de los mercados financieros, no quedan muchas alternativas distintas a arreglos institucionales fuertes que le confieran credibilidad al compromiso de la estabilidad cambiaria, tipo uniones monetarias o juntas monetarias. La segunda mitad de la década de los 90 muestra un giro fundamental en la evolución del mapa mundial de regímenes cambiarios. Como se aprecia en el anterior cuadro II.3, entre 1997 y 2002 la tendencia hacia regímenes flexibles no solo se detiene, sino que cambia de signo abruptamente. Los países con regímenes fijos pasan a representar 48 por ciento del conjunto mundial, frente a 37 por ciento un lustro antes. Interesante es también señalar que ese retorno a regímenes fijos adopta formas de mayor dureza o rigidez. En efecto, el principal incremento se observa en el rubro de las uniones monetarias, que pasan de representar 14 por ciento en 1997 a 22 por ciento en 2002 con la incorporación de 12 países a la Unión Monetaria Europea (anteriormente estos países estaban categorizados dentro del rubro "flexibilidad limitada respecto de arreglos cooperativos"). También los regímenes fijos aumentan en el mismo período de 17 a 22 por ciento, y dentro de ellos se constata una clara preferencia por fijaciones respecto de una moneda individual, en detrimento de la menos transparente fijación respecto de cestas de monedas.

Detrás de este giro hacia las fijaciones cambiarias subyace un variado conjunto de elementos. En primer lugar se hace presente un cierto escepticismo con respecto a las bondades de la flexibilidad cambiaria. No son menores los esfuerzos que hacen los países, grandes y pequeños, para evitar los vaivenes de la volatilidad cambiaria y sus impactos perjudiciales sobre las relaciones comerciales y financieras con el exterior. La política monetaria, que supuestamente es libre y autónoma en un régimen cambiario flexible, se ve constreñida por la necesidad de efectuar intervenciones cambiarias para suavizar las oscilaciones del tipo de cambio.

El principal elemento, sin embargo, que explica el giro, se debe a la creciente vulnerabilidad de los sistemas financieros, derivada de la ola de procesos de apertura y liberalización de los mercados financieros que recorrió el mundo en la primera mitad de la década de los 90. Europa, en cumplimiento de acuerdos previamente establecidos en el Acta Única Europea de 1986, permite el libre flujo de capitales que hasta ese momento habían estado sometidos a control. El mundo de las economías emergentes se abraza a fines de los 80 al "Consenso de Washington", que proponía un modelo de crecimiento basado en la apertura y liberalización de las economías, tanto en lo comercial como en lo financiero. No se hicieron esperar los episodios de turbulencia financiera y cambiaria, el primero de ellos en la Europa comunitaria de los años 1992-1993, cuyas consecuencias traumáticas para los mercados cambiarios le dieron el espaldarazo final a la convicción de que la única forma de superar las vulnerabilidades era avanzar hacia la unión monetaria plena. La segunda oleada de turbulencias financieras tuvo su origen en las economías del Sudeste Asiático en los años 1997-1998, que venían creciendo de manera espectacular durante más de dos décadas, pero acumulando desequilibrios importantes en las cuentas de capital de las balanzas de pagos. Una explosiva combinación de crisis financieras y cambiarias expandió su onda de contagios a otras economías emergentes que venían también acumulando similares desequilibrios, como Rusia y Brasil. El esquema general de solución consistió en una fuerte depreciación inicial de las monedas y posterior implantación de programas de estabilización, cuyo componente central era la adopción de anclas monetarias o cambiarias para combatir la inflación.

Fue en este contexto donde se desarrolló durante la década de los 90 una prolífica literatura teórica y empírica acerca de la imposibilidad de preservar la estabilidad cambiaria en el marco de regímenes flexibles y de la consiguiente necesidad de moverse hacia los extremos del espectro de regímenes cambiarios. La argumentación económica detrás de esta imposibilidad afirma que en un mundo de libre movilidad de capitales, como el que se instauró en la década de los 90, no hay espacio para regímenes intermedios y los países deben refugiarse en soluciones extremas de rigidez o flexibilidad (*corner solutions*)[17]. Este dilema que empuja hacia los extremos sería el corolario de lo que se ha denominado el principio de la "trinidad imposible" (o del triángulo

---

[17] Las primeras referencias al problema de la inviabilidad de los esquemas intermedios pueden encontrarse en Crockett (1994), Eichengreen (1995a) y Obstfeld y Rogoff (1995).

"inconsistente", en la terminología de la teoría de la inconsistencia temporal de las políticas)[18].

GRÁFICO II.1
La trinidad imposible

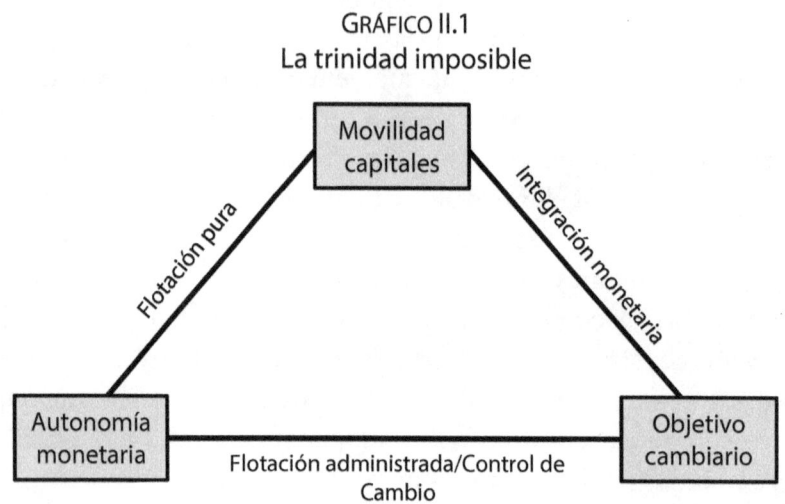

El gráfico II.1 ayuda a visualizar las muy frecuentes incongruencias que se presentan en las combinaciones de políticas que los gobiernos suelen adoptar. Básicamente dice que no es posible perseguir al mismo tiempo objetivos autónomos de política monetaria y política cambiaria en un contexto de libre movilidad de capitales. Pretender, por ejemplo, mantener un tipo de cambio fijo y preservar la libertad de elegir el nivel de oferta monetaria o el nivel de las tasas de interés no es sostenible en el mediano plazo. En algún momento las autoridades tendrán que elegir entre perseguir un objetivo u otro. Si la defensa del tipo de cambio obliga a la autoridad monetaria a intervenir en el mercado cambiario comprando o vendiendo divisas, ello

---

[18] Este concepto fue desarrollado originalmente por el economista italiano Padoa-Schioppa (1985), quien usó otro símil geométrico referido a la "cuadratura del círculo".

afectará directamente las variables monetarias. Una inyección de divisas para evitar la devaluación del tipo de cambio restringe la oferta monetaria y eleva las tasas de interés. La única forma –y sin garantía de éxito a mediano/largo plazo– de mantener algún tipo de combinación de autonomía monetaria y cambiaria es limitando o suprimiendo la convertibilidad de capitales y administrando fuertemente la flotación del tipo de cambio.

Si un grupo de países desea preservar una estabilidad de los tipos de cambio entre sí y al mismo tiempo tener un sistema financiero integrado con libres flujos de capital, el esquema cambiario tiene que evolucionar hacia alguna forma de integración monetaria, cuya versión más dura es la unión monetaria. Estos países tendrán que renunciar a perseguir un objetivo monetario propio o autónomo, ya que su política monetaria debe ser subordinada a la política monetaria del colectivo cambiario o, por lo general, a la política monetaria del país hegemónico dentro de ese colectivo. Desviaciones de las tasas de interés en esta constelación desatarían flujos especulativos de capital que harían insostenible el objetivo cambiario. Pero si, por el contrario, un país no está dispuesto a renunciar a su autonomía monetaria y no quiere o no puede suprimir los libres flujos de capital, la única opción viable sería la flotación pura. El tipo de cambio será el que resulte de las fuerzas del mercado en un determinado marco de política monetaria.

En conclusión, no es posible convivir con los tres vértices del triángulo al mismo tiempo. Únicamente combinaciones de dos de sus vértices son sostenibles y cada par de combinaciones determinan una elección de régimen cambiario-monetario. La inmensa mayoría de las crisis financieras y cambiarias han sido la consecuencia de la pretensión de preservar simultáneamente los tres objetivos, o de elegir un régimen cambiario que no era compatible con cualquiera de los pares de combinaciones elegidas.

Como se mencionaba más arriba, ese fue el motivo por el que algunos países afectados por las turbulencias financieras buscaron en la segunda mitad de los 90 refugio en soluciones extremas, como la fijación dura o la flotación pura del tipo de cambio. Otros países, sin embargo, como Chile y Colombia, con una política económica más pragmática impusieron restricciones a los movimientos de capital, especialmente los de corto plazo en los mercados de valores, y lograron preservar espacios intermedios dentro del espectro de regímenes cambiarios.

RECUADRO II.1

FMI: Clasificación de regímenes cambiarios de facto (noviembre 1998)

- *Sin moneda separada de curso legal*: la moneda de otro país circula como única moneda de curso legal o el país pertenece a una unión monetaria.
- *Junta monetaria*: régimen monetario basado en un compromiso legislativo de mantener fijo el tipo de cambio, junto con la restricción y respaldo de la emisión monetaria para el logro de ese fin.
- *Fijación convencional*: arreglo según el cual, de forma declarada o fáctica, la moneda está atada a otra moneda reserva o cesta de monedas a una tasa fija entre márgenes de fluctuación de +/- 1 por ciento alrededor de una tasa central.
- *Tipo de cambio fijo entre bandas horizontales*: el valor de la moneda se mantiene dentro de márgenes de fluctuación mayores al +/- 1 por ciento alrededor de una tasa fijada formalmente o de facto.
- *Fijo deslizante*: el valor de la moneda es ajustado periódicamente en pequeñas cantidades a una tasa de variación fija y preanunciada. La variación puede responder también a cambios en un conjunto de indicadores macroeconómicos.
- *Banda deslizante*: el valor de la moneda es mantenido dentro de márgenes de fluctuación alrededor de una paridad central que se ajusta periódicamente a una tasa de variación preanunciada o en respuesta a cambios en indicadores macroeconómicos.
- *Flotación administrada sin senda preanunciada del tipo de cambio*: la autoridad monetaria interviene activamente en el mercado cambiario para influenciar los movimientos del tipo de cambio, aunque sin un anuncio o compromiso de avanzar en una determinada senda.
- *Flotación independiente*: el valor de la moneda es determinado por el mercado. Las intervenciones en el mercado cambiario persiguen el único objetivo de moderar la velocidad del cambio o prevenir fluctuaciones indebidas del tipo de cambio, pero nunca con el objetivo de alcanzar un determinado nivel del tipo de cambio.

Sin duda, un buen manejo macroeconómico constituyó un ingrediente indispensable para que esta estrategia tuviera éxito, al menos en el corto – mediano plazo. Y posteriormente, a un nivel más general, este movimiento hacia las esquinas se revirtió en gran medida, cuando la economía mundial entró en una larga fase de bonanza y estabilidad, que abrió el espacio para arreglos intermedios más pragmáticos.

Simultáneamente, el FMI acomete una revisión profunda de la taxonomía de regímenes cambiarios. En este contexto de búsqueda de nuevas variantes de arreglos cambiarios, tanto en el campo de la rigidez como en el de la flexibilidad, el FMI se ve en la necesidad en noviembre de 1998 de definir nuevos tipos de arreglos que permitan caracterizar mejor esta realidad (ver Cuadro II.1 y Recuadro II.1). Este es el primer paso hacia el reconocimiento de que los arreglos cambiarios de facto que los países estaban adoptando en la vida real distaban de las categorías definidas por el FMI en enero 1982 y que no existía una taxonomía alternativa donde ubicarlos.

Posteriormente, en febrero de 2009, el FMI da un importante paso adicional al formalizar en su categorización de los países la diferencia entre regímenes cambiarios de jure y de facto, y clasificar a los países por lo que hacen y no por lo que dicen que hacen:

- *De jure*: Cada país, dentro del proceso obligatorio anual de suministro de información establecido en el Artículo IV de los Estatutos del FMI, describe el régimen cambiario al cual formalmente dice pertenecer dentro de las categorías definidas por el fondo.
- *De facto*: Clasificación hecha por el *staff* técnico del FMI según su propia observación empírica/estadística de los seis meses previos al informe. Si la información de jure suministrada por las autoridades del país coincide por lo menos durante los últimos 6 meses con lo observado

empíricamente, el régimen cambiario es clasificado tal como corresponda a la declaración oficial. De lo contrario, el régimen será reclasificado en la categoría que corresponda, según la propia evaluación del *staff* técnico.

Otro avance consiste en caracterizar con mayor precisión tanto los regímenes *de jure*, como los *de facto*, con el fin de poder capturar dentro de la taxonomía las variantes que con el tiempo se han ido implantando. Describiremos a continuación esta nueva clasificación, que guarda algunas similitudes con la de 1998, pero incorpora las variantes de facto. Aun cuando el FMI no lo hace en sus informes, agruparemos a fines comparativos los regímenes en tres grandes categorías: fijaciones duras, fijaciones blandas (intermedias) y flotación.

a) Fijaciones duras

a.1) Sin moneda separada (propia) de curso legal

Implica declaración oficial. La moneda de otro país circula como moneda de curso legal, lo que equivale a una dolarización formal[19].

a.2) Junta Monetaria

Implica declaración oficial. También se denomina Caja de Conversión. Es un arreglo básicamente monetario derivado de un compromiso legislativo explícito de mantener una paridad fija frente a otra moneda ancla, combinado con reglas de

---

[19] Hasta 2006 los países miembros de uniones monetarias, en las que una moneda común es compartida por los miembros, eran clasificados en esta categoría. A partir de esa fecha, esos países son clasificados en el tipo de régimen que corresponda al comportamiento de la moneda común frente a otras monedas (flotante, fijo, etc.). Los países miembros de la Unión Monetaria Europea, por ejemplo, fueron reclasificados a la categoría de flotación libre. A efectos comparativos, los cuadros estadísticos del texto corrigen estos cambios de clasificación del FMI.

emisión y respaldo monetario que aseguren esta fijación del cambio. Ello implica que la moneda doméstica debe estar respaldada suficientemente por activos externos y que la autoridad monetaria se inhibe de ejercer política monetaria discrecional o de fungir como prestamista de última instancia[20].

b) Fijaciones blandas

b.1) Fijación convencional

Implica declaración oficial. La moneda está atada formalmente con cambio fijo a otra moneda ancla o cesta de monedas. La autoridad se compromete oficialmente a intervenir directa o indirectamente en el mercado cambiario para defender la paridad fija anunciada. Aunque no hay un compromiso de mantener "irrevocablemente" la paridad fija, el FMI solo mantiene a un país en esta clasificación si durante los seis meses anteriores el margen de variación del tipo de cambio ha sido inferior a +/- 1 por ciento respecto de la moneda ancla o la diferencia entre la tasa de cambio máxima y mínima durante ese lapso no excede de 2 por ciento[21].

b.2) Arreglo estabilizado

Es una versión informal de la fijación convencional, ya que no existe el anuncio ni el compromiso formal por parte de las autoridades de fijar el tipo de cambio, ni de intervenir en el mercado cambiario para defender ese tipo de cambio. El requisito para que un país sea incluido en esta categoría es que, al igual que en la categoría anterior, durante los seis meses

---

[20] Para más detalles de la definición de junta monetaria y su aplicación en Argentina, ver Purroy (1997).

[21] Aquí clasifican la mayor parte de los países miembros del ERM II (mecanismo de cambio post 1999).

previos a la clasificación, la variación del tipo de cambio respecto de la moneda o cesta ancla no exceda la franja de +/- 1 por ciento o la diferencia entre la tasa de cambio máxima y mínima no exceda de 2 por ciento. La moneda o cesta ancla no es anunciada oficialmente, sino inferida por el FMI por métodos estadísticos. La estabilidad del tipo de cambio es el resultado de la acción oficial o de rigideces estructurales impuestas al régimen de cambio.

b.3) *Fijación deslizante*

Implica confirmación oficial. En este régimen el valor de la moneda es ajustado en cantidades pequeñas a una tasa fija de deslizamiento (depreciación o apreciación nominal) o en respuesta previamente establecida a la variación de ciertos indicadores clave. La tasa de deslizamiento suele ser establecida en función de diferenciales de inflación pasados o de diferenciales de inflación deseados hacia el futuro con relación a los principales socios comerciales. Las reglas y los parámetros del régimen son anunciados públicamente.

b.4) *Arreglo cuasi-deslizante*

En este régimen no hay anuncio ni compromiso formal de las autoridades, pero el tipo de cambio permanece dentro de un rango de variación no mayor al 2 por ciento en relación con una tendencia de deslizamiento determinada estadísticamente. Este deslizamiento no debe ser menor al 1 por ciento y el tipo de cambio debe apreciarse o depreciarse de forma monótona.

b.5) *Tipo de cambio fijo entre bandas horizontales*

Implica declaración oficial. El valor de la moneda se mantiene fluctuando con márgenes de al menos +/- 1 por ciento alrededor de una paridad central, o con una variación máxima de 2 por ciento entre el máximo y el mínimo del tipo de cambio.

La paridad central y los márgenes de desviación son públicamente anunciados. Aquí clasifican algunos países que pertenecen a la Unión Europea, pero que no son miembros de la unión monetaria.

b.6) *Otros arreglos administrados*

Categoría residual para arreglos con manejo administrado del tipo de cambio que no encajan en las anteriores clasificaciones. Usualmente son países que experimentan frecuentes cambios de política.

c) *Regímenes flotantes*

c.1) *Flotación*

Son regímenes en los que el tipo de cambio es básicamente determinado por el mercado, sin una senda determinable o predecible. Pueden existir intervenciones de la autoridad en el mercado cambiario con el fin de moderar fluctuaciones indebidas o abruptas del tipo de cambio o suavizar su evolución, pero la autoridad no puede aplicar políticas o intervenciones cuyo objetivo explícito o implícito sea alcanzar un nivel específico de tipo de cambio.

c.2) *Flotación libre*

Un arreglo en el que el tipo de cambio flote puede ser calificado de flotación libre, cuando la intervención de la autoridad ocurre solo excepcionalmente (no más de tres veces por semestre y con una duración cada una de no más de tres días) con el propósito de atender desórdenes temporales del mercado cambiario.

Como se observa, esta clasificación pretende comprobar empíricamente cual es realmente el régimen cambiario puesto en práctica por los países.

6. Soluciones intermedias: 1999-2011

Muchos gobiernos, fatigados por la ardua tarea de defender la portería de los cambios fijos o temerosos de los contraataques especulativos al aplicar tácticas ofensivas de flotación, han decidido que el medio campo es una zona más cómoda, que permite una combinación de defensa y ataque, es menos riesgosa y desde donde se pueden anotar suficientes goles. En la vida real los países tienen que manejar el *trade off* entre las ventajas de la flexibilidad y los beneficios de la rigidez. Muchas veces, al menos en tiempos de relativa estabilidad del entorno macro-económico, la elección óptima suele ser una mezcla: mitad estabilidad y mitad independencia monetaria. En el triángulo de la trinidad imposible parece haber espacios medios en los que una combinación pragmática de poner algunas trabas en la rueda de los flujos financieros especulativos, suavizar los movimientos cambiarios y aplicar una política monetaria comprometida con unas metas de inflación, parece que puede rendir buenos frutos "en épocas de paz". Existen hoy suficientes herramientas de seguimiento y control de las variables económicas, suficientes instrumentos de política económica y suficiente experticia de ejecución acumulada como para garantizar un éxito razonable a estas soluciones intermedias.

Este movimiento hacia los campos medios parece haber sido la tónica de la evolución del mapa mundial de regímenes cambiarios durante la primera década del presente siglo. El cuadro II.4 nos muestra los cambios que se han producido en el mapa desde 1997 hasta 2011. Se ha incluido la distribución de 1997, aunque solo agrupada en los tres grandes bloques, para poder hacer la conexión con la serie 1976-2002 mostrada en el cuadro II.3, siempre bajo advertencia de que la operación concreta de algunos arreglos cambiarios puede diferir, aun cuando reciban el mismo nombre y, sobre todo, que no es sino a partir de 1999 cuando el FMI empieza a incorporar la observación de facto en la clasificación de los regímenes (véase la nota general al pie del cuadro).

Acorde con la tendencia hacia las esquinas que mencionábamos en la sección anterior, la reacción inicial de los países (1997-1999) frente a la turbulencia financiera mundial desatada en la segunda mitad de los 90 fue un desplazamiento hacia arreglos cambiarios de fijación más dura, que pasan de 20 a 24 por ciento, y, sobre todo, a esquemas de flotación, cuyo número se incrementa en apenas dos años de 28 a 41 por ciento de los países. Un período de flotación pura suele ser la reacción habitual de países que han visto desmoronarse su arreglo previo de fijación cambiaria, dura o blanda, en medio de una crisis financiera y cambiaria.

La historia después de 1999 es distinta. Lo relevante y notorio de la primera década de este siglo ha sido que la incipiente huida hacia las esquinas, especialmente hacia el espectro de la flotación, se ha regresado hacia la búsqueda de regímenes intermedios. Los países con regímenes de fijación dura han disminuido levemente con respecto al pico de 1999 y se mantienen en algo más de la quinta parte del conjunto. La reducción notable se ha producido en el campo de los arreglos flotantes, que han pasado de representar 41 por ciento en 1999 a 26 por ciento en 2011. Esos 26 países que han abandonado la flotación se han enrolado en el bando de los que practican diversas formas de fijación blanda. Estos esquemas, que entre 1997 y 1999 redujeron fuertemente su participación en el total mundial de 52 a 35 por ciento, han pasado a representar 48 por ciento en 2008 y 52 por ciento en 2011.

CUADRO II.4
Evolución de regímenes cambiarios, 1999-2011
(Porcentajes de países)

	1997	1999	2008	2011
FIJACIÓN DURA	20	24	21	22
Sin moneda legal separada (1)		20	14	16
Junta Monetaria		4	7	6
FIJACIÓN BLANDA	52	35	48	52
Fijación convencional		21	24	22
Arreglo estabilizado		-	11	12
Fijo entre bandas horizontales		6	2	1
Fijo deslizante		3	3	2
Arreglo cuasi-deslizante (2)		5	2	6
Otros arreglos administrados		-	6	9
FLOTACIÓN	28	41	31	26
Flotación (3)		15	21	19
Flotación libre (4)		26	10	7
TOTAL	100	100	100	100

Nota general: La clasificación de 1997 corresponde a la taxonomía de 1982 del Cuadro II.3, pero reagrupada para efectos de comparación (en Fijación Dura se incluyen las uniones y las juntas monetarias, en Flotación se incluyen los arreglos de "flotación independiente" y en Fijación Blanda el resto de los arreglos). La clasificación de 1999 corresponde a la taxonomía establecida por el FMI en noviembre 1998 y vigente hasta enero 2009. La clasificación de 2008 y 2011 corresponde a la taxonomía establecida por el FMI en febrero 2009 y vigente hasta la fecha. Existe alta coincidencia entre estas últimas tres clasificaciones.

(1) Incluye a países miembros de uniones monetarias. Desde 2008 estos países son clasificados por el FMI dentro del régimen correspondiente al comportamiento de su moneda común (en el caso de los miembros de la Eurozona, por ejemplo, flotación libre). Sin embargo, a efectos de comparación se mantienen en este cuadro en su clasificación anterior.

(2) En la taxonomía de 1999 este arreglo se denomina "Banda deslizante".

(3) En la taxonomía de 1999 este arreglo se denomina "Flotación administrada sin senda predeterminada".

(4) En la taxonomía de 1999 este arreglo se denomina "Flotación independiente".

Fuente: IMF, *Annual Reports on Exchange Arrangements and Exchange Restrictions.*

Dentro de las modalidades de fijación blanda, la que ha experimentado un mayor favoritismo es la correspondiente a la versión informal de las fijaciones convencionales, los llamados "arreglos estabilizados", que son aquellos en los que el tipo de cambio está anclado, de facto, a una moneda o cesta de monedas sin variaciones que excedan +/- 1 por ciento. Entre países con fijación convencional y arreglos estabilizados suman hoy algo más de un tercio del conjunto mundial. Se han incrementado también los "arreglos cuasi-deslizantes", que han pasado a representar 6 por ciento, y "otros arreglos administrados", que suman 9 por ciento en 2011.

7. CUESTIONAMIENTOS AL MAPA CAMBIARIO DEL FMI

Desde fines de los 90, algunos especialistas en asuntos cambiarios han estado formulando importantes cuestionamientos a la forma como el FMI ubica a los países dentro de la clasificación de arreglos cambiarios. Algunos de los planteamientos, como la necesidad de diferenciar entre situaciones de jure y de facto, ya fueron tomados en cuenta por el FMI en las clasificaciones efectuadas a partir de 1999. Pero la principal preocupación reside en la disparidad de resultados mostrada por otros ejercicios de clasificación realizados por algunos analistas con abundante data histórica. No necesariamente estos resultados dispares restan valor al trabajo de clasificación del FMI, porque los otros esfuerzos de clasificación también arrojan iguales o mayores divergencias entre sí. Pero no hay duda de que estas divergencias obligan a ser cautelosos a la hora de utilizar una u otra clasificación para llegar a conclusiones tan importantes para la toma de decisiones como son determinar los elementos que dan origen a los cambios de regímenes o las consecuencias económicas que ellos puedan tener.

Carmen Reinhart y Kenneth Rogoff (2004) se han dado a la tarea de "reinterpretar" la historia de los regímenes cambiarios desde 1946, usando tanto un amplio conjunto de series históricas de variables de frecuencia mensual, que revelen el comportamiento real del tipo de cambio, como la descripción cronológica, oficial y no oficial, de los arreglos cambiarios de cada país. Los autores llegan a dos conclusiones principales:

1. En la observación empírica hay diferencias fundamentales entre los regímenes oficialmente declarados (de jure) y los realmente practicados (de facto), cosa que el mismo FMI tuvo que reconocer también desde fines de los 90.

2. En la vida real son muy frecuentes los casos de mercados cambiarios duales o múltiples y son estos los que definen y determinan el verdadero régimen cambiario de un país. Cualquier clasificación de regímenes que no los tenga en cuenta, tendrá muy poca validez y practicidad. Regímenes declarados como fijos, pero con tasas libres paralelas, son en realidad regímenes flotantes.

La investigación muestra que los movimientos de las tasas de cambio paralelas son un mejor indicador de la política monetaria subyacente y mejor guía para entender futuros movimientos de la tasa de cambio oficial y la tasa paralela. Así mismo, los movimientos en las tasas de cambio de los mercados paralelos muestran una mejor correlación con la inflación que las variaciones en las tasas oficiales. Esta importancia de las tasas paralelas se incrementa en la misma medida en que crece la brecha entre la tasa oficial y la tasa paralela.

Este hallazgo tiene gran relevancia de cara a reinterpretar la evolución del mapa mundial de regímenes cambiarios trazado por el FMI, ya que esta institución no incorpora sistemáticamente en su clasificación la estructura interna del arreglo cambiario en cuanto a si existe un tipo de cambio único o tipos de cambio duales/múltiples. Una idea de la importancia de este fenómeno la proporciona el hecho de que en 1950, con el sistema de Bretton Woods ya implantado, 53 por ciento de los países tenía mercados duales o múltiples, de tal forma que la supuesta era de rigidez cambiaria debería ser catalogada más bien como época de flotación. Los mercados duales/múltiples fueron muy frecuentes en la Europa de mediados del siglo pasado, especialmente en los 40 y 50. En el mundo de los países en vías de desarrollo, la presencia de estructuras duales/múltiples ha sido todavía más frecuente, sobre todo en épocas de fuerte turbulencia financiera.

RECUADRO II.2

Taxonomía "natural" de regímenes cambiarios (*)

1. Sin moneda separada de curso legal
2. Fijación preanunciada o junta monetaria
3. Banda horizontal preanunciada (igual o menor a +/- 2 por ciento)
4. Fijación de facto
5. Fijación deslizante preanunciada
6. Banda deslizante preanunciada (igual o menor a +/- 2 por ciento)
7. Fijación deslizante de facto
8. Banda deslizante de facto (igual o menor a +/- 2 por ciento)
9. Banda deslizante preanunciada (mayor a +/- 2 por ciento)
10. Banda deslizante de facto (igual o menor a +/- 5 por ciento)
11. Banda no deslizante (igual o menor a +/- 2 por ciento)
12. Flotación administrada
13. Flotación libre
14. Caída libre

(*) Reinhart y Rogoff (2004)

Partiendo del conjunto de observaciones empíricas y de las descripciones detalladas de la evolución y funcionamiento de los regímenes cambiarios, los autores desarrollan una taxonomía de 14 categorías de arreglos cambiarios (ver recuadro II.2), a la que denominan "natural" en contraposición a la formal-declarada.

Quizás la contribución más importante de esta taxonomía, a efectos del uso de la clasificación de los regímenes para analizar las causas y consecuencias de los regímenes cambiarios en las respectivas economías, es la identificación y aislamiento de la última categoría de "caída libre", que se aplica a los regímenes cambiarios en los que la inflación anual del país excede 40 por ciento. Para el Hemisferio Occidental, los regímenes en "caída libre" han representado un 37 por ciento de las observaciones durante el período 1970-2001; una cifra muy considerable. Dado que en estos regímenes "fallidos" se presenta una altísima volatilidad de los indicadores macroeconómicos, especialmente de la inflación, su ubicación equivocada dentro de determinados grupos contamina los promedios de esas categorías y distorsiona el análisis. Si, por ejemplo, se pretendiera demostrar una correlación histórica entre regímenes de cambio fijo e inflación, la clasificación del FMI apuntaría a que los regímenes fijos, en contra de la intuición, están asociados a relativamente altas inflaciones, cuando en realidad ese promedio de inflación está muy influenciado por la presencia en esa categoría de fijos de regímenes fallidos con altas inflaciones.

En cuanto a las observaciones empíricas para el período 1970-2001, los autores encuentran que un tercio de los regímenes cambiarios observados se pueden catalogar como fijos, una cuarta parte como fijos deslizantes y una octava parte como "caída libre". Cuando a comienzos de los 70 el FMI catalogaba el 90 por ciento de los países como regímenes fijos, no menos de la mitad de ellos tenía mercados paralelos. En general, la reclasificación permite concluir que el mapa mundial de regímenes cambiarios ha estado menos polarizado hacia los extremos de rigidez o flexibilidad de lo que la clasificación oficial hacía presumir; han prevalecido arreglos intermedios y pragmáticos, con frecuentes discrepancias entre lo oficialmente declarado y lo realmente practicado. Muchos regímenes supuestamente fijos en realidad flotaban y muchos regímenes supuestamente flotantes en realidad estaban fijos o cuasifijos. Entre 1970 y 2001, 53 por ciento de los regímenes clasificados por el FMI como de "flotación administrada" resultaron ser *de facto* esquemas de fijación blanda y 44 por ciento de los regímenes calificados como fijos deberían ser reclasificados como arreglos más flexibles.

El problema con la caracterización y catalogación de los regímenes cambiarios no termina aquí. Eichengreen y Razo-García (2011) comparan tres ejercicios de clasificación "empírica" de regímenes y constatan llamativas diferencias en los resultados[22]. Aun cuando todas utilizan amplia data que abarca períodos suficientemente largos, existen pocas coincidencias entre ellas: regímenes clasificados como fijos por un estudio son descritos como de libre flotación por otro. Lo interesante del análisis realizado por estos dos autores es que muestra que las discrepancias no son aleatorias, sino que responden a ciertos patrones de países y de sus circunstancias:

1. Las discrepancias se dan principalmente en el universo de países de mediano ingreso (economías emergentes) y de bajo ingreso (países en desarrollo).
2. Las discrepancias son mayores en épocas de inestabilidad cambiaria, porque esta genera frecuentes cambios de régimen.
3. Las discrepancias son mayores entre países abiertos internacionalmente, con mercados financieros desarrollados y bajas reservas internacionales.

Andrew Rose (2011), otro connotado experto en asuntos cambiarios, llega a similar conclusión respecto de la disparidad

---

[22] Las clasificaciones comparadas son las realizadas por Reihnart y Rogoff (2004), Bubula, A. y Ötker-Robe (2002) y Levy-Yeyati, E. y F. Sturzenegger (2005).

de resultados de las clasificaciones[23]. Éstas difieren en las series de datos utilizados, en la frecuencia de los cambios de régimen y en las volatilidades observadas. En su opinión, el problema con las clasificaciones es que tienen que ser analizadas en el contexto de las perturbaciones a las cuales están sometidas las economías en cada momento. Un régimen puede parecer fijo, pero es porque no ha sufrido ninguna perturbación en el período de la observación; sucede la perturbación e inmediatamente se mueve el tipo de cambio, que antes estaba fijo. En este caso, ¿se trata de un régimen fijo o de un régimen flexible?

GRÁFICO II.2
Tendencias 1970-2010:
cuatro clasificaciones de regímenes cambiarios

FMI de jure

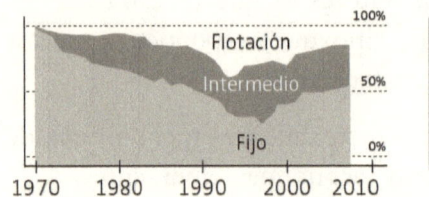

Levy-Yeyati y Sturzenegger

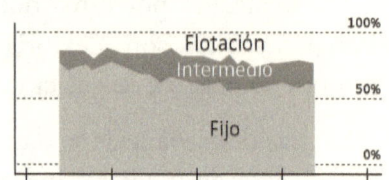

Shambaugh

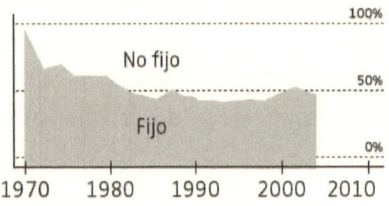

Reinhart y Rogoff

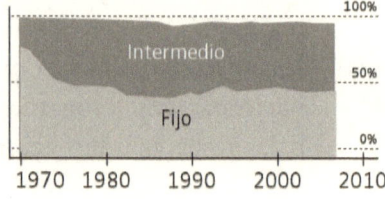

Fuente: Rose (2011).

---

[23] Rose (2011) incorpora a la comparación la clasificación de jure del FMI y la realizada por Shambaugh (2004), adicionalmente a los estudios mencionados en la nota anterior.

El gráfico II.2 presenta la evolución gruesa del mapa de regímenes cambiarios durante el período 1970 – 2010 según los diversos estudios aquí reseñados. A pesar de las diferencias, las cuatro clasificaciones evidencian ciertas tendencias a lo largo de las cuatro décadas. El cuadrante superior izquierdo muestra la evolución de los tres grandes grupos de regímenes de jure según el FMI, donde se observa la progresiva flexibilización cambiaria post Bretton Woods y el quiebre de esta tendencia en la segunda mitad de los 90, tal como fue analizado con detalle en páginas anteriores. Sin embargo, los dos cuadrantes inferiores con los estudios empíricos de Shambaugh y Reinhart & Rogoff, muestran que el proceso de flexibilización tuvo lugar aceleradamente ya en la década de los 70 y que en las siguientes décadas la balanza entre flexibilidad y rigidez no ha variado sustancialmente, con fuerte presencia de regímenes intermedios de fijación blanda o de flotación controlada.

En los capítulos posteriores volveremos a hablar sobre los determinantes de la elección de régimen cambiario (las causas) y los efectos económicos de los diferentes regímenes (las consecuencias). Empero, antes de acometer tan ardua tarea, una advertencia de cautela debe ser hecha: las fundadas dudas sobre la confiabilidad de las clasificaciones existentes, tanto las oficiales del FMI como las producidas por el mundo académico, obligan a ser muy cuidadosos a la hora de sacar conclusiones sobre las causas económicas que dan origen a los diferentes regímenes o sobre los efectos que estos producen en la economía. Si las clasificaciones son tan dispares, mucha dispersión se puede esperar también de los hallazgos de los estudios que las usen. Esta es una de las razones por las cuales en asuntos de economía cambiaria es arduo llegar a conclusiones unívocas, unilineales y consistentes. Cuando, por ejemplo, la comparación de estudios realizada por Eichengreen y Razo-García (2011) muestra mayores disparidades de resultados en el grupo de países con mayor inestabilidad cambiaria, esta observación empírica debe llamar a la cautela a la hora de relacionar determinados regímenes cambiarios con episodios de crisis financieras. O cuando se constatan mayores disparidades en los países abiertos con mercados financieros desarrollados, ello justifica la necesidad de precaución al relacionar un determinado tipo de régimen cambiario con estos elementos.

8. RÉGIMEN CAMBIARIO Y MARCO MONETARIO

Los regímenes cambiarios son en el fondo y principalmente regímenes monetarios: determinadas categorías de régimen cambiario se corresponden con determinados tipos de arreglo monetario. En una definición muy general, un régimen monetario establece las reglas mediante las cuales se regula la cantidad y el valor del dinero en una economía, en la búsqueda de estabilidad de las variables monetarias-financieras. De ahí que las autoridades monetarias tienen que elegir qué tipo de ancla desean utilizar para dotar de estabilidad a las variables nominales de la economía, básicamente al conjunto de precios. Un sistema monetario sin ancla nominal colocaría a la economía a la deriva, porque la emisión de dinero carecería de referencia o guía, con la consiguiente desestabilización inflacionaria. Por consiguiente, qué tipo de ancla nominal se adopte es el elemento central que define un régimen monetario.

Los regímenes cambiarios fijos −duros o blandos− usan preferentemente como ancla nominal la moneda de otro país, mientras que los flexibles usan diferentes anclas y objetivos intermedios de carácter preferentemente monetario. Al elegir un ancla cambiaria, la autoridad monetaria está implícitamente aceptando que la defensa del tipo de cambio es el objetivo primario y que los niveles de reservas internacionales, los niveles de liquidez monetaria y las tasas de interés serán una consecuencia endógena del objetivo cambiario. Mientras que al elegir un ancla-objetivo monetario, el tipo de cambio será el que resulte endógenamente de la política monetaria.

Como ya se ha dicho en el capítulo anterior, el espectro existente entre fijación y flotación cambiaria es, en el fondo, el espectro entre integración y autonomía monetaria. Cuando un país o grupo de países decide atar su moneda a otra moneda, está obligado a coordinar (integrar) plenamente sus políticas monetarias y a perseguir los mismos objetivos monetarios que los del país o zona monetaria al que se ata. Cuando, por el contrario, un país prefiere mantener sus propios objetivos de política monetaria, debe dejar flotar su moneda. En definitiva, fijación cambiaria e integración monetaria son las dos caras de una misma moneda, como lo son también, en el otro extremo, flotación cambiaria y autonomía monetaria.

Un país utiliza un *ancla cambiaria* cuando la autoridad monetaria interviene en el mercado cambiario para mantener el tipo de cambio en un determinado nivel o rango de oscilación. El tipo de cambio funciona, por consiguiente, como el ancla nominal o el objetivo intermedio de la política monetaria. Se dice que un país utiliza un *objetivo de agregado monetario* cuando la autoridad monetaria utiliza sus instrumentos de política para alcanzar un objetivo de tasa de crecimiento de alguno de los agregados monetarios, como la base monetaria, M1 o M2, con lo cual este agregado monetario se convierte en el ancla nominal u objetivo intermedio de la política monetaria. Cuando el país adopta un *objetivo de inflación*, la autoridad monetaria anuncia públicamente una meta numérica de inflación, asume un compromiso institucional auditable de alcanzar el objetivo a mediano plazo, y orquesta el conjunto de las políticas económicas (cambiaria, fiscal y monetaria) hacia la consecución de este objetivo de inflación. Las decisiones de política monetaria suelen estar guiadas por la desviación del pronóstico de inflación respecto del objetivo anunciado, de tal forma que este pronóstico se convierte en el objetivo intermedio de la política monetaria.

En el cuadro II.5 puede apreciarse este claro vínculo entre la clase de régimen cambiario y el tipo de ancla nominal utilizada en el marco de su política monetaria. Ello es así porque, a mayor rigidez cambiaria, menor es el margen de actuación de la política monetaria como ancla nominal, mientras que a mayor flexibilidad cambiaria mayor es el ámbito de autonomía de la política monetaria para asumir el papel de anclaje de los precios. La totalidad de los países clasificados bajo regímenes de "fijación dura" utilizan el tipo de cambio como ancla nominal, es decir, están integrados en cuanto a sus objetivos y manejo de la política monetaria. De los países catalogados como de "fijación blanda", tres cuartas partes utilizan también el tipo de cambio como el ancla nominal de su política monetaria. En la medida en que la fijación se torna más blanda, crece la autonomía monetaria y empiezan a aparecer casos de utilización de un objetivo intermedio de un agregado monetario como ancla nominal. De los 12 países con arreglo cuasi-deslizante, 9 tienen objetivos monetarios propios, y de los 17 con otros arreglos administrados, 11 manejan objetivos intermedios distintos al tipo de cambio. En el extremo de la flotación, la autonomía monetaria se manifiesta en la total desaparición de esquemas de anclaje cambiario y en la adopción de anclas nominales relacionadas con objetivos monetarios intermedios. El arreglo monetario más popular dentro de la flotación es la adopción de objetivos intermedios de inflación (31 países), seguido por objetivos intermedios de algún agregado monetario (12 países).

CUADRO II.5
Regímenes cambiarios y marco monetario
2011 (Número de países)

		ANCLA CAMBIARIA		
	Total	USD	EURO	Otra(1)
FIJACIÓN DURA	**41**	**15**	**23**	**3**
Sin moneda legal separada (3)	30	8	20	2
Junta Monetaria	11	7	3	1
FIJACIÓN BLANDA	**72**	**32**	**21**	**19**
Fijación convencional	43	14	19	10
Arreglo estabilizado	17	12	1	4
Fijo entre bandas horizontales	1	-	-	1
Fijo deslizante	2	1	-	1
Arreglo cuasi-deslizante	3	2	1	-
Otros arreglos administrados	6	3	-	3
FLOTACIÓN	**0**	**0**	**0**	**0**
Flotación	0	-	-	-
Flotación libre	0	-	-	-
TOTAL	**113**	**47**	**44**	**22**

		OTRAS ANCLAS		
	Total	Objetivo Agregado Monetario	Objetivo de Inflación	Otro objetivo (2)
FIJACIÓN DURA	**0**	**0**	**0**	**0**
Sin moneda legal separada (3)	0	-	-	-
Junta Monetaria	0	-	-	-
FIJACIÓN BLANDA	**27**	**17**	**0**	**10**
Fijación convencional	0	-	-	-
Arreglo estabilizado	6	4	-	2
Fijo entre bandas horizontales	0	-	-	-
Fijo deslizante	1	1	-	-
Arreglo cuasi-deslizante	9	7	-	2
Otros arreglos administrados	11	5	-	6
FLOTACIÓN	**49**	**12**	**31**	**6**
Flotación	36	12	22	2
Flotación libre	13		9	4
TOTAL	**76**	**29**	**31**	**16**

(1) Incluye los casos de anclaje a otra moneda distinta al dólar o al euro, o a compuestos de monedas.
(2) En esta categoría se incluyen países sin un ancla nominal explícita, pero que monitorean su política monetaria a través de varios indicadores.
(3) Incluye los 17 países de la Unión Monetaria Europea.

Fuente: IMF, *Annual Report on Exchange Arrangements and Exchange Restrictions 2011.*

En cuanto a las preferencias por la moneda ancla, el dólar estadounidense (47 adeptos) y el euro (44 adeptos) acaparan la mayor parte de las decisiones de anclaje cambiario. Dentro del grupo de 22 arreglos que usan otras anclas cambiarias, 14 corresponden a cestas de monedas y 8 a otras monedas individuales. Y en cuanto a las preferencias a nivel global por determinados objetivos intermedios, 31 países han abrazado en 2011 el esquema monetario de un objetivo público y declarado de inflación, 29 países han optado por objetivos intermedios de un agregado monetario y 16 han elegido otros indicadores como objetivos intermedios o simplemente no tienen un objetivo intermedio identificable.

Todo ello ratifica lo afirmado de que cuando un país elige un determinado arreglo cambiario, está al mismo tiempo y en el mismo acto eligiendo un régimen monetario. En consecuencia, las razones por las cuales un país opta por un determinado régimen cambiario no deberían diferir mucho de las razones por las que eligen un marco de política monetaria. Igualmente, los impactos que un régimen cambiario pueda tener sobre la economía tampoco deberían diferir mucho de los impactos nominales y reales de un determinado régimen de política monetaria.

III

TEORÍA DEL ÁREA MONETARIA ÓPTIMA: ENFOQUES DESDE LA PERSPECTIVA DE LA ECONOMÍA REAL

El pensamiento económico ha venido rehabilitando la teoría de las áreas monetarias óptimas, hasta el punto de que el connotado economista internacional Paul Krugman (1993) ha llegado a afirmar que esta teoría ha sido y seguirá siendo "la pieza central de la economía monetaria internacional". Ello justifica el esfuerzo de repasar sus planteamientos originales. Una amplia discusión ha tenido lugar desde los sesenta acerca de los méritos relativos de los regímenes integrados por medio de cambio fijo o moneda común frente a los regímenes de cambio flexible. La teoría del área monetaria óptima ha sido el punto de partida, el eje y el punto de retorno de esta discusión. Decimos "punto de retorno", porque una y otra vez renace el interés por esa teoría, enriquecida en cada caso por las experiencias concretas y por los nuevos enfoques de la teoría económica.

En la primera generación de pensamiento sobre la materia, la evaluación se centraba en la economía *real*, concretamente en las propiedades estabilizadoras de cada régimen frente a perturbaciones de la economía y, en segundo lugar, en la efectividad de las políticas de demanda bajo regímenes alternativos. El grueso del esfuerzo teórico estuvo inicialmente dedicado a definir las *características estructurales* de la economía, que hacían más recomendable la elección de un determinado régimen. Así nace la teoría del área monetaria óptima a principios de los sesenta, que se da a la tarea de indagar las condiciones en las que conviene atar irrevocablemente dos o más monedas o, incluso, unificarlas en una sola. La discusión fue cediendo paso en la segunda mitad de la década de los setenta a enfoques que enfatizaban el tipo de *perturbaciones* a las que estaba sometida típicamente una economía como el factor determinante de la elección de régimen cambiario. La traumática experiencia del primer *shock* petrolero y el desmoronamiento del sistema de Bretton Woods fueron sin duda elementos que propiciaron este cambio de enfoque.

1. DEFINICIONES Y PLANTEAMIENTO DEL PROBLEMA

Como punto de partida definiremos un "área monetaria óptima" como un grupo de países o de regiones cuyas economías están estrechamente ligadas por vínculos de comercio y por la movilidad de factores de producción, especialmente de mano de obra y de capital. Países o regiones que se ajustan al criterio de área monetaria óptima obtienen beneficios al promover una integración monetaria. No existe una definición generalmente aceptada del término "integración monetaria". Aquí adoptaremos la categorización sugerida por Padoa-Schioppa (1988), la cual se basa en las posibles combinaciones de los vértices del triángulo inconsistente de estabilidad del tipo de cambio, movilidad de capital y autonomía monetaria, la misma trinidad imposible a la que se hacía referencia en el capítulo anterior. Ahí se explicaba que estas tres propiedades constituyen un triángulo inconsistente porque no es posible tener simultáneamente tipos de cambio fijos, total movilidad de capital y política monetaria autónoma. Cuando la autoridad económica adopta un objetivo de tipo de cambio y permite la libre movilidad de capital, debe renunciar a establecer objetivos monetarios independientes. A la inversa, si la prioridad de la política es el objetivo monetario, el tipo de cambio debe fluctuar en función del cumplimiento de ese objetivo. La única manera de sostener el tipo de cambio fijo y la convertibilidad de la moneda es a través de la coordinación de la política monetaria con la autoridad del país al que esté atado el tipo de cambio. Se sobreentiende aquí que la coordinación monetaria exige también un mínimo de coordinación fiscal, ya que la política monetaria pudiera contrarrestar ciertos "ruidos" menores provenientes del campo fiscal, pero nunca una disparidad fundamental y persistente entre la meta cambiaria y la gestión fiscal o, en otras palabras, una predominancia fiscal sobre lo monetario.

CUADRO III.1
Grados de integración monetaria

	Unión cambiaria	Coordinación monetaria	Unión monetaria
Tipo de cambio	Fijo	Fijo	Moneda única
Movilidad de capital	No	Sí	Sí
Coordinación monetaria	No	Sí	Banco central único

Dependiendo de las combinaciones de cada uno de los tres elementos del triángulo, pueden establecerse los siguientes grados de integración monetaria (cuadro III.1):

- Unión cambiaria: Los tipos de cambio están irrevocablemente fijos, pero no existe coordinación de las respectivas políticas monetarias, razón por la cual se hacen necesarios mecanismos de control del movimiento de capitales que redundan en una limitación a la libre convertibilidad de las monedas.

- Coordinación monetaria: Los tipos de cambio están también irrevocablemente fijos y no existen limitaciones a la libre convertibilidad. No existen restricciones a los movimientos de capital y los mercados financieros están altamente integrados. Como consecuencia del cambio fijo y de la libre convertibilidad, las políticas fiscales-monetarias deben estar coordinadas.
- Unión monetaria: Representa el estadio superior de la integración, por cuanto introduce una moneda común y un banco central único que dicta la política monetaria, sin renunciar a la movilidad de capital.

La acepción comúnmente usada en la literatura sobre áreas monetarias óptimas es la contenida en la definición de "coordinación monetaria". Sin embargo, gran parte de los planteamientos son también aplicables a la "unión cambiaria".

El punto de partida de la teoría de las áreas monetarias óptimas es el cuestionamiento de la premisa de que los estados nacionales son las áreas naturales en las que deben existir monedas independientes y con tipos de cambio flotantes entre sí[24]. El concepto importante es el de la "región", que por sus similitudes estructurales presenta un nivel suficiente de homogeneidad económica y, por ende, se beneficia de una moneda común. Los límites geográficos de una región económica muy frecuentemente no coinciden con los límites políticos de las naciones.

El cuestionamiento de la premisa de las monedas nacionales surge, inicialmente, de la convicción acerca de la conveniencia de maximizar la utilidad del dinero en tanto que unidad de cuenta y medio de intercambio. Son evidentes los beneficios que

---

[24] Entre las reseñas de la literatura inicial sobre áreas monetarias óptimas cabe destacar los excelentes trabajos de Tower y Willet (1976) e Ishiyama (1975). Las reseñas posteriores de Wickham (1985) y, sobre todo, Tavlas (1993) incorporan nuevos desarrollos en el campo.

se derivarían para la economía mundial de la existencia de una única moneda. A escala menor, dos países pueden también beneficiarse de la adopción de una moneda común o, en su defecto, de la eliminación de variaciones de los precios de las respectivas monedas entre sí. El argumento a favor de la integración monetaria se basa, por consiguiente, en la extensión a la esfera de las relaciones económicas entre dos o más naciones del ahorro real que representa el uso de una única moneda como medio de intercambio y como unidad de cuenta[25]. En otras palabras, las ventajas de la integración monetaria residen fundamentalmente en el ámbito de la microeconomía. Los argumentos son especialmente válidos para economías pequeñas y abiertas, en las que la amplitud previsible de las fluctuaciones cambiarias tiende a anular la capacidad de la moneda doméstica para desempeñar su papel de unidad monetaria. De ahí que situaciones persistentes de inestabilidad cambiaria terminen conduciendo a los agentes económicos de un país a la sustitución progresiva de su moneda por la moneda de un país hegemónico.

Sin embargo, en contraposición al argumento del ahorro "microeconómico", en las décadas que vieron nacer la teoría de las áreas monetarias óptimas, es decir los años cincuenta y sesenta, la corriente teórica y la praxis dominantes eran el activismo de corte keynesiano. Cada país estaba celoso de preservar el máximo de libertad para poder aplicar las políticas económicas que mejor convinieran a su propio ciclo coyuntural en función de sus preferencias sociales y políticas. Las políticas de estabilización del producto y del empleo pasaron a ser el corazón de la política macroeconómica. La tendencia dominante privilegiaba el objetivo del empleo por sobre el objetivo de la

---

[25] Similares beneficios, aunque en menor cuantía, pueden derivarse de la estabilidad de los tipos de cambio entre monedas. Ver Wickham (1985).

estabilidad de precios, para lo cual el uso del tipo de cambio como herramienta de ajuste constituía una pieza valiosa en el arsenal de instrumentos gubernamentales. El mismo argumento en pro de la autonomía cambiaria-monetaria, aunque por razones distintas, era esgrimido por quienes deseaban un nivel de inflación inferior al del resto del mundo[26]. Para esta línea de argumentación, el principal beneficio de largo plazo de la flexibilidad cambiaria era la posibilidad de adoptar una política monetaria independiente y, en consecuencia, una tasa de inflación diferente a la de los vecinos. Pero también gobiernos con deseos de incrementar el impuesto del señoreaje tenían en la autonomía monetaria un aliado indispensable para inflacionar la economía.

Adicional al argumento de la independencia monetaria, los críticos de las áreas monetarias integradas afirmaban que pueden existir diferencias importantes entre los países que desaconsejen el establecimiento de un área monetaria común. De alguna forma, la optimización de los regímenes cambiarios debe guardar relación con factores que son específicos a los países individuales. Partiendo de esta premisa, la literatura inicial se centra en definir qué factores estructurales de una economía hacen más recomendable un régimen de rigidez cambiaria – equivalente a un área monetaria integrada– frente a un régimen de flexibilidad. Igualmente importante es la naturaleza y el origen de las perturbaciones a las que una economía se ve sometida. Se trata de descifrar qué régimen cambiario-monetario es más adecuado para neutralizar los efectos de las perturbaciones.

En última instancia, la teoría del área monetaria óptima pretende encontrar una solución de compromiso entre el beneficio de la unión monetaria plena y las ventajas de la

---

[26] Véase, por ejemplo, Friedman (1953) y Johnson (1969).

independencia económica. La teoría ofrece un enfoque sistemático para sopesar a cuánta flexibilidad en la aplicación de políticas de estabilización real conviene renunciar con el propósito de ganar en eficiencia microeconómica y en estabilidad nominal de la economía. En el fondo, se trata de un trueque entre flexibilidad macroeconómica y eficiencia microeconómica.

2. LAS CARACTERÍSTICAS ESTRUCTURALES DE LA ECONOMÍA

Como decíamos más arriba, el énfasis inicial durante los sesenta se centró en las características de los países. De lo que se trata es de discernir cuándo la integración cambiaria-monetaria le reporta beneficios a un país en el saldo neto. Ello dependerá grandemente de la eficiencia de la política cambiaria para colocar la economía en una senda de crecimiento o para hacerla retornar hacia el pleno empleo cuando se hayan producido desajustes o perturbaciones en esa senda. En esencia, la teoría en su versión inicial afirma que determinadas características de una economía en particular hacen más o menos eficiente el mecanismo de ajuste del tipo de cambio, lo cual inclina la balanza de ventajas y desventajas hacia un régimen u otro. Del estudio de las características estructurales se derivan un conjunto de criterios de incorporación a un área monetaria.

2.1. Grado de movilidad de factores y de flexibilidad de precios

La puesta en primer plano de la movilidad de factores de producción fue mérito de Robert Mundell (1961), quien puede considerarse el padre de la teoría de las áreas monetarias óptimas. Mundell destaca el papel que juega la movilidad de los factores de producción trabajo y capital como un mecanismo para aliviar la carga del ajuste frente a desequilibrios externos. Desarrolla el caso de un país que enfrenta una situación de déficit de balanza de pagos, por lo que la economía afectada se ve en la necesidad de reducir el ingreso y, por ende, el empleo. Ante la ausencia del mecanismo cambiario, la carga del ajuste puede ser minimizada si se logra una reducción del nivel relativo de precios y salarios en el país afectado, si se produce una emigración de fuerza de trabajo excedentaria o si se produce un ingreso de capital. Una combinación de estos tres mecanismos incrementa la efectividad del ajuste interno. En la visión de Mundell, la movilidad de factores, en especial del factor trabajo, provee un sustituto de la flexibilidad del tipo de cambio en la tarea de promover el ajuste de las cuentas externas. Por este motivo, cuanto mayor sea la movilidad de los factores, menor será la necesidad de recurrir al mecanismo cambiario y más conveniente será la adopción de un régimen de cambio fijo. Un área monetaria óptima, por consiguiente, es aquella definida por el conjunto de regiones o países en los que la movilidad de la fuerza de trabajo es sustancial.

Similar efecto de estabilización real de la economía puede derivarse de la flexibilidad de precios. En su clásica defensa de la flexibilidad de precios y salarios, Friedman (1953) enfatiza que la existencia de esta flexibilidad haría redundante la utilización del tipo de cambio como mecanismo de ajuste. Sin embargo, en la vida real, los precios y salarios muestran poca o nula flexibilidad hacia la baja, lo cual hace difícil el proceso de ajuste interno de la economía, por ejemplo, para lograr mayor productividad y competitividad. De ahí que el argumento central de Friedman a favor de regímenes de cambio flexible se basa en la rigidez, sobre todo a la baja, que muestran los precios y salarios en los procesos de ajuste de los desbalances de los mercados. Esta rigidez hace necesario recurrir a la variación nominal del tipo de cambio, porque ello permite modificar la estructura de precios relativos de una forma que, dicho sea de paso, es microeconómicamente más rápida y eficiente que la modificación de innumerables (millones) precios y salarios. En cambio, si los precios y salarios tienen suficiente flexibilidad, un régimen de cambio fijo, equivalente a un área monetaria integrada, puede ser más recomendable.

2.2. Grado de apertura y tamaño de la economía

La apertura de una economía es el criterio de optimización que más consenso ha concitado en la amplia y larga discusión sobre áreas monetarias óptimas. Este criterio fue especialmente destacado por McKinnon (1963), para quien la apertura externa es un factor importante que determina la cuantía de deflación o inflación que se requiere en una economía para corregir un desequilibrio dado de balanza de pagos. El grado de apertura define el nivel de integración comercial del país y es medida como el peso relativo de su comercio exterior dentro del PIB. El axioma dice que a mayor grado de apertura, mayor sentido hace integrarse en un área monetaria.

La argumentación reza así: si la propensión a importar es alta –mucha apertura-, pequeños cambios en la demanda agregada interna tienen fuerte impacto en el flujo comercial externo y son suficientes para corregir los desbalances externos. Por este motivo, un incremento en el grado de apertura externa mejora la eficiencia de los mecanismos internos de ajuste. A su vez, un mayor grado de apertura disminuye la eficiencia de la política cambiaria para resolver problemas de balanza de pagos, ya que es muy posible que las variaciones del tipo de cambio nominal no se traduzcan en ganancias significativas de competitividad real: ello es debido al efecto neutralizador de la inflación interna, que impide que devaluaciones nominales induzcan una devaluación real persistente. Es decir que, cuando el peso relativo de las importaciones es alto, una devaluación genera inflación interna por la vía de costos, la cual erosiona progresivamente el efecto de la devaluación real inicial. En consecuencia, a mayor grado de apertura, más beneficios relativos representa un régimen de integración cambiaria-monetaria. Sería posible contraargumentar que cuanto más abierta sea una economía, mayor es su exposición frente a perturbaciones externas y mayor es la necesidad de flexibilidad del tipo de cambio para hacerles frente a las perturbaciones. Pero si la política cambiaria es inoperante en contextos de alto grado de apertura, el uso del tipo de cambio tampoco resolvería el problema de las perturbaciones externas.

El tamaño de la economía es otro de los criterios de optimización que más consenso teórico ha reunido y que ha sido mejor validado empíricamente[27]. Ello se debe a que existe una estrecha relación fáctica entre apertura y tamaño de la economía. Cuanto más pequeña es una economía, mayor tiende a ser su grado de apertura externa y más razones habrá para adoptar un régimen de cambio fijo. Adicionalmente, países pequeños tienden a poseer mercados menos eficientes de bienes y de factores de producción, lo cual les dificulta el manejo de fluctuaciones cambiarias y la obtención del beneficio de la flexibilidad.

2.3. Grado de diversificación de la estructura productiva interna

Kenen (1969) apunta a establecer una correlación positiva entre diversificación productiva de una economía y beneficios de la integración monetaria. Economías con estructuras productivas no diversificadas experimentan serias dificultades para hacer frente a perturbaciones externas, ya que no disponen de una

---

[27] Rose (2011) llega incluso a afirmar que esta es la única correlación sólida que se encuentra en la observación empírica de qué tipo de países adoptan esquemas de integración cambiaria-monetaria. A similar conclusión llegan Klein y Shambaugh (2010). Melitz (1995) resalta también que el único avance visible de la teoría desde Mundell ha sido la proposición de nuevos criterios para determinar el tamaño óptimo de un área monetaria.

gama variada de importaciones y exportaciones. Cuanto menor sea la diversificación, mayor será la variabilidad potencial del producto y del empleo de la economía y mayor será la necesidad de suavizar oscilaciones de la demanda agregada por la vía de los ajustes del tipo de cambio. Por ese motivo, países no diversificados no deberían renunciar a la flexibilidad cambiaria para enfrentar desajustes externos. Mientras que economías más diversificadas, sobre todo en productos de exportación, son mejores candidatas para la integración monetaria, ya que unos productos tienden a balancear los efectos perturbadores en otros productos. La caída en la demanda exterior de un determinado producto, por ejemplo, no tiene por qué traducirse en efectos catastróficos sobre el conjunto de la economía. En general, economías diversificadas están sujetas a una menor volatilidad relacionada con el sector externo, razón por la cual es menos necesaria la utilización del tipo de cambio como mecanismo de ajuste.

Adicionalmente, otras características de la economía, también relacionadas con su estructura productiva, deben ser tomadas en cuenta, como, por ejemplo, el grado de volatilidad de los principales productos de exportación. En el caso de una economía mono-exportadora primaria, al estilo de un país petrolero, la flexibilidad cambiaria puede ser recomendable si la magnitud relativa de los *shocks* externos los hace inmanejables a través de mecanismos internos de ajuste, aun suponiendo un grado razonable de movilidad de factores y de flexibilidad de precios y salarios. Sin embargo, esta ventaja de la flexibilidad cambiaria puede ser contrarrestada por el efecto de la elasticidad-precio de las exportaciones e importaciones[28]. La elasticidad-precio de las exportaciones puede verse reducida a causa de la concentración en el sector primario. La elasticidad-

---

[28] Se entiende por elasticidad-precio el grado en que reaccionan los volúmenes de importación / exportación a variaciones de los precios, en este caso variaciones derivadas movimientos del tipo de cambio.

precio de las importaciones puede disminuir en presencia de una baja sustituibilidad entre bienes producidos localmente y bienes importados. Una combinación de baja elasticidad-precio de la producción exportadora con baja elasticidad-precio de las importaciones disminuye el beneficio potencial de un régimen de cambio flexible, ya que las variaciones del tipo de cambio no son capaces de modificar sustancialmente los flujos comerciales.

Este planteamiento de Kenen no va en línea con la argumentación anterior relacionada con la apertura y el tamaño de una economía, compartida por la mayor parte de los estudiosos del tema en esa época[29], que establecen la conveniencia para economías abiertas y pequeñas de integrarse en un área monetaria común. Observan que países con estructuras productivas más diversificadas tienden a ser, por lo general, economías más grandes, las cuales son mejores candidatas para regímenes de autonomía monetaria y flexibilidad cambiaria. Alegan que la conclusión de Kenen de que los efectos de perturbación sobre los productos se balancean entre sí no es tan obvia, ya que el efecto final de tales perturbaciones sectoriales sobre el empleo depende de la movilidad de la fuerza de trabajo entre sectores y del grado de flexibilidad de los salarios. En última instancia, es la movilidad de los factores y no la diversificación de productos en sí la que debería determinar la elección de régimen. Por otra parte, dado que economías poco diversificadas tienden a ser pequeñas y poco desarrolladas, también suelen ser "tomadoras de precio" en el mercado internacional. No solamente sus términos de intercambio no pueden ser mejorados recurriendo al expediente de modificar el tipo de cambio, sino que es especialmente importante eludir las

---

[29] Véase Otto (1989) para una exposición detallada de los argumentos opuestos al planteamiento de Kenen. Giersch (1973) es de los escasos autores de la época que comparten la posición de Kenen.

fluctuaciones cambiarias provenientes de los socios comerciales hegemónicos mediante alguna forma de integración monetaria.

2.4. Grado de similitud productiva entre países

Adicional a la consideración de la diversificación interna – dentro de cada país–, hay que tomar en cuenta la diversidad o similitud de las estructuras productivas entre países. Regiones o países que poseen estructuras productivas similares son propensos a la aparición de perturbaciones simétricas provenientes de variaciones de los términos de intercambio. En opinión de Mundell, esta simetría disminuye la utilidad del instrumento cambiario como mecanismo de respuesta a las perturbaciones, ya que ambos países tenderían a ajustar sus tipos de cambio en la misma dirección, con lo cual la estructura de precios relativos entre ambos, que es la variable decisiva, permanecería inalterada. Frente a perturbaciones asimétricas, por el contrario, la variación cambiaria puede proporcionar el mecanismo adecuado de ajuste[30].

La discusión sobre la condición de la diversificación productiva entre países ha sido retomada desde otro importante ángulo de visión por Krugman (1991), quien afirma que existe una relación inversa entre diversificación productiva y el grado

---

[30] Esta argumentación es únicamente válida en el supuesto de que solo existan dos países o regiones, tal como supone el modelo tradicional de la teoría de áreas monetarias óptimas. Cuando se incorpora en el análisis la existencia de un tercer país, la similitud de estructuras productivas entre los dos países objeto de consideración no necesariamente sigue siendo un argumento a favor de un régimen de cambio fijo, ya que la decisión de formar un área monetaria entre los dos países dependerá también de cuánto intercambio tiene lugar relativamente entre ellos y con el tercer país y cuán intensas sean en cada uno de ellos las perturbaciones, que pudieran ser teóricamente enfrentadas con ayuda de ajustes cambiarios. En la medida que sean diferentes los ajustes de precios relativos requeridos frente al país potencial miembro del área monetaria y frente al tercer país, la formación de un área monetaria pudiera dejar de ser óptima, aun en el caso de similitud de la estructura productiva. Ver Melitz (1995).

de integración y simetría entre países. A diferencia de la visión optimista de quienes postulan que la integración monetaria potencia una creciente integración económica y una mayor simetría de los ciclos económicos, Paul Krugman plantea la tesis de que, aun cuando las facilidades de un área monetaria única y las economías de escala asociadas a ella pudieran conducir a un incremento de la integración comercial, también conducirían a una mayor especialización y divergencia de las estructuras productivas de los países miembros entre sí. De esta forma, la integración monetaria, en vez de mejorar endógenamente los niveles de simetría y sincronía de las perturbaciones, haría que perturbaciones específicas de sectores económicos se conviertan en perturbaciones específicas de países, lo que torna menos recomendable la renuncia a una moneda propia flexible.

Estaríamos aquí, por consiguiente, frente a dos efectos de signo contrapuesto. Por un lado, hay suficientes evidencias de que la integración monetaria y cambiaria promueve el comercio intrarregional a través de un círculo virtuoso entre lo monetario y lo comercial y eleva así el grado de apertura del país[31]. Por otro lado, la mayor integración fomenta la tendencia hacia la especialización y la asimetría productiva de los países. Cuál de los dos efectos prevalece, el positivo de la interacción virtuosa entre integración comercial y monetaria, o el negativo del incremento de la asimetría productiva a causa de la mayor integración comercial, es materia que todavía está en discusión, aun cuando las investigaciones empíricas parecen inclinar

---

[31] Ver Rose (2000) y Frankel y Rose (2002), quienes llegan a la conclusión de que países integrantes de una unión monetaria intercambian entre sí tres veces más de lo que pudiera haberse esperado sin unión. Igualmente estiman que por cada uno por ciento sobre PIB de incremento del comercio, el ingreso per cápita crece en un tercio de uno por ciento. Estas magnitudes han sido consideradas muy exageradas por posteriores estudios (ver Baldwin 2006), pero nadie discute que el denominado "efecto Rose" existe.

moderadamente la balanza a favor del primer efecto positivo. Pero lo que aquí interesa destacar es que las asimetrías de las estructuras productivas derivadas de la especialización del comercio no presentan una condición favorable para conformar un área monetaria. Otra cosa es que en el balance final entre el efecto desfavorable de la especialización productiva y el efecto favorable de la integración monetaria sobre el comercio, este último parece prevalecer[32].

2.5. Concentración geográfica del comercio

En lo referente a la concentración geográfica del comercio, medida por el porcentaje que representa el principal socio comercial en el comercio total, la decisión de atar la moneda local a la del principal socio comercial responde al aprovechamiento de economías de escala en el costo de las transacciones financieras externas, así como al deseo de minimizar las fluctuaciones de los precios de intercambio. Adicionalmente, a mayor grado de concentración geográfica del comercio, mayor debería ser la rigidez del tipo de cambio con el fin de estabilizar los ingresos por exportaciones. Por ambas razones, la concentración geográfica del comercio eleva los beneficios de un área monetaria integrada.

2.6. Grado de desarrollo e integración financieros

En países menos desarrollados es típico encontrar sistemas financieros en los que la sustituibilidad entre las demandas de títulos domésticos y de títulos foráneos es muy baja. Ello sucede porque los mercados domésticos de valores son poco profundos o porque están segmentados a causa de regulaciones y controles

---

[32] Esta opinión es compartida también por de Grauwe (2010a) y Rose (2011).

de capital. Suele ser típico también un alto grado de incertidumbre acerca del futuro de los mercados de valores locales. En presencia de baja sustituibilidad de los activos financieros y en ausencia de mercados de futuros, la probabilidad de desestabilización del mercado cambiario a causa de movimientos especulativos es especialmente alta. Por este motivo, regímenes de cambio fijo (integración monetaria) son más recomendables en contextos de bajo grado de desarrollo del sistema financiero. Por el contrario, mercados financieros más profundos permiten un manejo eficiente de los movimientos del tipo de cambio y un consiguiente mayor espacio para la autonomía monetaria.

Existe, por consiguiente, relación entre el grado de desarrollo de los mercados financieros domésticos y la factibilidad de regímenes cambiario-monetarios flexibles. El mismo postulado rige para el grado de integración financiera con el exterior. En línea con el enfoque de balance de cartera de inversiones de la balanza de pagos, Branson y Katseli-Papaefstratiou (1981) destacan la importancia de mercados financieros activos e integrados como requisito para la flexibilidad cambiaria. Un régimen de cambio flexible exige un mínimo de profundidad del sistema financiero, sustituibilidad entre los activos financieros domésticos y foráneos, así como integración con los mercados financieros internacionales. Los agentes económicos deben estar en capacidad de ajustar sus carteras en respuesta a los factores que afectan la tenencia deseada de activos financieros domésticos y foráneos. De lo contrario, el tipo de cambio estaría únicamente determinado por los flujos de la cuenta corriente de la balanza de pagos, lo cual le conferiría una gran inestabilidad a esta, puesto que los flujos corrientes solo responden parcialmente y con retraso a las variaciones nominales del tipo de cambio. Si la segregación de los mercados financieros (control o impedimentos al flujo de capitales) impide la posibilidad de flujos especulativos de capital, el tipo de cambio flotante se comportaría de forma excesivamente inestable en el corto plazo.

Dado que el subdesarrollo de mercados financieros suele estar frecuentemente asociado con restricciones cambiarias, es usual encontrarse en los países en desarrollo con el círculo vicioso de regulaciones estatales, inhibición de los agentes privados e inmadurez de las instituciones. Para la elección de un régimen cambiario deben tomarse en cuenta no solo factores económicos, sino también características institucionales, las cuales son usualmente resultado de determinadas políticas gubernamentales. En consecuencia, la liberalización de los mercados cambiarios requiere, en primer lugar, del compromiso firme de las autoridades de renunciar al uso de restricciones cambiarias y, en segundo lugar, de la disposición de los agentes privados a comprometer recursos en el desarrollo de mercados financieros y cambiarios. Una condición necesaria para la eficiencia de los mercados cambiarios es la existencia de libertad de los residentes de un país de hacer y recibir pagos en moneda extranjera relacionados con las transacciones corrientes, así como la capacidad de las instituciones financieras de intermediar entre la oferta y la demanda de moneda extranjera.

La existencia de un sistema financiero maduro parece ser, por consiguiente, requisito indispensable para el funcionamiento de regímenes cambiarios flexibles[33]. Son necesarias instituciones que intermedien de forma eficiente y competitiva entre las demandas y ofertas de los diferentes activos financieros. Los mercados de activos de corto plazo deben permitir un ajuste rápido de carteras y el arbitraje entre activos financieros. Dada la inmadurez de los mercados financieros y cambiarios de las economías en desarrollo, la literatura tradicional acostumbra a

---

[33] Black (1976) es uno de los autores que más enfatizan la importancia de la madurez, extensión y profundidad del sistema financiero para la elección del régimen cambiario.

113

recomendar la implantación de regímenes de cambio fijo, lo que en la práctica equivale a integrarse de manera subordinada a la política monetaria del país de una moneda reserva, hasta tanto se desarrollen facilidades de mercados cambiarios a futuro, mercados de títulos bursátiles y mercados para otras clases de activos financieros[34].

2.7. Institucionalidad de la coordinación macroeconómica

La existencia de institucionalidad y soporte político para instrumentar un adecuado grado de integración y/o coordinación macroeconómicas son condiciones que favorecen decisivamente la conformación de áreas monetarias. Cuanto mayor es el grado de integración fiscal, mayor es la capacidad de "dispersar" equitativamente los impactos de las perturbaciones externas mediante transferencias fiscales desde la región o país con bajo desempleo hacia la región o país con alto desempleo. La integración fiscal reduce la necesidad de recurrir al mecanismo cambiario y, por consiguiente, hace más viable la conformación de áreas monetarias. Igualmente, la coordinación de políticas monetarias disminuye la necesidad de disponer del instrumento cambiario gracias al efecto equilibrador de la similitud de inflaciones sobre los flujos comerciales. La convergencia de las tasas de inflación es requisito indispensable para la viabilidad de un área monetaria óptima[35]. Disparidades en la tasa de inflación, por el contrario, conducen a alteraciones de precios relativos que

---

[34] En opinión de McKinnon (1979), una tendencia hacia mayores grados de liberalización comercial y financiera desde la segunda mitad de la década de los setenta creó el marco necesario para la introducción de regímenes de cambio más flexibles, tanto en el mundo industrializado como en el mundo en desarrollo.

[35] Ver Fleming (1971). Enfoques posteriores prefieren invertir la línea de argumentación, en el sentido de que la similitud de tasas de inflación no es tanto un prerrequisito para la formación de áreas monetarias, sino el resultado endógeno de ellas. Véase, por ejemplo, De Grauwe (1994), Melitz (1993) y Tavlas (1993).

terminan manifestándose en problemas de balanza de pagos, que a su vez deben ser corregidos mediante devaluaciones/revaluaciones de las respectivas monedas. La integración monetaria no es sostenible en presencia de diferenciales persistentes de inflación.

Haciendo un resumen extremadamente simple de lo argumentado en esta sección, la teoría inicial del área monetaria óptima destaca que las siguientes características estructurales de una economía la hacen mejor candidata para integrar un área monetaria o establecer un tipo de cambio fijo con sus principales socios comerciales:

- Alta movilidad de los factores de producción
- Alta flexibilidad de los precios y salarios, especialmente hacia la baja
- Alto grado de apertura e integración comerciales
- Alta diversificación de la estructura productiva interna
- Alta simetría con las estructuras productivas de los otros países candidatos a la integración monetaria
- Bajo grado de desarrollo de los mercados financieros
- Alta concentración geográfica del comercio
- Alto nivel de desarrollo de las instituciones de coordinación macroeconómica.

Esta enumeración no debe ser manejada como un recetario, porque en la vida real los países suelen tener simultáneamente condiciones que apunta en direcciones opuestas a los fines de hacer recomendable o no una integración monetaria.

3. ESTABILIZACIÓN FRENTE A PERTURBACIONES: ALGUNAS INDAGACIONES

El debate alrededor de las condiciones para integrarse en áreas monetarias experimenta un giro durante la década de los setenta, al abordar el tema desde el ángulo de las implicaciones de la elección de régimen para la estabilidad del producto (la actividad económica) y del empleo en diferentes contextos estocásticos (aleatorios), siempre dentro de la esfera de la economía real. La cuestión central en este enfoque es indagar las propiedades aisladoras de los diferentes regímenes cambiario-monetarios en función del tamaño y de la naturaleza de las perturbaciones a las que se ve sometida la economía. Dependiendo del origen y la naturaleza de las perturbaciones (externas o internas, reales o nominales), se discute el grado y el ritmo adecuados de integración monetaria. La decisión de conformar o no un área monetaria dependerá ya no solo de las características estructurales de la economía, sino del tipo de perturbaciones a las que se vea sometida. Este enfoque utiliza modelos macroeconómicos más articulados, que parten del supuesto de que el objetivo de la política económica a la hora de elegir el régimen cambiario es minimizar las fluctuaciones, ya sea del producto o de los precios, causadas por perturbaciones no anticipadas[36].

Hagamos un somero repaso de los principales exponentes de este enfoque. El primer intento por relacionar el contexto estocástico de perturbaciones de la absorción doméstica (básicamente la demanda agregada) con la elección de régimen cambiario-monetario fue realizado por Stein (1963). Este autor postula como criterio para la elección de régimen el tipo de correlación existente entre las variaciones de la absorción doméstica (producto) y las variaciones de la balanza de pagos (cuenta corriente):

- Si la covarianza (correlación) entre el producto y la cuenta corriente es negativa, es decir, si la cuenta corriente mejora durante las fases de contracción del producto y

---

[36] Ver Artus y Young (1979) para una revisión de la literatura sobre este tema.

empeora durante las fases expansivas, un régimen de cambio fijo (integración monetaria) es lo recomendable.

• Si la covarianza entre el producto y la cuenta corriente es positiva, es decir, si el déficit de la cuenta corriente empeora durante las contracciones del producto y mejora durante las expansiones del producto, la recomendación se inclina por un régimen de autonomía monetaria y flexibilidad cambiaria.

La lógica económica detrás de estos criterios es que la política cambiaria debe actuar de forma anticíclica (estabilizadora) cuando los movimientos del producto y de la balanza de pagos tienden a potenciarse mutuamente. En esos casos, se necesita un mecanismo estabilizador que contrarreste la aceleración del proceso recesivo o expansivo. Es al tipo de cambio flexible al que le corresponde asumir ese papel estabilizador. Frente a un déficit en cuenta corriente, por ejemplo, el tipo de cambio tenderá a devaluarse y, como consecuencia de ello, la absorción doméstica tenderá a mejorar. Cuando, por el contrario, los movimientos de la absorción doméstica y de la balanza de pagos marchan en direcciones opuestas, no es necesario recurrir a variaciones cambiarias como mecanismo estabilizador.

El punto central de la argumentación de Stein, sin embargo, es que la mencionada correlación depende, a su vez, de la naturaleza de las perturbaciones a las que se ve sometida la economía. Si la perturbación es de carácter monetario, por ejemplo una expansión de la masa monetaria, tanto la absorción doméstica como el saldo de la cuenta corriente tenderán a moverse en la misma dirección, en cuyo caso una revaluación del tipo de cambio cumple un efecto estabilizador. Si la perturbación es de naturaleza fiscal, por ejemplo un incremento del gasto público, el nivel de absorción doméstica se incrementará, pero la cuenta corriente tenderá hacia el déficit, con lo cual no será necesario recurrir a la estabilización por la vía cambiaria.

Turnovsky (1976) introduce en el análisis tres elementos, que también aparecen en otros trabajos de la segunda mitad de la década de los setenta, a saber, el origen interno o externo de las perturbaciones, la función objetivo de la política económica y el grado de movilidad de capital. Considera que regímenes de cambio flexible proporcionan un mejor aislamiento frente a *shocks* externos, tanto de tipo real como nominal. Menos tajante es la elección de régimen en el caso de perturbaciones internas. Si estas son de tipo nominal (monetario), un régimen de cambio fijo cumple mejor la función de estabilización, ya que la intervención en el mercado cambiario para defender la paridad contrarrestaría la perturbación inicial. Pero si las perturbaciones son de naturaleza doméstica real, su impacto relativo depende tanto de la movilidad de capitales como de la sensibilidad de la demanda de dinero a la tasa de interés. Si la movilidad de capital es alta y la elasticidad de la demanda de dinero a la tasa de interés es baja, un régimen de cambio flexible es mejor opción para enfrentar una perturbación real. Pero si la movilidad de capital es baja y la elasticidad de la demanda de dinero a la tasa de interés es alta, la variación del tipo de cambio tiende a reforzar la perturbación inicial, ya que el tipo de cambio se deprecia para restaurar el equilibrio de la balanza de pagos. La explicación del diferente impacto estabilizador/desestabilizador del régimen de cambio flexible bajo diferentes escenarios de movilidad de capital es que, cuando el capital es altamente movible, el impacto de la variación del tipo de cambio sobre la cuenta de capital de la balanza de pagos domina por encima del impacto sobre la cuenta corriente. En el caso de baja movilidad de capital, por el contrario, el impacto sobre la cuenta corriente domina el impacto sobre la cuenta de capital. Lo recomendable en este caso de baja movilidad de capital es un régimen de cambio fijo, ya que el *shock* positivo a la demanda doméstica desemboca en déficit de cuenta corriente, caída de reservas y contracción monetaria, que contrarresta la perturbación inicial.

El punto importante a resaltar aquí es que los flujos internacionales de capital actúan como absorbentes de las perturbaciones, puesto que financian los desbalances de la balanza de pagos que son una manifestación típica de regímenes de cambio fijo. Los flujos pueden tomar la forma de cambios en las reservas internacionales o simplemente de créditos del exterior. Por esta razón, una alta movilidad de capital tiende a reducir las diferencias entre regímenes de cambio fijo y regímenes de cambio flexible en cuanto a los impactos que cada uno genera.

Adicionalmente, la elección de régimen óptimo puede estar también condicionada a la función objetivo de la política. Si la autoridad económica, por ejemplo, le da preferencia a la estabilidad de la balanza de pagos por sobre la estabilidad del producto, en ese caso un régimen de cambio flexible cumple mejor con el objetivo, ya que, por definición, la balanza de pagos siempre está en equilibrio en un régimen flexible. Fischer (1977) analiza el desempeño del régimen cambiario en ausencia de movilidad de capital para el caso de que la autoridad persiga la estabilidad tanto del consumo real como del nivel de precios, en vez de la estabilidad del producto. Regímenes de cambio flexible aíslan mejor tanto el consumo real como el nivel de precios frente a perturbaciones externas. En el caso de perturbaciones internas de tipo nominal (por ejemplo un *shock* a la demanda de dinero), un régimen de cambio flexible cumple adecuadamente con el objetivo de estabilización del consumo. Ahora bien, si la estabilidad de precios es preferida sobre la estabilidad del consumo, la elección debería ser un régimen de cambio fijo. Si las perturbaciones internas son predominantemente reales, el régimen de cambio fijo es preferible para estabilizar tanto el consumo como los precios.

Flood (1979) incorpora al análisis de Fischer el papel de la movilidad de capital y concluye que, cuanto mayor sea el grado de movilidad de capital, menor será el potencial de aislamiento de cualquier régimen. Teniendo en cuenta esta advertencia y suponiendo que el objetivo de la política es reducir la volatilidad del nivel de precios, este autor se adhiere a la regla general de que las perturbaciones domésticas, tanto monetarias como reales, son mejor contrarrestadas con un régimen de cambio fijo, mientras que las perturbaciones externas se manejan mejor con un régimen de cambio flexible.

Enders y Lapan (1979) analizan también el efecto de la movilidad de capital y llegan a la conclusión de que, aun cuando la movilidad de capital "suaviza" el impacto de las perturbaciones sobre el consumo en ambos regímenes, el régimen de cambio flexible sigue siendo superior para el caso de perturbaciones de origen externo. Igualmente confirman que perturbaciones internas de tipo nominal tienen menor efecto sobre los precios bajo régimen de cambio fijo. Ahora bien, en lo referente al impacto de las perturbaciones reales internas sobre los precios, este puede diferenciarse en función de la estructura sectorial de la economía. El precio de los bienes transables es más volátil bajo un régimen de cambio flexible y las perturbaciones no se correlacionan en el tiempo. El precio de los bienes no transables, sin embargo, es más volátil bajo un régimen de cambio fijo y los movimientos están correlacionados, lo cual induce a cambios en el patrón de asignación de recursos. En consecuencia, frente a perturbaciones reales internas los regímenes de cambio flexible promueven patrones más estables de asignación de recursos. Por esta razón, la proporción de bienes transables y no transables debe ser tomada también en cuenta a la hora de elegir un régimen cambiario.

Sin embargo, conforme se fue profundizando durante la década de los ochenta en la discusión sobre regímenes fijos o flexibles, las posiciones se fueron tornando más cautelosas. Argy y de Grauwe (1990), por ejemplo, concluyen que es poco lo que en manera definitiva se puede decir sobre las propiedades estabilizadoras ("aisladoras") de cada régimen sobre el producto. Su análisis incorpora como variable independiente el grado de indexación salarial de la economía. En el caso de indexación salarial perfecta, los efectos reales son idénticos en los dos regímenes, no importa cuál sea el origen de la perturbación, de forma que no hay nada que elegir. Si la indexación salarial no es perfecta, perturbaciones nominales domésticas son mejor aisladas con regímenes de cambio fijo, mientras que perturbaciones reales domésticas son mejor aisladas con regímenes de cambio flexible. En el caso de las perturbaciones nominales de origen externo e indexación salarial imperfecta, parecería que tipos flexibles de cambio tienen más efecto estabilizador. Cuando las perturbaciones externas son de tipo real, nada concluyente se puede afirmar sobre la preferencia de un régimen sobre otro.

Otro avance de la década de los ochenta consistió en considerar las opciones de régimen cambiario como un continuo de grados de intervención de las autoridades en el mercado cambiario, y no como una alternativa bipolar entre flexibilidad y rigidez, autonomía e integración[37]. Este enfoque pretende capturar mejor los esquemas cambiarios-monetarios de la vida real, donde las alternativas polarizadas son poco frecuentes. Se considera que esquemas polares tampoco son la mejor solución desde el punto de vista de la estabilización. En la práctica, presiones sobre el mercado cambiario acostumbran a ser absorbidas por diferentes combinaciones de variaciones del tipo de cambio y

---

[37] Sobre este enfoque véanse, entre otros, a Boyer (1978), Henderson (1984) y Frenkel y Aizenman (1982).

variaciones de las reservas internacionales. Cada combinación define un régimen cambiario distinto. A menor intervención oficial, mayor es la flexibilidad del tipo de cambio. Nuevamente, el grado óptimo de intervención dependerá de la naturaleza y de las magnitudes relativas de las perturbaciones, así como de la función objetivo de la política económica.

Hemos repasado someramente la literatura del momento sobre el conjunto de opiniones teóricas acerca de la relación entre objetivos de las autoridades, características de la economía, tipos de perturbación y régimen cambiario-monetario. A modo de resumen diríamos que para el caso de perturbaciones externas, tanto nominales como reales, la casi totalidad de los autores investigados se inclinan por preservar la flexibilidad cambiaria. Esto es válido para cualquiera de los objetivos de la política de estabilización y bajo cualquier característica estructural de la economía. Menos consenso existe para el caso de perturbaciones de origen interno, aun cuando un conteo simplista de opiniones favorables a regímenes fijos *versus* flexibles inclina la balanza hacia la adopción de los primeros. Para el caso de perturbaciones *internas* nominales, Stein y Fischer son la excepción. Stein argumenta que las perturbaciones nominales tienden a mover el producto interno y la cuenta corriente externa en la misma dirección, lo cual amerita el uso del tipo de cambio como herramienta compensadora. Y Fischer recomienda la flexibilidad cuando el objetivo de política es estabilizar el consumo y la movilidad de capital es baja. Para el caso de perturbaciones internas reales, quienes se inclinan por la flexibilidad cambiaria son Turnovsky, Enders y Lapan y Argy. Pero Turnovsky admite que, cuando la movilidad de capital es baja, un régimen fijo es más adecuado. Por su parte, Enders y Lapan privilegian la flexibilidad porque ella permite un ajuste más rápido de los precios relativos, pero ello está condicionado a la existencia de una proporción alta de bienes transables en la economía.

En general, por lo tanto, la elección de un régimen flexible parecería más adecuada cuando las perturbaciones son predominantemente externas, mientras que la rigidez cambiaria y la integración monetaria tienen mejor oportunidad de enfrentar exitosamente perturbaciones internas, especialmente las de carácter nominal. Cuando el objetivo de política es la estabilidad de precios y la perturbación es de carácter interno, la recomendación de Fischer, Flood y Enders y Lapan es el régimen de cambio fijo. Únicamente cuando la perturbación interna proviene de la esfera de la economía real y esta es muy abierta, se justificaría la adopción de un régimen flexible.

En forma muy simplificada, tres son las recomendaciones de política que sugiere el enfoque de áreas monetarias óptimas en sus primeras décadas de desarrollo. Primero, países pequeños con economías abiertas y poco diversificadas deben integrarse monetariamente y adoptar regímenes cambiarios rígidos. Segundo, economías sometidas primordialmente a perturbaciones externas deben preservar una dosis conveniente de autonomía cambiaria-monetaria. Y, tercero, economías sometidas primordialmente a perturbaciones internas pueden enfrentarlas adecuadamente con regímenes integrados o de cambio fijo. La última recomendación es especialmente pertinente, cuando el objetivo de política es la estabilidad de precios.

Es de hacer notar que tanto el enfoque de las características estructurales como el de las perturbaciones, reseñados en este capítulo, se sitúan todavía predominantemente en la esfera de la economía real, con acento en los efectos que cada régimen pueda tener sobre la estabilidad de la actividad económica y sobre el objetivo del pleno empleo. Los traumáticos episodios de inestabilidad financiera e inflacionaria que se desatarán durante las décadas de los setenta y ochenta obligarán a un cambio de enfoque.

IV

BENEFICIOS Y COSTOS DE LA INTEGRACIÓN CAMBIARIA-MONETARIA

A lo largo de la presentación de los primeros desarrollos de la teoría de las áreas monetarias óptimas en el capítulo anterior, ha estado subyacente la discusión sobre los costos y beneficios asociados a conformar un área monetaria integrada. Es ahora el momento de emprender una evaluación más sistemática de los argumentos en contra y a favor de cada una de las dos opciones de régimen cambiario: rigidez en el marco de una integración monetaria versus flexibilidad en el marco de una autonomía monetaria. Recuérdese que, para el propósito de esta discusión, la diferencia entre unión cambiaria (dos o más monedas atadas por un tipo de cambio fijo), coordinación monetaria (dos o más monedas con cambios fijos y coordinación de política monetaria) y unión monetaria (una sola moneda) es solamente una diferencia de grados de integración. Casi todos los costos y beneficios de la rigidez cambiaria son aplicables a cada uno de los tres esquemas anteriores, aun cuando las intensidades puedan diferir. El mismo argumento rige para la variedad de regímenes ubicados en el campo de la flexibilidad.

Para los efectos del análisis es útil mantenerse en el nivel de abstracción teórica donde no hace falta diferenciar entre las diversas modalidades operativas de los regímenes cambiario-monetarios, ya que el interés se reduce al grado de flexibilidad o de rigidez que se le permita al tipo de cambio y a la política monetaria. Aun cuando se reconoce que hay en la práctica un "continuo" de regímenes entre ambos extremos, la discusión aquí se desenvuelve fundamentalmente en la dicotomía entre dos regímenes "tipo". Entendemos por "régimen de cambio fijo" uno en el que las autoridades mantienen la paridad de la moneda dentro de una franja estrecha y renuncian a utilizar los cambios de paridad como herramienta de ajuste frente a desequilibrios externos. En un "régimen de cambio flexible", por el contrario, el tipo de cambio es el resultado de las fuerzas de demanda y de oferta de divisas en el mercado cambiario sin interferencia importante de las autoridades. Las variaciones del tipo de cambio son el principal instrumento de ajuste de la balanza de pagos.

La adopción generalizada de regímenes cambiarios flotantes en la primera mitad de los setenta respondió al deseo de solucionar el conflicto entre equilibrio interno (pleno empleo con estabilidad de precios) y balance externo (cuenta corriente sostenible), que tantas veces se hizo presente durante la vigencia del sistema de Bretton Woods y, especialmente, durante la turbulencia macroeconómica internacional desatada por la indisciplina fiscal y monetaria del país hegemónico, los Estados Unidos de América[38]. La creciente movilidad de capitales, por otra parte, había socavado la capacidad de las autoridades para defender los tipos de cambio, de tal forma que la flotación parecía ser la respuesta frente a las presiones especulativas. Pero ya a mediados de la década de los ochenta un buen número de economistas y casi todos los responsables de hacer política

---

[38] Analistas de ese periodo como McKinnon (1993), Isard (1995), Bordo (1993) y Eichengreen y Kenen (1994) coinciden en señalar la responsabilidad fundamental de los Estados Unidos en el colapso del sistema de Bretton Woods. El "problema de la redundancia" planteado por Mundell (1968b) exigía que el país "n" debía abstenerse de perseguir su propio objetivo de balanza de pagos y limitarse a anclar el nivel internacional de precios, cosa que Estados Unidos declinó hacer a raíz de la Guerra de Vietnam.

empezaron a mostrar su escepticismo sobre los beneficios de un sistema de tipos de cambio flotantes[39]. En efecto, la experiencia con tasas de cambio flexibles desde principios de los setenta estuvo caracterizada tanto por una mayor volatilidad nominal como por desviaciones inconvenientes de los tipos de cambio reales, tal como ocurrió con la fuerte apreciación real del dólar en la primera mitad de los ochenta. Fue también en los ochenta y noventa cuando el objetivo de baja inflación y el uso del tipo de cambio como ancla nominal adquirieron predominancia en la formulación de las políticas económicas. Todo ello reavivó la discusión sobre los méritos relativos de cada régimen.

Básicamente, la discusión gira alrededor de las siguientes cuatro cuestiones fundamentales:

1. Disciplina macroeconómica y desempeño en el campo de la inflación.
2. Aislamiento y estabilización frente a perturbaciones.
3. Independencia y efectividad de las políticas.
4. Eficiencia microeconómica y estabilidad del mercado cambiario.

Las primeras tres cuestiones están relacionadas con el costo y eficiencia del proceso de ajuste macroeconómico bajo regímenes de cambio alternativos. La última de ellas está asociada al nivel de bienestar que es esperable en cada tipo de régimen, dependiendo de su efecto sobre el comercio exterior y la inversión. La cuestión relativa a la disciplina macroeconómica y al desempeño antiinflacionario será tratada en el siguiente capítulo.

---

[39] Véanse Obstfeld y Rogoff (1995), Volcker (1995), Dornbusch y Giovannini (1990), Krugman (1989a), Frenkel y Goldstein (1989) y Obstfeld (1985), entre otros. Aun cuando el desencanto sobre el comportamiento de las tasas flotantes tiene sólido soporte empírico, estos mismos autores dudan que un régimen de cambio fijo hubiera podido sobrevivir frente a las sucesivas oleadas de *shocks* que experimentó la economía mundial después de 1973.

1. AISLAMIENTO Y ESTABILIZACIÓN FRENTE A PERTURBACIONES

Independientemente de su origen y naturaleza, las perturbaciones económicas que afectan la balanza de pagos lo hacen a través de cambios en la disposición de los agentes económicos de comprar o vender las diferentes monedas. De alguna forma, los deseos de comprar o vender divisas tienen que ser reconciliados *ex post*, ya sea mediante cambios de los deseos en sí o mediante su frustración. Una vía frecuentemente usada para frustrar los deseos consiste en la imposición de controles administrativos sobre las transacciones externas, pero ello no pasa de ser una evasión temporal del problema del desajuste. Otra solución temporal puede consistir también en la oferta o demanda de divisas por parte de la autoridad monetaria (intervención oficial en el mercado cambiario), que solo será sostenible si el desequilibrio es de naturaleza pasajera o si se realiza con la intención de ganar tiempo mientras se ponen en marcha mecanismos internos de ajuste. Pero si de lo que se trata es de influenciar los deseos de los agentes sin violentar las leyes de mercado, la única vía es a través de los precios relativos de las divisas. Ello no implica necesariamente devaluación o revaluación nominal del tipo de cambio, ya que existe también la opción de variaciones de precios y salarios internos que, en última instancia, se traducen en variaciones de los tipos de cambio reales. Dicho en otras palabras, una economía afectada por perturbaciones de su balance externo tiene básicamente dos formas de ajustarse: la primera, mediante variaciones del tipo de cambio, y, la segunda, mediante ajustes internos.

1.1. Mecanismo de ajuste automático interno

La preocupación de Mundell por la determinación de áreas monetarias óptimas nace precisamente de la búsqueda de vías alternas de ajuste, que preserven la estabilidad de los tipos de cambio, sin que ello implique costos excesivos en términos de desempleo o deflación para el país víctima de la perturbación negativa. Mundell (1961) contempla el caso de una caída de la demanda de productos domésticos a favor de un incremento de la demanda de productos foráneos. En un mundo hipotético de dos países, ambos se enfrentan a un problema de desequilibrio que debe ser manejado a través de alguna acción de ajuste. El país doméstico debe hacerle frente a una eventual pérdida de empleos, acompañada de déficit en su cuenta corriente externa. El país foráneo sufrirá presiones inflacionarias y experimentará un superávit indeseado en su cuenta corriente. En principio, los dos países pueden optar por uno de los dos mecanismos de ajuste: ajuste interno de precios y salarios o modificación del tipo de cambio entre los dos países.

GRÁFICO IV.1
Mecanismo automático de ajuste

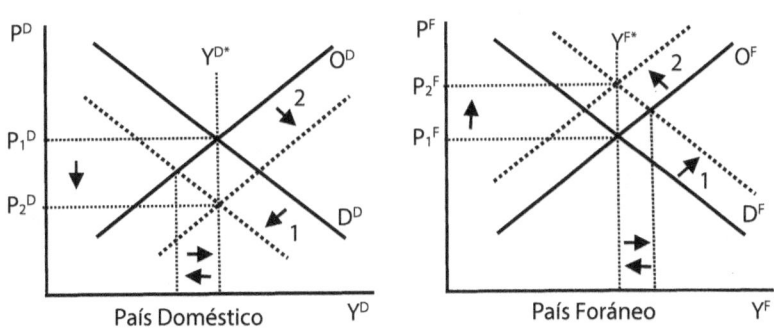

El gráfico IV.1 ilustra el caso del mecanismo de ajuste automático interno de precios y salarios[40]. La parte izquierda del

---

[40] La representación diagramática de esta parte se apoya parcialmente en De Grauwe (2009).

gráfico muestra las curvas–líneas, en esta presentación simplificada– de oferta y demanda agregadas del país doméstico D y la parte derecha las curvas de oferta y demanda agregadas del país foráneo F. La caída de demanda externa de los productos domésticos desplaza la línea de demanda agregada doméstica D^D hacia abajo, al mismo tiempo que desplaza la línea de demanda agregada en el país foráneo D^F hacia arriba (paso 1, desplazamiento de las líneas sólidas de demanda hacia las punteadas). Verbalmente explicado, esta caída de la demanda implica que para mantener el mismo nivel de actividad económica (empleo) Y^D los precios domésticos deberían bajar de P_1^D a P_2^D; si los precios no bajan, la actividad económica debería caer. En la realidad, la caída de la demanda termina en una combinación de caída de actividad y reducción de precios que viene determinada por el punto de nueva confluencia de la línea punteada de demanda reducida con la línea sólida de la oferta O^D, que inicialmente no se mueve. Es decir, que en el país doméstico la caída de la demanda de origen externo genera una caída del nivel de actividad (empleo), reducción de precios (deflación) y déficit en cuenta corriente.

En el país foráneo se produce un efecto espejo inverso: el aumento de la demanda induce un incremento de la actividad y del empleo, presiones inflacionarias y superávit en la cuenta corriente. Gráficamente este efecto se manifiesta en un desplazamiento de la línea de demanda D^F hacia arriba y hacia la derecha, por cuanto la mayor demanda con una oferta inicial fija se traduce en un mayor nivel de precios (paso 1).

¿Cuál es el impacto sobre la oferta de estos desplazamientos de la demanda y sus consecuentes efectos en los niveles de precio? Suponiendo que los precios y salarios sean flexibles y que las autoridades no interfieren con manipulaciones cambiarias o de otro tipo; o dicho de otra forma, suponiendo que se le permita funcionar al mecanismo automático interno de ajuste, el desempleo incipiente doméstico presionará hacia una reducción del nivel salarial, con lo que disminuirá el costo marginal de la fuerza de trabajo y se incentivará a los empleadores a incrementar el nivel de actividad productiva para un mismo nivel de precios. Esta disposición de la empresas a emplear más mano de obra e incrementar la producción se representa gráficamente con un desplazamiento de la línea de la oferta agregada doméstica O^D hacia la derecha (paso 2: desplazamiento de las líneas sólidas de oferta hacia las punteadas). Este desplazamiento (incremento) de la oferta continuará hasta el punto en el que la economía retorne a su nivel de equilibrio inicial de pleno empleo, que es el nivel de actividad económica Y^D en el que confluían la oferta y demanda originales. Es decir, la actividad económica disminuye inicialmente y luego retorna a su nivel anterior (esa caída y recuperación posterior es el significado de las dos flechas en el gráfico).

El éxito en recuperar el pleno empleo dependerá de que se le permita a la economía reducir suficientemente el nivel de precios (deflación) como para que las nuevas líneas punteadas de oferta y demanda se encuentren en el nivel original de actividad económica. El incremento de la oferta inducido por la caída del salario real reducirá el desempleo inicial e incrementará la producción, pero a costa de causar una caída adicional del nivel de precios doméstico (hasta P^D_2). La deflación adicional reforzará la mejoría relativa de la competitividad doméstica y permitirá restablecer también el equilibrio de la balanza de pagos.

En el país foráneo, a modo de espejo, la expansión de la actividad económica más allá del nivel potencial de equilibrio inicial causará un exceso de demanda de mano de obra y un aumento del nivel salarial. El aumento del costo salarial real desincentivará el empleo de mano de obra, reducirá la actividad económica y elevará el nivel general de precios hasta P^F_2, todo lo cual se expresa gráficamente con el desplazamiento de la línea de oferta agregada O^F hacia la nueva línea punteada a la izquierda (paso 2).

Pero como inicialmente (paso 1) se había producido un incremento de la demanda y el correspondiente desplazamiento de la línea de demanda hacia la derecha, el nuevo nivel de equilibrio de la mayor demanda y la menor oferta se encontrará allí donde se retorne al punto de pleno empleo de la actividad económica, pero a un nivel de precios superior (inflación). La consecuente desmejora de la competitividad permitirá eliminar el saldo excedentario de la balanza de pagos y restituir el equilibrio externo.

Al final del proceso, y si los mercados de factores funcionan sin fricciones, la economía doméstica habrá podido restituir el empleo y la actividad productiva a su anterior nivel potencial o de equilibrio, pero a costa de deflación. La economía foránea volverá también a su nivel real de equilibrio, pero a costa de inflación. Una ventaja de este mecanismo automático de ajuste es que ambos países comparten equitativamente las cargas del ajuste, siempre y cuando ninguno de ellos coloque trabas a los ajustes de precios y salarios. El lado negativo del proceso es que ambos países terminan con niveles de precios indeseados y que el camino para restituir el equilibrio puede ser muy costoso en términos de desempleo en el país doméstico y de aceleración de la inflación en el país foráneo.

Este esquema de ajuste interno automático va más en línea con la visión de la escuela monetarista. Supuestamente, una contracción del ingreso nominal –derivada, por ejemplo, de una restricción monetaria– debe conducir a una reducción del gasto privado y a la consiguiente reducción de precios y salarios. Este mecanismo deflacionario reactiva la demanda de dinero, disminuye las tasas de interés y reanima el gasto, con lo cual el ingreso nominal retorna a su nivel de equilibrio. Pero el mecanismo de ajuste supone que, primero, los precios y salarios sean flexibles hacia abajo y, segundo, que la deflación no genere un empeoramiento de las expectativas que produzca una caída adicional del gasto privado. Ambas suposiciones lucen poco realistas.

1.2. Mecanismo de ajuste cambiario

El atractivo de la segunda alternativa de ajuste, es decir, del ajuste cambiario, reside precisamente en que, en principio, permite restituir el equilibrio interno y externo sin recurrir al mecanismo de inflación/deflación que es la esencia del ajuste interno automático. Utilizando el mismo punto de partida de una disminución de la demanda de productos domésticos, el impacto inicial sobre las curvas de demanda agregada de cada país es similar al descrito más arriba. Ambas líneas de demanda tienden a desplazarse inicialmente, hacia la izquierda en el país doméstico y hacia la derecha en el país foráneo (ver gráfico IV.2, paso 1).

GRÁFICO IV.2
Mecanismo de ajuste cambiario

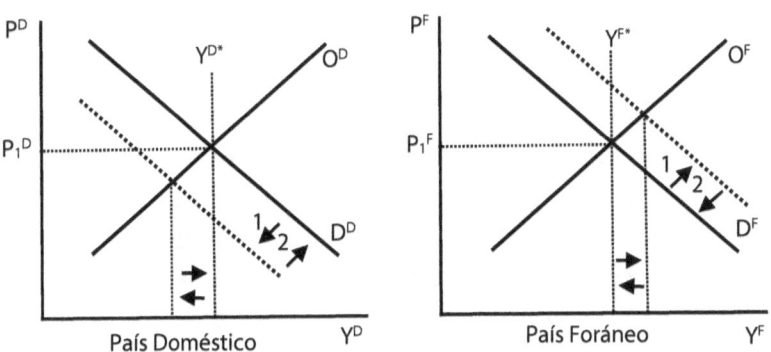

A diferencia del ajuste automático interno, las autoridades monetarias no permiten aquí un proceso de deflación o de inflación, sino que la respuesta al *shock* de demanda en el país doméstico es la devaluación de la moneda doméstica, la cual mejora la competitividad de los productos domésticos, restituye el equilibrio de la cuenta corriente y revierte la caída del producto y del empleo domésticos. Gráficamente, esta restitución del equilibrio de producción y precios se visualiza mediante un retorno de la línea punteada de demanda a su posición original (paso 2). Tanto los precios como el producto retornan a sus niveles iniciales de equilibrio. En el país foráneo, en un mundo simplificado de dos países, la devaluación del vecino equivale a una revaluación de la moneda, lo cual empeora la competitividad de sus productos, revierte la expansión inicial de la demanda (paso 2) y reduce el superávit excedentario de la cuenta corriente. De esta forma, ambas economías retornan a sus niveles de equilibrio de empleo y actividad económica, sin una afectación de sus niveles de precios. Nótese que en este ejemplo extremadamente simplificado no se considera la dinámica del eventual impacto inflacionario de la devaluación, ya que en este modelo simple el nivel de precios está exclusivamente determinado en el mercado real de la cuenta corriente.

1.3. Esencia del dilema del ajuste macroeconómico

Esta ilustración simplificada permite captar la esencia del dilema entre rigidez y flexibilidad cambiaria. La renuncia a la variación del tipo de cambio como mecanismo de ajuste, que va asociada con toda forma de integración cambiaria-monetaria, exige que el país disponga de mecanismos alternos de ajuste. Por lo tanto, la cuestión sobre la conveniencia de incorporarse a un área monetaria –es decir, de adoptar un tipo de cambio fijo o una moneda común– se reduce al efectivo funcionamiento o no de tales mecanismos alternativos. Para que el ajuste automático interno ilustrado en el ejemplo del gráfico IV.1 funcione, los precios y salarios internos deben ser flexibles, sobre todo hacia la baja.

El mismo efecto de restitución de equilibrio, pero sin los impactos indeseados de la inflación/deflación, pudiera producirse si la fuerza de trabajo fuera suficientemente móvil entre los dos países, que es el planteamiento central de Mundell con respecto a la conveniencia de áreas monetarias. La migración de trabajadores desde el mercado laboral doméstico hacia el mercado laboral foráneo tiene el mismo efecto de revertir la perturbación inicial que ilustrábamos con la devaluación en el gráfico IV.2. Domésticamente, la emigración laboral elimina el exceso de oferta de mano de obra, sin necesidad de deprimir los salarios y los precios. En el país foráneo, la inmigración laboral acude a cubrir el exceso de demanda de mano de obra, lo cual permite atender el incremento de la demanda agregada sin presiones salariales ni inflacionarias. Adicionalmente, el traslado geográfico de asalariados redistribuye la demanda de consumo entre los países y tiende a equilibrar las respectivas cuentas corrientes. Efectos similares a los generados por la movilidad laboral pueden derivarse de una gestión fiscal centralizada o al menos coordinada, mediante la cual el país superavitario en cuenta corriente efectúa transferencias fiscales al país deficitario, con lo cual se contrarresta la perturbación inicial de las demandas agregadas.

El funcionamiento del mecanismo automático de ajuste durante la vigencia del sistema patrón oro ha sido utilizado como argumento tanto a favor como en contra de la rigidez cambiaria. El mecanismo automático de ajuste del sistema del patrón oro es conocido por el término "mecanismo de flujo precio-especie" (en inglés, *price-specie-flow mechanism*), donde "especie" se refiere al oro. Funcionaba así: una caída de la demanda de los productos de un país, por la razón que fuese, conducía a déficits incipientes de balanza de pagos que se traducían en pérdidas de reservas de oro, ya que las reservas internacionales de un país estaban constituidas exclusivamente por oro o reservas convertibles en oro. Como la masa monetaria estaba por definición respaldada íntegramente por oro, los déficits de balanza de pagos generaban de forma inmediata una contracción de la masa monetaria. El ajuste automático frente a este desequilibrio inicial actuaba por dos vías. Por una parte, el incremento resultante de las tasas de interés atraía capital foráneo, que compensaba en parte o en todo la anterior salida de capital. Y, por otra parte, la deflación resultante de la contracción monetaria mejoraba la competitividad del país deficitario y restituía el balance de la cuenta corriente[41].

En el balance final, la experiencia del patrón oro demostró, primero, que los precios y salarios fueron lo suficientemente flexibles como para hacer ágil y soportable el proceso de ajuste sin recurrir a la manipulación cambiaria. Segundo, que la alta credibilidad de los tipos de cambio fijos, aunada a la total convertibilidad de las monedas, permitió que pequeñas variaciones de las tasas de interés indujeran flujos de capital suficientemente importantes como para compensar los desbalances iniciales de balanza de pagos y amortiguar así los costos reales del ajuste. Tercero, que los gobiernos le dieron preferencia al crecimiento del libre comercio internacional y al equilibrio externo por encima de la estabilidad interna del empleo. Y, cuarto, que el sistema fue respaldado por un marco internacional de cooperación bajo el liderazgo hegemónico de un país comprometido con la estabilidad mundial de precios. Cuando todas o algunas de estas condiciones de éxito no estén presentes, los potenciales beneficios relativos del ajuste interno frente al ajuste cambiario desaparecen o merman considerablemente.

Es precisamente el escepticismo acerca de la flexibilidad interna de precios y salarios lo que constituye el principal argumento utilizado por Friedman (1953) para construir su caso a favor de la flexibilidad cambiaria[42]. Friedman reconoce que el

---

[41] Sobre el funcionamiento de los mecanismos de ajuste en el patrón oro, ver Eichengreen (1995a), Bordo (1993), McKinnon (1993) y Eichengreen y Temin (2010).

[42] Otras defensas clásicas de la flexibilidad cambiaria fueron realizadas por Meade (1955), Sohmen (1961), Johnson (1969) y Machlup (1972).

clima intelectual en pro del activismo gubernamental dominante después de la II Guerra Mundial fue un serio obstáculo para el funcionamiento de mecanismos automáticos de ajuste tipo patrón oro. En principio, sin embargo, cambios en los precios internos pueden producir el mismo efecto sobre la balanza comercial que variaciones de los tipos de cambio: "si los precios internos fueran tan flexibles como los tipos de cambio, tendría escasa importancia económica la diferencia de si los ajustes se llevan a cabo mediante modificaciones de los tipos de cambio o mediante cambios equivalentes de los precios internos". En opinión de ese autor, sin embargo, ese es un método de ajuste "altamente ineficiente", ya que los precios internos y, en mayor medida, los salarios son excesivamente inflexibles. Cuanto más inflexibles los precios y salarios internos, mayor será el costo del ajuste en términos de deflación/desempleo o de inflación/recalentamiento. Sin duda alguna, este es un argumento poderoso a favor de la utilización del tipo de cambio como mecanismo de ajuste. Es mucho más fácil ajustar los niveles relativos de precios y salarios a través de modificaciones del tipo de cambio que a través del penoso y largo camino de la deflación o inflación. Adicionalmente, es decididamente más fácil y expedito modificar un solo precio, el tipo de cambio, que modificar cientos de miles de precios de bienes y servicios.

1.4. Flexibilidad de precios y dinámica temporal del ajuste

El modelo extremadamente simple utilizado en los gráficos IV.1 y IV.2 no permite incorporar en el análisis este supuesto fundamental de la rigidez de los precios y salarios internos. Tampoco permite apreciar la dinámica temporal del proceso de ajuste en el corto y en el largo plazo, el papel de las expectativas cambiarias o los efectos monetarios de la defensa del tipo de cambio. Para visualizar estos aspectos se ha elaborado el gráfico

IV.3, en el que se representa la dinámica del ajuste en el tiempo bajo regímenes cambiarios alternativos[43].

GRÁFICO IV.3
Dinámica de ajuste bajo régimen flexible y fijo

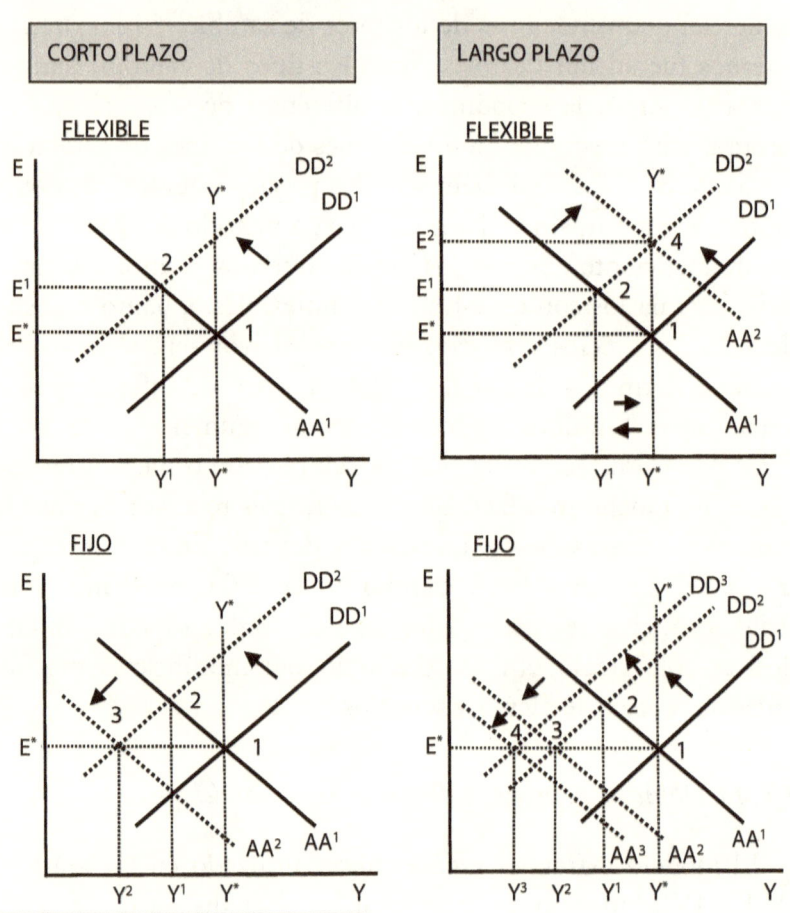

[43] El diagrama es una versión modificada del modelo de equilibrio en una economía abierta de Krugman y Obstfeld (2009), a donde remitimos al lector para los detalles algebraicos del modelo. Comparativamente con los tradicionales modelos IS-LM para economías abiertas, este diagrama ofrece la ventaja de que el tipo de cambio (en vez de la tasa de interés) es la variable independiente central, con lo cual es posible modelar directamente el impacto de las políticas económicas sobre el tipo de cambio y de este sobre el producto.

Utilizamos para la construcción del gráfico un modelo de equilibrio económico simultáneo en la esfera real y en la esfera monetaria, en el cual las dos variables (o coordenadas) centrales son el nivel de actividad económica Y y el nivel del tipo de cambio nominal E. En cada cuadrante se muestra qué combinación de Y y E permite el equilibrio simultáneo del mercado real y del mercado monetario. Como nuestro interés aquí es entender la dinámica del proceso de ajuste de una economía bajo las dos alternativas de flexibilidad (ajuste cambiario) o rigidez del tipo de cambio (ajuste automático interno de precios), se muestran en el gráfico cuatro cuadrantes para representar los procesos de ambos métodos en el corto y en el largo plazo. Los dos cuadrantes superiores describen el proceso de ajuste en el contexto de un régimen cambiario flexible, mientras que los dos inferiores lo hacen para un régimen cambiario fijo (equivalente al marco de integración monetaria). Los cuadrantes del lado izquierdo reflejan los movimientos de corto plazo del proceso de ajuste, mientras que los cuadrantes del lado derecho describen la dinámica de los efectos del ajuste en el largo plazo. Básicamente la diferencia entre el corto y el largo plazo en este modelo es el supuesto de que en el corto plazo los precios son rígidos, especialmente a la baja, y que no hay modificación de las expectativas sobre el tipo de cambio futuro.

Cada cuadrante representa los equilibrios parciales en las esferas de la economía real (DD) y de la economía monetaria-cambiaria (AA), así como el equilibrio general real-monetario, dentro del espacio de coordenadas del tipo de cambio nominal E y del producto Y (actividad económica). Dicho en términos más explicativos, la línea DD grafica todas las combinaciones de tipo de cambio y de actividad económica que garantizan el equilibrio de la oferta y demanda reales, es decir, de los mercados de bienes y servicios de la economía real. Tiene inclinación positiva, porque cuando la moneda doméstica se deprecia (incremento de E) y suponiendo rigidez de precios en el corto plazo, la mejoría de los precios relativos de los productos domésticos aumenta la absorción y la oferta domésticas (aumento de Y). Nótese que como el tipo de cambio es el precio de una divisa expresado en moneda local o doméstica, una depreciación del tipo de cambio significa que E se incrementa (se requiere más unidades de moneda local para adquirir una unidad de moneda externa), mientras que una apreciación del tipo de cambio significa que E disminuye.

La línea AA representa las posibles combinaciones de tipo de cambio E y de producto Y que equilibran el mercado <u>monetario y cambiario</u>. Su pendiente es negativa, ya que un incremento del producto Y debe ir acompañado por una apreciación del tipo de cambio (reducción de E) para mantener los mercados financieros en equilibrio. Ello es así porque, con una oferta monetaria, un nivel de precios internos, una tasa de interés externa y un tipo de cambio esperado futuro, fijos en el corto plazo, el aumento del producto expande la demanda de crédito, incrementa la tasa de interés interna, mejora el rendimiento de las colocaciones en moneda doméstica y eleva la demanda real de dinero. Esta mayor demanda real de dinero doméstico conlleva una disminución de la demanda de divisas, en cuyo caso la moneda doméstica debe apreciarse, puesto que el mayor atractivo de la tenencia de dinero doméstico conduce a una disminución de la demanda de divisas y a la consiguiente disminución del precio de la divisa (reducción de E, equivalente a una apreciación del tipo de cambio). El equilibrio general simultáneo (real, monetario y cambiario) se obtiene en la conjunción de DD con AA, punto en el que la economía alcanza un nivel de actividad económica Y^* y de tipo de cambio E^* que se pueden considerar de equilibrio, en el sentido de que no existen desbalances que empujen a los agentes económicos a cambiar el estado de cosas.

Partiendo de una situación de equilibrio de E^* e Y^* (punto 1) y suponiendo el mismo caso mundeliano de una disminución de la demanda doméstica, se necesitará un tipo de cambio más depreciado (mayor E) para mantener el mismo nivel de actividad económica Y, o una menor actividad económica para mantener el tipo de cambio E o una combinación de ambas cosas. Ello equivale gráficamente a un desplazamiento hacia arriba y hacia la izquierda de la línea DD (de DD^1 a DD^2 en todos los cuadrantes). Bajo un régimen de cambio flexible (cuadrante superior izquierdo) y en el corto plazo, donde suponemos que los precios son rígidos y que el tipo de cambio futuro esperado no se modifica por efecto de la perturbación, la reducción de la demanda doméstica conducirá a una devaluación de la moneda (de E^* a E^1) y a una contracción de la actividad económica (de Y^* a Y^1), para quedar ubicada la economía en el punto 2. Como la perturbación es considerada temporal y, por ende, no afecta la expectativa sobre el tipo de cambio futuro, el equilibrio monetario-cambiario (línea AA^1) no experimenta variación.

Bajo un régimen de cambio fijo en el mismo corto plazo (cuadrante inferior izquierdo), la perturbación de demanda tiende a conducir inicialmente la economía hacia el mismo punto 2, pero el compromiso de defender el tipo de cambio obliga a la autoridad monetaria a resistirse a la presión devaluacionista mediante la venta de reservas de divisas contra recepción de dinero doméstico, que es retirado así de circulación. Esta reducción de la masa monetaria desplaza la línea AA hacia abajo y hacia la izquierda (de AA^1 a AA^2), ya que para mantener mismo tipo de cambio fijo la contracción de la oferta monetaria conduce a una contracción adicional de la actividad real. Por ende, esta contracción monetaria acentúa aún más el efecto recesivo de la perturbación inicial de demanda, lo que conduce a la economía al punto 3 (E^*, Y^2), donde la economía real y la monetaria-cambiaria encuentran un nuevo equilibrio.

Vemos, por consiguiente, que en el corto plazo el ajuste se produce de forma similar a la descrita en los gráficos IV.1 y IV.2, que describen el ajuste automático interno (tipo de cambio fijo) y el ajuste cambiario (tipo de cambio flexible). Pero empezamos a observar aquí una diferencia importante: las consecuencias monetarias de la defensa del tipo de cambio conducen a una contracción adicional de la actividad económica, lo cual apunta a que en el equilibrio final de largo plazo será imposible mantener el pleno empleo que supuestamente se alcanza en el gráfico IV.1. Dicho en otras palabras, la defensa del tipo de cambio mediante venta de reservas externas tiene un impacto recesivo adicional por la vía de la contracción monetaria, que en el cuadrante inferior izquierdo del gráfico IV.3 se expresa a través del desplazamiento de la línea AA^{1} a la línea AA^{2}.

Si la perturbación de la demanda es considerada permanente (de largo plazo) y el régimen de cambio es flexible (cuadrante superior derecho), entran en juego las expectativas sobre el tipo de cambio futuro. Los agentes económicos esperarán que un *shock* permanente de demanda conducirá a un debilitamiento de la moneda local. Esta devaluación "esperada" mayor desplaza la línea AA hacia arriba (de AA^{1} a AA^{2}). Este desplazamiento de AA hacia arriba sucede porque, para un mismo nivel de producto y, por ende, de tasas de interés, el tipo de cambio "hoy" (*spot*) debe ser más alto para compensar el menor rendimiento "esperado" de las colocaciones en moneda doméstica. Ello se deriva del postulado de la paridad de los tipos de interés, que subyace la formación del tipo de cambio: los agentes económicos se quedarán "indiferentes" o tranquilos, es decir, dejarán de comprar o vender especulativamente divisas, si el rendimiento de una colocación en moneda local i es equivalente al rendimiento de una colocación en moneda extranjera. Este rendimiento en el exterior será la suma de la tasa de interés foránea i^{*} más la ganancia o pérdida cambiaria esperada a causa de la devaluación de la moneda local. Esta paridad de las tasas de interés se expresa algebraicamente así:

(1) $i = i^* + (E^e - E) / E$

(donde i es la tasa de interés doméstica, i^* la tasa de interés foránea, E el tipo de cambio *spot* y E^e el tipo de cambio esperado).

Si la tasa de cambio esperada E^e sube, la tasa de cambio *spot* E también tiene que subir para restablecer el equilibrio de la paridad de las tasas de interés. De esta forma se produce una devaluación adicional (de E^1 a E^2), que incentiva la absorción doméstica e incrementa el producto interno (de Y^1 hacia Y^*), moviendo la economía del punto 2 al punto 4. En el caso de expectativas racionales y plenamente informadas, esta devaluación adicional será la necesaria para hacer retornar la economía al nivel original de equilibrio del producto (punto 4, con E^2 - Y^*). El mecanismo de ajuste cambiario, por consiguiente, permite a largo plazo restablecer el nivel de equilibrio de pleno empleo, aunque a costa de devaluación.

Bajo un régimen fijo en el largo plazo (cuadrante inferior derecho), el hecho de que la afectación de la demanda doméstica se considere permanente modifica también al alza la expectativa del tipo de cambio futuro. La perspectiva de una devaluación permanente genera mayor presión sobre el mercado cambiario (presión hacia el alza de E), lo cual obliga a la autoridad a continuar ofertando divisas y a restringir la liquidez más allá de lo que hubiera sido necesario de haberse considerado temporal la perturbación de demanda. Ello conduce a un desplazamiento adicional de las líneas AA (de AA^2 a AA^3) y DD (de DD^2 a DD^3) y una contracción adicional del producto (de Y^2 a Y^3). Nótese que, a diferencia del ajuste cambiario en el largo plazo (cuadrante superior derecho), la línea AA que representa el mercado monetario se desplaza hacia abajo y hacia la izquierda en el cuadrante inferior derecho, lo cual expresa el efecto recesivo de la defensa del tipo de cambio en presencia de expectativas devaluacionistas. En algún momento, ya sea por agotamiento de reservas internacionales o por excesivo desempleo, la situación se tornará insostenible y el cambio fijo deberá ser abandonado.

A modo de conclusión, de las anteriores consideraciones se desprende que, en general, la flexibilidad cambiaria tiene mayor capacidad estabilizadora de la economía real que la rigidez cambiaria, entendiendo por estabilización el retorno a niveles de equilibrio de pleno empleo. Una perturbación temporal de demanda en presencia de rigidez de precios causa mayor efecto contractivo bajo un régimen de cambio fijo que bajo un régimen flexible, ya que la política monetaria actúa procíclicamente en defensa del tipo de cambio. El resultado es un menor nivel del producto y un menor nivel de reservas internacionales. Si la perturbación es percibida como permanente, el impacto contractivo bajo un régimen flexible puede revertirse íntegramente por efecto de la modificación de expectativas cambiarias, mientras que bajo un régimen fijo la contracción se agudiza hasta que, eventualmente, el régimen colapsa.

1.5. Límites a la flexibilidad, cambios estructurales y movilidad de capitales

Estas conclusiones preliminares están basadas en los supuestos de que el objetivo de política sea estabilizar el producto (empleo) y de que los precios internos sean rígidos. En este caso, la recomendación de política suele ser procurar la estabilidad nominal del tipo de cambio cuando las perturbaciones son consideradas temporales. Fluctuaciones cambiarias, aunque sean de corta duración, pueden causar desplazamientos de factores de producción que suelen ser costosos y, a veces, irreversibles. Pero cuando el entorno cambia de forma permanente, es necesario permitir cambios en los niveles de precios relativos de bienes domésticos y foráneos, es decir, modificaciones del tipo de cambio real. A causa de la neutralidad del dinero en el largo plazo, las intervenciones oficiales en el mercado cambiario-monetario no son capaces ni de prevenir la alteración de estos precios relativos ni de modificarlos en la dirección deseada, mientras que un régimen cambiario flexible permite una respuesta más ágil frente a cambios estructurales permanentes.

Ahora bien, varias observaciones de cautela son necesarias a la hora de evaluar las bondades de la flexibilidad cambiaria en la tarea de aislamiento. De hecho, la observación histórica de los hechos indica que no siempre la flexibilidad cambiaria ha tenido éxito en dar la respuesta adecuada a los cambios del entorno. El concepto de la "paridad del poder de compra" subyace generalmente a la visión del tipo de cambio como herramienta para contrarrestar perturbaciones del nivel de precios relativos. Al igual que el principio de la paridad de las tasas de interés sirve para explicar la evolución del tipo de cambio en el corto plazo, el axioma de la paridad del poder de compra permite entender los movimientos del tipo de cambio en el largo plazo. Este axioma se basa a nivel microeconómico en la "ley de un solo precio", que establece que los precios de un bien homogéneo debe ser iguales entre los países, una vez ajustados por el tipo de cambio. Esta ley puede extrapolarse, con modificaciones, a las canastas de bienes y servicios de los países. Cuando la inflación de precios de un país es superior a la de sus vecinos, tarde o temprano este diferencial de inflación deberá manifestarse en una devaluación del tipo de cambio para restablecer la paridad del poder de compra.

Si el tipo de cambio se mueve en función de variaciones del poder de compra de la moneda, ello implica que el tipo de cambio real debería permanecer estable en un régimen flexible. La flexibilidad "nominal" del tipo de cambio tiene precisamente como finalidad preservar una razonable estabilidad del tipo de cambio "real", cuando no hay cambios en los fundamentos que ameriten un desplazamiento de ese nivel real. Sin embargo, al analizar la evolución de los precios relativos de las principales monedas mundiales después de 1973, se observa que estos no se han correspondido con los patrones de comportamiento que la teoría de la paridad del poder de compra predice[44]. Se observan desviaciones de los tipos de cambio nominales que no pueden ser explicadas por tendencias de los precios relativos, sino por cambios estructurales de largo aliento en los países, que suceden de forma diferenciada.

Por otra parte, el fracaso de los intentos de aislamiento se debe fundamentalmente a la existencia de enormes volúmenes de capital internacional, que reaccionan rápidamente frente a mínimas variaciones de las tasas de interés o frente a cambios en las expectativas. El optimismo de Friedman sobre la capacidad aisladora de regímenes flexibles se justificó en su momento por la baja movilidad de capital en las primeras décadas de la posguerra. Su argumentación, por consiguiente, se centra en la cuenta corriente como determinante del tipo de cambio, pero ignora el papel que juega la cuenta de capital. No menos del noventa y cinco por ciento de los movimientos mundiales de divisas tienen que ver con operaciones distintas a los flujos determinados por las transacciones de la cuenta corriente de las balanzas de pagos. Pero es precisamente la fuerza avasalladora de los movimientos de capital, junto con la renuencia de los gobiernos a permitir fluctuaciones cambiarias significativas, lo que explica la continuada interdependencia de los ciclos de negocio entre los países, a pesar de la aplicación generalizada de regímenes cambiarios flexibles.

---

[44] Ver referencias empíricas al respecto en MacDonald (1988).

2. INDEPENDENCIA Y EFECTIVIDAD DE LAS POLÍTICAS

Consideraciones en torno a la eficacia y autonomía de la política monetaria son un segundo eje de discusión a la hora de evaluar los costos y beneficios de la autonomía monetaria y cambiaria. En principio, tipos de cambio flexibles permiten márgenes de maniobra para una política monetaria autónoma, ya que la autoridad económica no está compelida a efectuar intervenciones en el mercado cambiario para defender un determinado tipo de cambio, ni sus decisiones de política monetaria deben responder a directrices de otro país o de un ente comunitario. En otras palabras, la renuncia a perseguir un objetivo cambiario posibilita la prosecución de objetivos monetarios propios. Por otro lado, la efectividad de las políticas económicas varía también en función del régimen cambiario existente. Bajo un régimen de cambio fijo o de integración monetaria, la política monetaria de un país no tiene impactos en la economía real, mientras que la política fiscal tiene mayor impacto real que bajo un régimen flexible, tal como se explica a continuación.

2.1. Efectividad de las políticas económicas bajo regímenes alternativos

Empecemos analizando la efectividad de las políticas monetarias y fiscales bajo regímenes de autonomía monetaria, en comparación con la integración monetaria. El análisis debe realizarse tanto en el horizonte temporal del corto plazo, como del largo plazo.

2.1.1 Los impactos de corto plazo

Para evaluar la efectividad de las políticas fiscal y monetaria bajo los regímenes alternativos de flexibilidad y rigidez, utilizaremos el mismo modelo gráfico de equilibrio real-monetario (*DD-AA*) de la sección anterior.

GRÁFICO IV.4
Política monetaria y fiscal bajo régimen de cambio fijo y flexible:
efectos reales de corto plazo

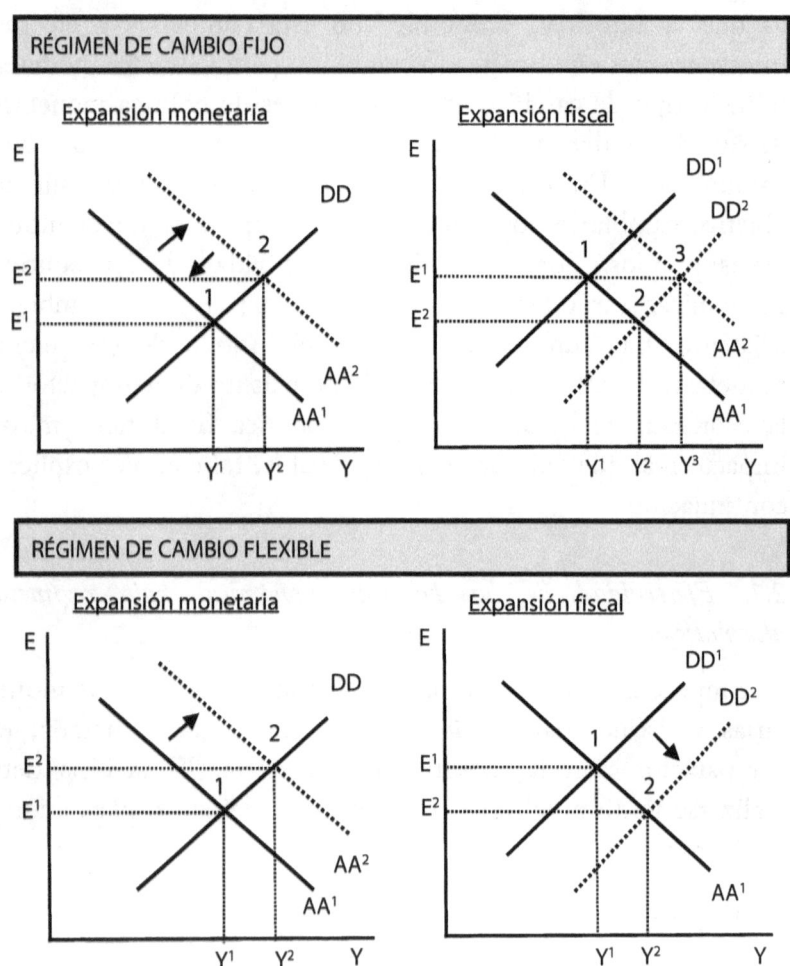

El gráfico IV.4 muestra los efectos de políticas expansivas – monetarias y fiscales– bajo diferentes regímenes. No entraremos en este caso a analizar gráficamente los efectos dinámicos de largo plazo de las políticas, lo cual reviste mayor complejidad gráfica, pero haremos las consideraciones discursivas pertinentes. Los cuadrantes superiores grafican el impacto de las políticas monetaria y fiscal sobre la actividad económica Y y el tipo de cambio nominal E en el contexto de un régimen cambiario fijo o de integración monetaria; los cuadrantes inferiores el impacto de las políticas monetaria y fiscal sobre E y Y en el contexto de un régimen autónomo de cambio flexible.

Suponiendo que los precios son rígidos en el corto plazo y que la economía parte de un equilibrio inicial (E^1, Y^1), un incremento de la masa monetaria bajo régimen de cambio fijo (cuadrante superior izquierdo) provocará un desplazamiento (temporal) hacia arriba de la línea AA (de AA^1 a AA^2), debido a la caída de la tasa de interés y la consiguiente presión para que el tipo de cambio se devalúe de E^1 a E^2. De acuerdo al principio de la paridad de las tasas de interés, la disminución del rendimiento de las colocaciones financieras en moneda doméstica, por motivo de la caída de la tasa de interés, rompe el equilibrio con el rendimiento en el exterior y hace que el tipo de cambio *spot* tienda a subir con el fin de disminuir la expectativa de devaluación futura y así equilibrar los rendimientos (ver ecuación (1)). Dado que en el corto plazo el tipo de cambio esperado futuro no se modifica, le correspondería al tipo de cambio *spot E* ajustarse hacia arriba (devaluarse) para restituir la paridad de los rendimientos financieros con el exterior. Como la autoridad monetaria está comprometida con la defensa del tipo de cambio, deberá vender activos externos (reservas) para contrarrestar la presión devaluacionista, con lo cual la masa monetaria se contraerá, revirtiendo así la expansión monetaria inicial. De esta forma, si la defensa del tipo de cambio es exitosa y, por ende, el tipo de cambio futuro esperado no sufre modificación, la línea *AA* vuelve a su posición original (de AA^2 a AA^1) al ser neutralizada la expansión monetaria inicial y la economía recupera el equilibrio inicial en E^1- Y^1. Al final, la expansión monetaria no surte efecto sobre la actividad real.

En el caso de una política fiscal expansiva bajo régimen fijo (lado derecho superior del gráfico IV.4), la línea *DD* se desplaza hacia la derecha por efecto de una mayor absorción doméstica para un mismo nivel de tipo de cambio. De no tener lugar intervención alguna de la autoridad monetaria en el mercado cambiario, la economía se ubicaría en el nuevo equilibrio E^2-Y^2 (punto 2: mayor actividad económica con apreciación de la moneda). Pero la obligada intervención cambiaria para evitar la apreciación nominal implica compra de activos externos por parte de la autoridad monetaria y la consiguiente expansión de la base monetaria, con lo cual la línea *AA* se desplaza a la derecha. De esta forma se anula la presión para mover hacia abajo el tipo de cambio (apreciar), pero el producto experimenta una expansión adicional de Y^2 a Y^3 (punto 3) por cuanto la autoridad monetaria se embarca en una política monetaria expansiva para evitar la apreciación del tipo de cambio. Al final, el impacto de la expansión fiscal sobre la actividad real es potenciado por la expansión monetaria inducida por la defensa del tipo de cambio.

Bajo régimen flexible y siempre dentro de un horizonte de corto plazo, en el que los precios son rígidos, al igual que la expectativa sobre el tipo de cambio futuro, un incremento de la oferta monetaria mueve la economía del punto 1 al punto 2 (ver cuadrante inferior izquierdo), caracterizado por un tipo de cambio más alto (devaluado) y por un mayor nivel del producto. La expansión monetaria reduce la tasa de interés doméstica y esta, a su vez, conduce a la devaluación de la moneda. El tipo de cambio tiene que depreciarse hoy para crear la expectativa de una apreciación futura y de esa forma restablecer la paridad de la tasa de interés interna (menos la devaluación esperada) con la tasa de interés externa. Esta es la razón por la cual la línea AA se desplaza hacia arriba. Dada la rigidez de precios, el tipo de cambio real se aprecia, la absorción doméstica aumenta y el producto se incrementa. Nótese que aquí no hay anulación de la expansión monetaria porque no hay necesidad de política monetaria restrictiva para defender ningún tipo de cambio.

La expansión fiscal bajo régimen flexible (cuadrante inferior derecho) produce un desplazamiento de la línea DD hacia la derecha (de DD^1 a DD^2), una apreciación del tipo de cambio (hasta E^2) y un incremento del producto (hasta Y^2). La razón económica de ello reside en que el aumento del gasto público incrementa la demanda agregada de bienes y servicios. Esta mayor demanda real genera mayor demanda de dinero, la cual presiona al alza las tasas de interés. Dado que la tasa de interés foránea y el tipo de cambio futuro esperado no varían en el corto plazo, la moneda doméstica tiene que apreciarse para crear la expectativa de una depreciación subsecuente, que compense el diferencial entre la tasa de interés interna y externa. Al final, el impacto de la expansión fiscal no es diluido ni potenciado por efectos monetarios inducidos.

En resumen, bajo régimen flexible la efectividad de las políticas monetaria y fiscal en el corto plazo es similar. Ambas generan movimientos del tipo de cambio nominal, los cuales, dada la rigidez de precios en el corto plazo, se traducen en variaciones del producto y del empleo. Esta hipótesis de rigidez de precios en el corto plazo es la que permite que los movimientos del tipo de cambio nominal tengan efectos sobre la economía real, ya que esas variaciones nominales se traducen en variaciones del tipo de cambio real, que es el que determina la competitividad externa de una economía. Recuérdese la definición simple de tipo de cambio "real": es el tipo de cambio nominal ajustado por la relación de precios internos y externos:

(2) $\qquad e = (P^F/P^D)\, E$

(donde e es el tipo de cambio real, E el tipo de cambio nominal, P^F el nivel de precios foráneo y P^D el nivel de precios doméstico)

Si los niveles de precios no varían, cualquier cambio de E se traduce en variaciones de e. Una depreciación nominal se traduce en una depreciación real, la cual torna a la economía doméstica en más competitiva y eleva los niveles de empleo y de actividad económica.

Bajo régimen fijo, una expansión monetaria no tiene efecto sobre el producto, ya que el incremento de dinero es compensado por una caída equivalente de reservas internacionales. Esta ineficacia de la política monetaria bajo regímenes fijos es vista como la principal desventaja de la rigidez cambiaria. El problema radica en la imposibilidad de perseguir al mismo tiempo un objetivo cambiario y un objetivo monetario. Más que de ineficacia se trata de la pérdida de control sobre la oferta monetaria doméstica, que tiene que moverse inducida por las presiones del mercado cambiario y las necesarias intervenciones de la autoridad monetaria en ese mercado. Una expansión fiscal, sin embargo, tiene un impacto amplificado sobre el producto, ya que al efecto de la mayor absorción doméstica se le añade el efecto monetario expansivo de la intervención cambiaria.

La diferente efectividad de las políticas monetarias en el corto plazo se debe también a las diferencias de contenido informativo de las señales del mercado bajo diferentes regímenes cambiarios. Con tipos de cambio flexibles, las variaciones monetarias afectan individualmente (aisladamente) los mercados monetarios de cada país y la confusión acerca de la naturaleza de las perturbaciones domésticas no es contaminada con la confusión originada por perturbaciones externas, con lo cual las perturbaciones domésticas monetarias solo son confundidas con perturbaciones domésticas reales. Es esta confusión entre perturbaciones domésticas reales y monetarias la que permite a las variaciones monetarias tener efectos reales. Con tipos de cambio fijo, por el contrario, los mercados monetarios de los países se unifican, de tal forma que las señales del mercado son una combinación de las condiciones monetarias de ambos países (en un mundo teórico de dos países). Como consecuencia de ello, los agentes no están en condiciones de distinguir entre el impacto de perturbaciones domésticas y de perturbaciones foráneas[45].

2.1.2 Pérdida de efectividad en el largo plazo

Nótese que el gráfico IV.4 y las conclusiones sobre la efectividad de las políticas se circunscriben al corto plazo. En el largo plazo, cuando los precios internos y el tipo de cambio futuro esperado son flexibles, el impacto real inicial de la expansión monetaria y de la expansión fiscal puede llegar a revertirse completamente, inclusive en el caso de un régimen cambiario flexible. En otras palabras, el producto y el empleo volverían a su nivel "natural" y la política expansiva simplemente se traduciría en un aumento proporcional de los precios y del tipo de cambio nominales. La dinámica de largo plazo consiste en que cuando el producto crece por encima de un nivel de pleno empleo por efecto de la expansión monetaria, el nivel de precios internos aumenta y la cuenta corriente se deteriora, lo cual equivale a una contracción de la absorción doméstica (desplazamiento de la línea DD hacia la izquierda). Al mismo tiempo, la oferta real de dinero se contrae (desplazamiento de la línea AA hacia la izquierda), con lo cual la actividad real también se contrae. El proceso contractivo real y monetario continúa hasta que el

---

[45] Ver en Glick, Kretzmer y Wihlborg (1995) un desarrollo más detallado de este impacto diferenciado de las señales del mercado.

producto se ubica en su nivel de pleno empleo. En el caso de una expansión fiscal permanente, la apreciación real del tipo de cambio contrarresta la expansión de la demanda agregada de origen fiscal.

La causa de esta pérdida de efectividad a mediano y largo plazo de la política monetaria bajo regímenes cambiarios flexibles reside en la dinámica de expectativas interactuantes que son endógenas al mismo régimen cambiario y que modifican el comportamiento de los agentes económicos. Si bien es cierto que un régimen flexible permite un mayor control sobre la oferta "nominal" de dinero, ello no garantiza necesariamente un control mayor sobre las magnitudes reales (demanda real de dinero, tasas reales de interés, producto, etcétera). La relación de causalidad entre variaciones nominales y magnitudes reales se torna crecientemente inestable, ya que en un régimen flexible los precios y salarios tienden a responder más rápidamente a variaciones monetarias y cambiarias. La consecuencia de ello es que se acorta el lapso que media entre el impulso nominal (monetario o cambiario) y los efectos sobre la actividad económica real, hasta el punto de que la política monetaria se torna inefectiva para la persecución de objetivos reales. Este argumento puede ser llevado al extremo de negar la posibilidad de cualquier impacto real proveniente de variaciones nominales (monetarias o cambiarias), en cuyo caso la elección de régimen nominal solo tendría repercusión sobre el nivel de precios de la economía[46].

Un aspecto de la discusión que no puede dejar de mencionarse aquí se refiere a las "intervenciones esterilizadas", una práctica muy frecuente de los bancos centrales que están constreñidos a perseguir un objetivo de tipo de cambio. Se entiende por "intervención esterilizada" la puesta en marcha de

---

[46] Un resumen sistemático y actualizado de las posiciones sobre este tema verdaderamente crucial puede ser visto en Ghosh, Gulde, Ostry y Wolf (1995).

operaciones monetarias contrapuestas a la intervención cambiaria con el propósito de neutralizar (esterilizar) el impacto monetario de las compras/ventas de activos externos del banco central en defensa del tipo de cambio. Los argumentos anteriores acerca de la inefectividad de la política monetaria en un régimen fijo se fundamentan en la percepción de que las intervenciones esterilizadas no son capaces de cumplir su propósito. A pesar de ser este un mecanismo de uso difundido, no hay desde el punto de vista teórico consenso sobre su efectividad, porque esta depende en gran medida del supuesto que se adopte en cada caso acerca de la sustituibilidad entre activos financieros internos y externos. Perfecta sustituibilidad implica que los mercados financieros están en equilibrio únicamente cuando los rendimientos esperados de activos externos e internos son idénticos. Sustituibilidad imperfecta existe cuando los activos internos y externos poseen diferentes grados de riesgo, con lo cual los inversores pueden estar dispuestos a aceptar diferentes rendimientos sin que los mercados financieros se desequilibren.

Si los activos financieros son perfectamente sustituibles, la intervención esterilizada no surte efecto. Pero, si por efecto del riesgo, los activos no son perfectamente sustituibles, se abre un margen de acción para la política monetaria, incluso bajo un régimen de cambio fijo. La autoridad monetaria puede emprender acciones para incrementar o disminuir el riesgo de los activos domésticos (por ejemplo, variando la composición relativa entre papeles del gobierno y papeles del banco central). Ello le permite, hasta cierto punto, aumentar o disminuir la oferta monetaria sin que implique automáticamente presión de devaluación o revaluación del tipo de cambio. Los estudios empíricos, sin embargo, no han arrojado resultados concluyentes sobre la efectividad de la esterilización[47]. Algo más de consenso existe acerca del "efecto señal" de la intervención. Los agentes económicos pueden llegar a modificar sus expectativas a la vista de la intención señalizada por la autoridad económica. El efecto señal es probablemente más eficaz que la misma intervención, ya que esta, al revelar la intención y los objetivos de la autoridad económica, puede alterar la percepción de los agentes cambiarios, incluso si los papeles denominados en diferentes monedas son sustitutos perfectos.

2.2. *Autonomías monetaria y cambiaria: los límites autoimpuestos*

Pasemos a analizar el tema de la autonomía, entendida esta como la potestad y capacidad efectiva de adoptar un curso monetario propio y de implementar las medidas monetarias asociadas. En principio, mientras que en un régimen flexible la política monetaria está liberada de la tarea de defender un tipo de cambio y puede ocuparse de perseguir objetivos domésticos, en un régimen fijo la política monetaria está subordinada a la política cambiaria. Las autoridades pierden control sobre la oferta monetaria. El principal costo de un régimen fijo es, por consiguiente, la renuncia a usar la política monetaria como herramienta de estabilización frente a perturbaciones. El sacrificio que implica esta renuncia es tanto mayor cuanto mayor sea

---

[47] Por encargo de la cumbre del G-7 de junio de 1982, un comité dirigido por Jurgensen produjo en 1983 un extenso informe sobre la experiencia con la intervención cambiaria hasta ese momento. El informe no arroja evidencia de que la intervención esterilizada haya sido una herramienta efectiva para influir en el nivel de la tasa de cambio en el mediano y largo plazo. Henderson y Sampson (1983) dan cuenta del Informe Jurgensen. Por otro lado, sin embargo, la evidencia empírica se inclina más hacia validar la hipótesis de que los activos externos e internos no son sustitutos perfectos, lo cual habla a favor de la efectividad de la intervención esterilizada; en este asunto, véanse Dooley e Isard (1983), Edison (1993), y Hodrick y Srivastava (1984). Ante estos resultados empíricos contradictorios, lo recomendable es la cautela, tal como sugiere Obstfeld (1990).

la rigidez o la falta de disponibilidad de otros instrumentos de política, como por ejemplo: una baja flexibilidad de precios y salarios internos, limitaciones impuestas a la política comercial por compromisos internacionales adquiridos o una estructura fiscal rígida, ya sea por el lado de la capacidad de elevar los ingresos o de modificar los niveles de gasto público. Este último aspecto pesa fuertemente en la evaluación, ya que en ausencia del instrumento monetario todo el peso del ajuste recae sobre la política fiscal, que suele tener serias limitaciones políticas, sociales, institucionales y contractuales a la hora de un curso de acción contractivo. En el fondo, esta argumentación es muy similar a la utilizada por la teoría de las áreas monetarias óptimas: a dos o más países no les conviene integrarse en un área monetaria común si no disponen de instrumentos alternativos para ajustar la economía por la vía de precios y salarios internos flexibles, mercado laboral integrado o estructura fiscal compensatoria.

Adicionalmente, regímenes flexibles tienen la ventaja de permitirles a los países elegir el nivel de inflación que más les convenga. Países con preferencia por baja inflación pueden aislarse de la influencia de países con mayor inclinación inflacionaria. Con tasas de cambio flexibles, ningún país se vería forzado a importar inflación o deflación del exterior, porque la política monetaria, que es la que fundamentalmente determina el nivel de inflación, sería autónoma. De hecho, en el largo plazo los movimientos cambiarios de los países industrializados han servido para compensar los diferenciales de inflación entre ellos, permitiéndoles definir autónomamente su senda de inflación[48].

---

[48] Esta constatación confirmaría la vigencia del postulado de la paridad relativa del poder de compra en el largo plazo. Aun cuando la validez teórica y empírica del postulado ha sido muy discutida, entre otros por Heston y Summers (1988), Dornbusch (1988), MacDonald (1988), Hakkio (1993) y Feenstra y Kendall (1994), parecería que en el largo plazo explica adecuadamente el comportamiento de los tipos de cambio.

La otra cara de la moneda de esta ventaja de la flexibilidad es que los países que por sus desajustes internos tienen tendencia a generar alta inflación, tendrían las manos libres para seguir por ese camino inflacionario. En este contexto, la solución de "atarles las manos" a las autoridades monetarias de un país se ha propuesto como una vía para contrarrestar la propensión de las autoridades a generar inflación. Países con pobre historial inflacionario se pueden beneficiar de la rigidez, atando a su moneda a la moneda de un país con mejor reputación inflacionaria, lo que se conoce como el efecto de la "credibilidad prestada"[49]. De hecho, este efecto de credibilidad prestada ha sido históricamente la principal fuerza que ha empujado a los países a renunciar a la autonomía monetaria y a integrarse en un área monetaria, tal como quedó evidenciado en los orígenes de la unión monetaria europea, cuando países de la periferia europea necesitaron tomar prestada primero la credibilidad anti-inflacionaria del Bundesbank alemán y luego la del banco central europeo.

En la práctica, sin embargo, la autonomía monetaria tiene límites autoimpuestos por la aversión de las autoridades a permitir fluctuaciones cambiarias excesivas. La traumática experiencia de la turbulencia del mercado cambiario europeo de los últimos meses de 1992 constituyó el empuje final para que los países europeos decidieran firmar el tratado de Maastricht, que fijó el calendario final para conformar la unión monetaria. No hay duda de que regímenes cambiarios flexibles incrementan la independencia de la política monetaria, pero ello sucede a veces a expensas de movimientos inaceptables del tipo de cambio real. El tipo de cambio es una variable macroeconómica tan fundamental, que las autoridades monetarias prefieren

---

[49] Este término fue acuñado por Giavazzi y Giovannini (1989). Ver Milesi-Ferretti (1995) para una discusión de las ventajas y desventajas de "atarse las manos".

restringir su actuación monetaria a cambio de mayor estabilidad cambiaria, tal como lo confirma la historia de la actuación de los bancos centrales de prácticamente todos los países con regímenes flotantes.

Es muy poco frecuente un banco central que se aferre a un objetivo monetario sin importarle lo que suceda en el mercado cambiario. Ello explica por qué los bancos centrales suelen mantener considerables stocks de reservas internacionales aun después de haber abandonado el cambio fijo. Los bancos centrales acostumbran a intervenir para mitigar los movimientos del tipo de cambio, principalmente cuando las perturbaciones son consideradas temporales y de origen nominal. La dificultad práctica estriba en determinar cuándo una perturbación es temporal o permanente. Hasta tanto no se dilucide esta cuestión, la intervención tiene como finalidad hacer más lentas las fluctuaciones cambiarias y prevenir así modificaciones bruscas de la posición competitiva internacional, que pudieran desembocar en procesos de desinversión y de destrucción de empleo que resulten después difíciles de revertir. Incluso si la perturbación es percibida como permanente, se justifica suavizar la transición hacia el nuevo estadio.

Al igual que en el campo de la política monetaria, también la autonomía de la política cambiaria tiene límites autoimpuestos. En el fondo del problema se encuentran conflictos entre objetivos de política incongruentes entre sí o, en el mejor de los casos, imposibles de alcanzar simultáneamente. Una defensa del tipo de cambio puede exigir un incremento brusco de las tasas de interés, lo cual puede conducir a contracción del empleo y de la inversión, crisis del sistema financiero o deterioro del balance fiscal. En estas circunstancias, es poco probable que un gobierno se mantenga fiel al compromiso de defender la paridad y de subordinar el resto de las políticas a ese objetivo. Este conflicto entre intereses y objetivos de política –principalmente las contradicciones entre los objetivos de estabilidad interna y estabilidad externa– genera la falta de credibilidad de los compromisos cambiarios o monetarios, que subyace a la mayoría de las crisis cambiarias del pasado.

Estos conflictos de intereses y de objetivos hacen que, en la práctica, muy pocos gobiernos estén dispuestos a renunciar plenamente a la autonomía cambiaria (en el caso de regímenes de cambio flexible) o a la autonomía monetaria (en el caso de regímenes de cambio fijo). Como los mercados conocen los límites políticos y sociales de la defensa del tipo de cambio, se pone en marcha un círculo vicioso de pérdida de credibilidad del compromiso gubernamental y de ataques especulativos crecientes, cuyo desenlace suele ser el colapso o el abandono voluntario del tipo de cambio fijo. Esto es exactamente lo que sucedió durante la oleada de crisis cambiarias que dieron al traste con la estabilidad del mecanismo cambiario de la Unión Europea en septiembre de 1992. La libra esterlina, la lira italiana, la peseta española, el escudo portugués y la corona finlandesa fueron sucumbiendo ante los ataques especulativos. En el origen inmediato del problema estuvo el alza de la tasa de interés alemana, que obligó al resto de los socios europeos, principalmente a los que el mercado consideró más débiles, a elevar aún más sus propias tasas de interés en un momento en que la coyuntura de sus economías reclamaba más bien una política monetaria expansiva.

3. Especulación, volatilidad y eficiencia microeconómica

La turbulencia cambiaria-monetaria del período de la interguerra, especialmente el colapso del franco francés en la década de los veinte y el fracaso de los intentos de restaurar el patrón oro por culpa de movimientos especulativos de capital, influyeron decisivamente en la gestación del sistema de Bretton Woods. En la mente de sus arquitectos privó la concepción de que la flexibilidad cambiaria tendía a permitir movimientos especulativos del tipo de cambio que no estaban necesariamente relacionados con los hechos económicos fundamentales y que pudieran tener efectos desestabilizadores. En palabras de Nurkse (1944), "las anticipaciones son capaces de generar su propia realización". En el otro extremo, Friedman (1953) era de la opinión de que los especuladores siempre tenían la razón y que únicamente se limitaban a reaccionar ante políticas macro-económicas equivocadas. En esta sección expondremos primera-mente los argumentos de cada lado y discutiremos las implicaciones que tiene la especulación (des)estabilizadora sobre el bienestar y la eficiencia de la economía. Mencionaremos también otros beneficios microeconómicos que se derivan de la estabilidad cambiaria o, eventualmente, de la unión monetaria.

Es importante distinguir aquí entre flexibilidad y volatilidad del tipo de cambio. El término "flexibilidad" se utiliza para denotar los movimientos del tipo de cambio que responden a variaciones del entorno macroeconómico y que son necesarias para ajustar la economía a tales variaciones, mientras que el término "volatilidad" se suele referir a movimientos sustanciales del tipo de cambio que no se corresponden con hechos económicos fundamentales. El primer término tiene una con-notación positiva, mientras que el segundo la tiene negativa. Como concepto operativo, volatilidad puede ser definida como la desviación estándar de una variable normalizada y demodada. Dicho en otros términos, volatilidad es la desviación de una variable respecto de un valor medio que se considere "típico". Como sinónimo de volatilidad se utiliza a veces el término de "variabilidad excesiva". También es conveniente distinguir entre volatilidad e incertidumbre. Volatilidad se refiere a la tendencia que tiene una variable a fluctuar alrededor de una senda "normal", mientras que incertidumbre se refiere a la no predic-tibilidad de las fluctuaciones. La cuestión fundamental es dilucidar si regímenes de cambio flexible son propensos a generar una mayor volatilidad del tipo de cambio (nominal y/o real) que regímenes de cambio fijo, y si esa volatilidad genera incertidumbre.

3.1. Especulación e inestabilidad cambiaria: Friedman vs. Krugman

En principio, bajo un régimen cambiario flexible, el equilibrio de la balanza de pagos se restituye automáticamente por medio de variaciones del tipo de cambio. Quienes defienden el efecto estabilizador de la especulación cambiaria, como M. Friedman, afirman que los mercados cambiarios desarrollados suelen ser mercados fluidos y amplios (casi perfectos), en los que los ajustes ocurren de forma rápida. Si el desequilibrio es percibido como temporal, la especulación se encarga de suavizar los movimientos cambiarios. Cuando, por ejemplo, el saldo de la cuenta corriente se debilita temporalmente, habrá exceso de demanda de divisas en el mercado cambiario y el tipo de cambio se depreciará. Pero ese exceso de demanda despertará una oferta "especulativa" de divisas por parte de quienes esperan poder recomprarlas después más baratas, con lo cual la presión devaluacionista se suaviza. Si por el contrario, el desequilibrio es percibido como permanente, las presiones especulativas se encargarán de acelerar el proceso de ajuste del precio de la divisa a su nuevo nivel. La racionalidad detrás del supuesto efecto estabilizador de la especulación es que esta solo puede ser desestabilizadora cuando los agentes cambiarios están dispuestos a perder dinero sistemáticamente, lo cual sucederá si, en promedio, se dedicaran a vender una divisa cuando su precio está bajo o a comprarla cuando su precio está alto, lo cual no es un comportamiento racional. Los agentes que pierdan dinero sistemáticamente, terminarán saliendo del mercado de divisas.

En situaciones de perturbaciones permanentes, un sistema de cambio fijo con eventuales devaluaciones discrecionales es precisamente el ambiente que propicia la especulación cambiaria desestabilizadora, ya que lo usual es que las autoridades intenten posponer las devaluaciones lo más posible, con lo cual la especulación se convierte en una indetenible apuesta de "una sola dirección". Este sistema "fijo ajustable" le parece a Friedman el peor de los mundos, ya que ni provee la estabilidad de expectativas de un régimen fijo genuino ni permite la respuesta oportuna y continua del tipo de cambio frente al entorno. El régimen fijo ajustable está inherentemente expuesto a crisis especulativas periódicas y fuertes saltos discretos del tipo de cambio, al punto de que se considera más desestabilizador que cualquier régimen flexible.

La especulación cambiaria cumple el mismo papel amortiguador que el crédito externo cuando se presenta un déficit en la cuenta corriente. En el supuesto de que las causas del déficit sean permanentes, el tipo de cambio real tiene que acomodarse a la nueva situación. Si toda la carga del ajuste tuviera que recaer en el tipo de cambio nominal, sería inevitable que la devaluación inicial excediera el nivel final de equilibrio, por cuanto los cambios en la economía real —reasignación de recursos productivos, por ejemplo— llevan tiempo. En esta circunstancia puede ser socialmente conveniente acudir al crédito externo para evitar este sobreajuste del tipo de cambio. En un mercado cambiario libre, los especuladores hacen el papel de prestamistas al proveer las divisas necesarias para eliminar el sobreajuste. Si el tipo de cambio es percibido excesivamente depreciado, ello significa que el precio de la divisa es atractivamente alto, razón por la cual los agentes cambiarios especuladores incrementarán su oferta de divisas. Si el tipo de cambio es percibido como excesivamente apreciado, ello significa que el precio de la divisa es demasiado bajo, razón por la cual los agentes "especulativos" incrementarán su demanda de divisas.

En su crítica al optimismo de Friedman respecto de las propiedades estabilizadoras del mercado de divisas, Krugman (1989b) afirma que la especulación cambiaria a menudo tiene efecto desestabilizador y que conduce a fluctuaciones del tipo de cambio que son innecesarias y costosas. En el término "innecesarias" está implícito que se trata de variaciones cambiarias más allá de una conveniente flexibilidad y que caen dentro de la categoría de "volatilidad". La especulación desestabilizadora puede definirse como aquella que genera movimientos cambiarios que no guardan relación con los hechos económicos fundamentales o con noticias acerca de hechos fundamentales futuros. En consecuencia, los tipos de cambio resultantes de esa especulación no serían sostenibles en el largo plazo, entendiendo por insostenible un nivel del tipo de cambio que no puede ser justificado por, ni es consistente con ninguna proyección "razonable" sobre el futuro tipo de cambio. Téngase en cuenta que el tipo de cambio actual siempre tiene implícita una proyección del tipo de cambio futuro, por lo cual una falta flagrante de congruencia entre el hoy y el futuro razonable no hace sostenible la situación.

Una primera explicación del posible efecto desestabilizador de la especulación apunta hacia dudas sobre la eficiencia de los mercados cambiarios. Y un segundo argumento, de carácter más empírico, gira alrededor de la interrelación entre flexibilidad, volatilidad y desestabilización cambiarias. Estos serían los argumentos clave que justificarían la conveniencia de adoptar mecanismos que le confieren mayor estabilidad al tipo de cambio.

Respecto del primer punto, es sabido que la hipótesis teórica del mercado eficiente postula que los participantes del mercado son neutrales al riesgo y forman sus expectativas racionalmente, dada la información relevante disponible en cada momento[50]. Ahora bien, si los mercados fuesen eficientes y el riesgo despreciable, los descuentos en el mercado de futuro deberían ser, vistos a posteriori, los mejores predictores de la depreciación observada. Es decir, si efectuáramos una regresión de la depreciación observada contra el descuento a futuro de una divisa, la correlación debería ser igual a la unidad. Igual correlación debería obtenerse entre los diferenciales de tasas de interés y la devaluación subsecuente observada. Diversos estudios empíricos, sin embargo, han evidenciado correlaciones cercanas a cero o negativas[51]. Se ha intentado buscar la explicación de esta ausencia de correlación en la existencia de primas de riesgo de las monedas. Si los inversores tienen aversión al riesgo y los activos financieros denominados en diferentes monedas no son sustitutos perfectos, los diferenciales de tasas de interés reflejarían no solo la devaluación esperada, sino también la percepción de riesgo. Pero la realidad es que las primas de riesgo "inferidas" *ex post* son tan altas y cambiantes que su consideración muy poco puede añadir a la explicación del comportamiento del mercado. Más bien parecería una racionalización ex post del hecho de que los mercados cambiarios no son eficientes.

En cuanto al segundo argumento, según Krugman los regímenes flexibles han demostrado conducir a una mayor volatilidad del tipo de cambio real que regímenes fijos. Es por ello que este economista abogaba en su trabajo publicado en la

---

[50] Una amplia discusión sobre la hipótesis de eficiencia puede verse en Baillie y McCahon (1989) e Isard (1995).

[51] Hansen y Hodrick (1980) proporcionan evidencias que invalidan el modelo simple de eficacia especulativa. MacDonald y Taylor (1992) reseñan nuevas evidencias contra la hipótesis de que los descuentos a futuro o los diferenciales de interés sean buenos predictores de devaluaciones subsecuentes. Esto no quiere decir que las primas de riesgo, los diferenciales de interés o los descuentos en el mercado de futuro no tengan, en absoluto, influencia en la conformación del tipo de cambio, pero no en la forma determinante en que la hipótesis del mercado eficiente parece suponer.

Oxford Review of Economic Policy en 1989 por un régimen de cambio fijo ajustable (*adjustable peg*), que combinaría tanto la virtud de la estabilidad como la del ajuste frente a perturbaciones fundamentales. Este régimen ha sido posteriormente muy cuestionado por razones de viabilidad de la rigidez en contextos de credibilidad imperfecta, pero al autor no le interesaba tanto proponer un régimen en concreto como demostrar la necesidad de mecanismos que contrarrestaran la especulación desestabilizadora. De hecho, fue Krugman quien a fines de los ochenta realizó la contribución seminal y pionera para conceptualizar regímenes de zonas objetivo (*target zones*) o bandas cambiarias[52].

La historia monetaria internacional ha vivido episodios de especulación desestabilizadora, como fueron las apreciaciones del dólar estadounidense desde el final del verano de 1984 hasta principios de 1985 y desde abril hasta junio de 1989, la crisis asiática de 1997 o la crisis del *subprime* de 2008, que sugieren que la volatilidad de los tipos de cambio ha sido superior a la volatilidad de los "fundamentos" económicos. Esta cuestión es realmente importante para el diseño de la política económica, porque si la volatilidad cambiaria es simplemente reflejo de la volatilidad de los "fundamentos", sería inútil intentar eliminar la volatilidad global de la economía mediante regímenes cambiarios más rígidos. Ahora bien, si los tipos de cambio acostumbran a "sobrerreaccionar" frente a variaciones de los "fundamentos", el gobierno haría bien en propiciar un régimen que limite la flexibilidad de los tipos de cambio.

En la vida real, la especulación ha demostrado no estar siempre guiada por los fundamentos económicos de largo plazo. Como ya advertía Keynes en 1937, los especuladores solo intentan anticipar la "opinión común", sin tomar en cuenta los

---

[52] Ver Krugman y Miller (1992, 1993).

fundamentos. En contra de la creencia de Friedman, con frecuencia los especuladores se apresuran a vender cuando los precios están bajos y a comprar cuando los precios están altos. Genotte y Leland (1990) han demostrado que los colapsos cambiarios o bursátiles son provocados generalmente por grupos de inversores que siguen estrategias de "parar pérdidas", que les inducen a vender cuando los precios caen, sin tomar en consideración la percepción individual de cada inversor o la situación de los fundamentos económicos. Estas estrategias se concretan, por ejemplo, en esquemas de seguros de cartera de inversiones, reglas rígidas de compraventa en función de variaciones previas de precios, reglas de recomposición automática de carteras al momento de cierta pérdida de valor, etcétera. Los sistemas automatizados de los mercados de valores y divisas incorporan estas reglas y generan caídas o alzas indetenibles, razón por la cual se hace necesario suspender el mercado durante ciertos lapsos. Los especuladores y sus sistemas no siempre ven la caída de precios como una señal para comprar, sino todo lo contrario.

Otro problema con la hipótesis estabilizadora de Friedman es que no incorpora en su razonamiento factores cruciales que determinan el comportamiento de los especuladores, como son los diferenciales de tasas de interés o variaciones en la percepción de riesgo. Osler y Carlson (1996) demuestran que cambios en los diferenciales de tasas de interés puedan inducir a especuladores racionales a vender una divisa aun cuando su precio esté "alto" y así empujan el tipo de cambio aún más en la dirección incorrecta.

Esta discusión está muy vinculada al debate teórico sobre los ataques especulativos en los mercados cambiarios. Los modelos explicativos de primera generación identifican las diferencias de comportamiento de las variables económicas clave antes y después del colapso del régimen cambiario. Un conjunto de hechos estilizados (déficit fiscal, inflación, crecimiento del crédito doméstico, nivel de las reservas internacionales, etcétera) caracterizan los períodos de "preataque", lo cual permite suponer que existe cierta relación entre los fundamentos económicos y lo que sucede en el mercado cambiario. Los modelos de segunda generación, sin embargo, enfatizan la existencia de equilibrios múltiples en el mercado cambiario y el carácter "autocumplido" de los ataques especulativos, que no guardan una relación predecible con la mayor parte de las variables macroeconómicas, a excepción del nivel de reservas y de las tasas de interés[53].

Credibilidad imperfecta y movilidad de capital, por otra parte, incrementan la vulnerabilidad del mercado cambiario. Las teorías recientes sobre la inconsistencia temporal de las políticas han dado nuevo soporte al pesimismo de Nurkse sobre la estabilidad de los mercados cambiarios. Si no hay un compromiso creíble de la autoridad económica a favor de la estabilidad, los movimientos de capital pueden posicionar la economía en un "mal" equilibrio. Esta posibilidad se incrementa en la medida en que las políticas macroeconómicas no son estrictamente exógenas, sino que responden en mayor o menor grado a las vicisitudes del mercado cambiario. Cuanto más endógena sea la emisión monetaria en relación con los movimientos del tipo de cambio, mayor será el potencial de desestabilización porque no hay en ese caso ninguna certeza de que los flujos de capital en un régimen de cambio flexible no lleguen a desestabilizar el curso de la política.

---

[53] Precursor y pionero de los modelos de primera generación es el trabajo de Krugman (1979). Para una visión general de la discusión sobre ataques especulativos, ver Garber y Svensson (1995) y Obstfeld (1986). La evidencia empírica no permite ser concluyente sobre la validez de cada uno de los modelos alternativos de la teoría sobre los ataques especulativos. Eichengreen, Rose y Wyplosz (1994) encuentran que los modelos de segunda generación explican mejor lo sucedido en el sistema cambiario europeo, especialmente durante la crisis de 1992, pero que la experiencia de países no europeos encaja mejor en el esquema de los modelos de primera generación.

3.2. Volatilidad asociada al régimen cambiario

Una cuestión fundamental a dilucidar es si la volatilidad del tipo de cambio (nominal y real), condicionada a la naturaleza del régimen cambiario, se ha incrementado a lo largo del tiempo. Si realmente se demostrara que la variabilidad del tipo de cambio ha sido similar a la variabilidad de sus determinantes fundamentales, el planteamiento de que la volatilidad del tipo de cambio depende del tipo de régimen cambiario, perdería fuerza. En otras palabras, el hecho de que la volatilidad de los tipos de cambio reales se haya incrementado con el paso a regímenes de flotación no permitiría sacar la conclusión de que la flexibilidad cambiaria sea la causante de la mayor volatilidad. Esta pudiera atribuirse a otros factores distintos a la naturaleza del régimen de cambio flotante como tal. Por ejemplo, la mayor movilidad de capital ha podido contribuir grandemente a la inestabilidad cambiaria. También hay que reconocer que la economía mundial ha estado sometida después del colapso de Bretton Woods a perturbaciones reales intensas, tales como los dos *shocks* petroleros de los setenta o el colapso del bloque socialista a fines de los ochenta, la crisis asiática de la segunda mitad de los noventa o la crisis del subprime de 2008. Igualmente pudiera ser que la mayor variabilidad del tipo de cambio real se deba a un incremento de la variabilidad de la "tasa de cambio real de equilibrio" en sí misma. Si los hechos económicos subyacentes, tales como tecnología, gustos o políticas económicas, cambian frecuentemente, es perfectamente comprensible que el tipo de cambio real también cambie y, por ende, los tipos nominales. Otra posibilidad es que la mayor volatilidad se haya debido en algunos casos más a la deficiente implementación de los regímenes cambiarios que a propiedades inherentes del régimen como tal. El incremento de la variabilidad de los tipos de cambio ha solido estar precedido de incrementos de inflación, la cual sería consecuencia de la indisciplina financiera. Esta constatación ha llevado a algunos economistas a afirmar que la inflación no es causada por la clase de régimen cambiario, razón por la cual no es válido establecer un nexo entre régimen cambiario y volatilidad, pero esta conclusión nos parece simple y apresurada[54].

Independientemente de las causas que la originan, las evidencias empíricas parecen apoyar la conclusión de que la volatilidad de corto y mediano plazo de los tipos de cambio reales aumentó desde la generalización de la libre flotación después del colapso de Bretton Woods a comienzos de los setenta. Solamente cuando se analizan series históricas muy largas es posible relacionar los movimientos de los tipos de cambio reales con fundamentos económicos tales como la paridad relativa del poder de compra, los niveles de productividad, etcétera. Pero en el mediano y corto plazo, los movimientos del tipo de cambio real han tenido un comportamiento básicamente aleatorio[55]. Los tipos de cambio reales son constantemente empujados y apartados fuera de lo que es su senda relativamente estable a largo plazo. Ello quiere decir que gran parte de las fluctuaciones cambiarias no son movimientos en búsqueda de la senda de largo plazo, ni ajustes frente a perturbaciones temporales, sino movimientos innecesarios que, en buena medida, son atribuibles simplemente a recalentamientos especulativos.

No toda la responsabilidad de la volatilidad es atribuible a la presencia de especulación desestabilizadora por efecto de estrategias de "parar pérdidas", credibilidad imperfecta o movilidad de capital. Como insinuábamos más arriba, una parte de la responsabilidad recae también en el tipo de régimen cambiario. Tal como se evidencia de los datos del cuadro IV.1, la varia-

---

[54] Según Quirk (1994), diferencias en la calidad de implementación podrían explicar la ambigüedad de los resultados de los estudios empíricos sobre la volatilidad.

[55] Ver el estudio de Frankel (1988).

bilidad del tipo de cambio nominal se incrementó progresivamente al pasar del sistema del patrón oro al sistema Bretton Woods y luego al sistema de flotación. La mayor flexibilidad de los regímenes cambiarios estuvo acompañada de mayores fluctuaciones del tipo de cambio nominal.

CUADRO IV.1
Variabilidad[1] del tipo de cambio nominal[2]
1881-1989, países selectos

	Patrón Oro 1881-1913	Bretton Woods 1946-1970	Flotación 1974-1989
Reino Unido	0,2	2,4	10,0
Alemania	0,2	1,8	9,3
Francia	0,0	2,5	10,7
Japón	2,9	15,9	8,8
Canadá	0,0	1,6	3,7
Italia	1,4	7,4	10,9
Media del grupo	0,7	4,6	8,9

1) Promedio de las tasas anuales de variación absoluta.
2) Expresado en unidades de moneda doméstica por US dólar, excepto libra esterlina.
Fuente: Bordo (1993).

Pero la constatación de que los tipos de cambio nominales fluctúan más en regímenes flexibles no aporta nada sustantivo. Mucho más relevante es la cuestión de si la variabilidad de los tipos de cambio reales también aumenta en la medida en que se incrementa la flexibilidad del régimen cambiario[56]. Es el tipo de cambio real el que afecta el desenvolvimiento de una economía. La hipótesis convencional reza que los movimientos de los tipos de cambio real son producto de cambios en los determinantes "reales" del tipo de cambio y, en consecuencia, deberían ser

---

[56] El trabajo de Hasan y Wallace (1996) aborda de forma explícita la relación entre la volatilidad del tipo de cambio real y los diferentes regímenes cambiarios.

independientes del régimen cambiario "nominal". Según esa visión, la causalidad actúa desde la esfera real hacia la esfera nominal, no en ambas direcciones. Pero el análisis de la experiencia histórica sugiere que el tipo de régimen nominal es también determinante para la volatilidad del tipo de cambio *real*. Los datos recogidos en el cuadro IV.2 evidencian que también la variabilidad del tipo de cambio real aumentó con el paso a regímenes más flexibles. La media de variabilidad en el grupo de países observados pasa del rango de tres por ciento interanual durante el patrón oro y Bretton Woods a más de ocho por ciento en el periodo de flotación.

CUADRO IV.2
Variabilidad[1] del tipo de cambio real[2]
1881-1989, países selectos

	Patrón Oro 1881-1913	Bretton Woods 1946-1970	Flotación 1974-1989
Reino Unido	1,7	4,2	12,3
Alemania	2,4	2,8	8,8
Francia	4,3	4,1	9,2
Japón	6,6	3,5	9,6
Canadá	2,6	2,4	3,8
Italia	2,1	8,0	8,6
Media del grupo	3,3	3,8	8,7

1) Promedio de las tasas anuales de variación absoluta.
2) Expresado en unidades de moneda doméstica por US dólar, excepto libra esterlina.
Fuente: Bordo (1993).

Especial mención merece aquí el estudio de Mussa (1986) sobre los países industriales durante la época de tipos de cambio fijos (1954-1970) y flexibles (1973-1984), donde concluye también que los tipos de cambio reales presentan una mayor volatilidad en regímenes flexibles. Igualmente, Stockman (1988) confirma que regímenes de cambio flexibles están correlacionados de forma positiva y altamente significativa con volatilidad de los tipos de cambio reales, aun cuando esta volatilidad real también se ha presentado en algunos países con regímenes de cambio fijos. Estos resultados apuntalan la presunción de que la diferencia en el comportamiento del tipo de cambio real debe ser atribuida principalmente al régimen cambiario en sí y no al hecho de que el periodo post 1973 pudiera estar caracterizado por perturbaciones reales importantes. Weber (1992) relaciona la reducción en la volatilidad del tipo de cambio con el incremento del grado de rigidez del compromiso cambiario y con el grado de credibilidad de la autoridad monetaria.

Dos son las razones principales que explicarían esta dependencia de la volatilidad respecto del régimen cambiario nominal. La primera se refiere al carácter de activo financiero de las divisas. El tipo de cambio nominal es el precio de un activo financiero, que, como tal, está sujeto a la misma inestabilidad que caracteriza a otros activos financieros, como acciones bursátiles, bonos de deuda, etcétera. Los precios de los activos financieros son precios de "subasta", que dependen grandemente de las expectativas y reaccionan de forma casi instantánea frente a perturbaciones, estímulos o informaciones de cualquier tipo. Dado que los precios de activos financieros son extremadamente sensibles a los cambios de expectativas, es perfectamente explicable que experimenten movimientos erráticos. Por este motivo, el comportamiento del tipo de *cambio nominal* tiende a ser más volátil cuando no hay elementos que lo anclen y lo aíslen de la volatilidad de las expectativas, es decir, cuando el régimen es más flexible.

En lo referente al tipo de cambio *real*, la volatilidad proviene del diferente grado de flexibilidad que muestran, por un lado, los precios de los activos financieros (acciones, bonos, divisas, etcétera) y, por otro lado, los precios de la economía real (salarios, bienes y servicios, etcétera). Existe una diferencia fundamental entre ambos tipos de precios, ya que los precios de los activos financieros recogen inmediatamente el efecto de las expectativas, mientras que los precios de la economía real son "pegajosos" y tardan en reaccionar. Es esta "pereza" de los niveles reales de precios la que explica la mayor volatilidad del tipo de cambio real bajo regímenes de cambio flexible. Mientras que el tipo de cambio nominal se mueve inmediatamente y se traslada a los precios de los transables, los precios no transables se demoran en reaccionar, causando variaciones de los precios relativos que luego suelen ser total o parcialmente revertidas. El modelo de *overshooting* o sobreajuste cambiario, originalmente formulado por Dornbusch en 1976, se basa precisamente en esta diferencia en la velocidad de ajuste de los activos financieros respecto a los activos reales. Dada la pereza de los precios reales, la tasa de cambio tiene que "sobreajustarse" para responder a la perturbación y para generar expectativas de corrección cambiaria ulterior. El sobreajuste como tal, sin embargo, no es un fenómeno característico de la flotación cambiaria. Incluso, es más frecuente observarlo en regímenes fijos ajustables.

La segunda explicación de la menor volatilidad del tipo de cambio en regímenes de cambio fijo se basa en las restricciones de política que impone la rigidez cambiaria o la integración monetaria. Las presiones que las perturbaciones ejercen sobre las reservas internacionales finitas reducen el espectro de posibilidades de medidas de política que las autoridades pudieran aplicar. Por un lado, la autoridad económica está obligada a aplicar políticas macroeconómicas más conservadoras, es decir, más proclives a la estabilidad. Y por otro lado, cuando la presión sobre las reservas alcanza niveles preocupantes, las autoridades tienden a recurrir a otro tipo de medidas heterodoxas, como son las restricciones al comercio exterior, controles de cambio, controles de capital o impuestos equivalentes, cuya finalidad es atenuar la perturbación externa sin tener que variar el tipo de cambio ni hacer recaer todo el peso del ajuste en la modificación de los precios relativos.

Es interesante constatar que Friedman utilizara este mismo argumento para defender el caso opuesto de la flexibilidad cambiaria. Para este autor, la flexibilidad era condición *sine qua non* y garantía del libre comercio internacional. Friedman, sin embargo, se excedió en su optimismo sobre la capacidad estabilizadora de la especulación cambiaria. La posición que se asuma al respecto modifica sustancialmente el balance de costo-beneficio entre flexibilidad y estabilidad. También subestimó el impacto de los flujos de capital, quizás por vivir en una época de restricciones generalizadas sobre la cuenta de capital. Le resultaba difícil concebir la situación de que el tipo de cambio podía moverse en la dirección "incorrecta", como, por ejemplo, cuando entradas importantes de capital destinadas a financiar temporalmente un déficit en cuenta corriente podían apreciar el tipo de cambio en términos netos. Una apreciación del tipo de cambio en un contexto de déficit comercial es el caldo de cultivo propicio para el surgimiento de acciones proteccionistas o de otros inhibidores del libre comercio internacional.

Como ya es frecuente en esta área de la ciencia económica que nos ocupa, la cuestión sobre si la volatilidad de los tipos de cambio ha sido excesiva en relación con la volatilidad de los fundamentos económicos subyacentes sigue siendo objeto de discusión[57]. Sin embargo, aun cuando los resultados no son plenamente concluyentes, suficientes evidencias sugieren que el tipo de régimen cambiario está asociado con el grado de volatilidad del tipo de cambio, independientemente del período histórico que se analice o de la volatilidad subyacente de los fundamentos[58]. Ahora bien, nuevamente se impone la necesidad de

---

[57] Ver Meese (1986) para un contraste panorámico de las posiciones sobre este asunto.

[58] Esta conclusión es compartida por estudios como los de Mussa (1986), Baxter y

cautela, porque por lo general los estudios no son concluyentes en cuanto a la linearidad de la relación causa-efecto entre régimen y volatilidad. En la mayor parte de los casos se hace presente una relación de "circularidad" y endogeneidad, en la que la adopción de flexibilidad cambiaria es más bien consecuencia de la inestabilidad de otras variables macroeconómicas y la volatilidad del tipo de cambio simplemente refleja esa inestabilidad.

Otra cuestión importante es la relativa al *trade-off* entre volatilidad del tipo de cambio y volatilidad de otras variables macroeconómicas. La mayoría de los modelos teóricos sobre los determinantes del tipo de cambio argumentan que la reducción de la volatilidad del tipo de cambio nominal, por ejemplo a través de la adopción de un régimen fijo, simplemente transfiere esa volatilidad a otras áreas de la economía. Este *trade off* se derivaría del hecho de que la rigidez de las variables nominales obligaría a absorber posibles *shocks* mediante ajustes en los niveles de empleo y de producto. Este argumento se aplicaría también a los efectos de un régimen de cambio fijo sobre la volatilidad de las tasas de interés o del producto. En este sentido, la elección de régimen sería simplemente una decisión sobre la distribución de las fluctuaciones entre el mercado cambiario y el mercado monetario[59].

Mantener fijo el tipo de cambio y, por consiguiente, la tasa de interés no reduciría necesariamente la volatilidad global de la economía. Como veíamos más arriba en la sección sobre

---

Stockman (1989), y Grilli y Kaminsky (1991). Especialmente estudiados han sido los casos de Canadá e Irlanda, que vivieron episodios de cambio fijo y flexible antes y después de 1973.

[59] Referencias teóricas y empíricas sobre este tema pueden encontrarse en Mills y Wood (1993), Flood y Rose (1995), Ghosh et al. (1995) e Isard (1995). Poole (1970) fue pionero en analizar el impacto diferenciado de las perturbaciones externas sobre el producto bajo regímenes de cambio diferentes, demostrando que, bajo ciertas circunstancias, la rigidez del tipo de cambio traslada directamente los *shocks* reales externos hacia el producto y el empleo internos.

aislamiento y estabilización, una perturbación del mercado real conduce, en teoría, a una mayor variabilidad del producto bajo régimen de cambio fijo que bajo régimen de cambio flexible. Este postulado teórico, sin embargo, no ha sido validado empíricamente. Flood y Rose (1995) han estudiado las economías de la Organización para la Cooperación y el Desarrollo Económicos (OCDE) desde 1960 hasta 1991 y no han encontrado evidencias de que la volatilidad de las variables macroeconómicas experimenten cambios significativos cuando se producen los relevos de régimen cambiario. Según estos y otros autores, no existe un *trade-off* claro entre volatilidad del tipo de cambio y volatilidad en otras áreas de la economía. Específicamente, la volatilidad del producto y del dinero no parece ser sustancialmente diferente durante regímenes cambiarios fijos y flotantes.

De lo anterior se derivan dos conclusiones importantes. La primera implicación, de orden político, es que, si la reducción de la volatilidad del tipo de cambio nominal no compromete la estabilidad de otras variables macroeconómicas, el caso a favor de la flexibilidad cambiaria se debilita. La estabilidad del tipo de cambio no tiene por qué ser ganada a costa de inestabilidad macroeconómica en otras áreas. Y la segunda implicación, de orden teórico, es que los determinantes principales del tipo de cambio no son probablemente de naturaleza macroeconómica, sino de tipo microeconómico[60]. La explicación de la volatilidad del tipo de cambio habría que buscarla en fenómenos microeconómicos tales como los "agentes ruidosos" o las estrategias de

---

[60] Ver Rose (1995) y Mills y Wood (1993). En general, la conclusión de estos estudios es que los cambios de régimen no afectan sustancialmente el desempeño de las variables macroeconómicas, razón por la cual no existe soporte ni para la hipótesis de un *trade off* entre la volatilidad del tipo de cambio y la volatilidad de otras variables, ni para la hipótesis de que la rigidez cambiaria induce a una mayor estabilidad de esas variables.

"*stop loss*" de los agentes financieros y cambiarios, a las que hacíamos referencia más arriba.

Merece ser comentado en este contexto el estudio del Banco Interamericano de Desarrollo sobre el fenómeno de la volatilidad en América Latina[61], que introduce un matiz importante en la discusión. En el estudio se identifican varias fuentes de volatilidad macroeconómica, entre las que destacan la volatilidad de las políticas fiscales y monetarias, la volatilidad de los términos de intercambio, la inestabilidad política, la volatilidad de los flujos de capital, la debilidad y falta de profundidad de los sistemas financieros y, finalmente, los cambios de régimen cambiario. Las dos principales manifestaciones de la volatilidad macroeconómica son la volatilidad del tipo de cambio real y la volatilidad del producto.

Respecto de las fuentes de la primera, la volatilidad del tipo de cambio real, el estudio revela que incrementos en la volatilidad de las políticas fiscal y monetaria, en la inestabilidad política y en la frecuencia de cambios de régimen cambiario aumentan la volatilidad del tipo de cambio real. Largos períodos de tipo de cambio fijo, por el contrario, están asociados con una menor volatilidad del tipo de cambio real. Se observan, por consiguiente, dos efectos contrapuestos. Por un lado, la frecuencia de cambios de régimen incrementa la volatilidad del tipo de cambio real, mientras que, por otro lado, la perseverancia con tipos de cambio fijos la disminuye. En el caso concreto de América Latina, el efecto "volatilizador" de los cambios de régimen ha excedido el efecto estabilizador de la fijación cambiaria. La cuantificación del impacto diferenciado

---

[61] Ver Inter-American Development Bank (1995). Otro extenso estudio sobre la volatilidad cambiaria en América Latina ha sido realizado por Arellano (1993), en el que se evidencia que los tipos de cambio reales muestran una mayor variabilidad en América Latina que en este de Asia en el corto plazo. La responsabilidad de la volatilidad cambiaria debe buscarse más en perturbaciones nominales que reales (variabilidad de las tasas de inflación y de devaluación).

de ambos determinantes se realiza recurriendo a los *counterfactuals*, que permiten cuantificar cuánto hubiera sido afectada la volatilidad del tipo de cambio real, si las economías latinoamericanas hubieran poseído y experimentado los mismos determinantes que las economías industriales. El análisis cuantitativo concluye que la mayor frecuencia de cambios de régimen en América Latina, siempre en relación con los países industriales, incrementa la volatilidad del tipo de cambio real en un dos por ciento, mientras que la presencia de regímenes de cambio por períodos más largos disminuye la volatilidad en uno por ciento. En términos netos, por consiguiente, el manejo cambiario de América Latina, caracterizado por una preferencia por regímenes de cambio fijo no sostenibles en el tiempo, ha contribuido a la mayor volatilidad del tipo de cambio real.

En lo que respecta a la volatilidad del producto real, los datos muestran una correlación positiva entre régimen de cambio fijo e inestabilidad del producto. El cálculo de los *counterfactuals* permite determinar que la mayor presencia de regímenes fijos en América Latina es responsable de una volatilidad del producto real un 0,5 por ciento superior a la de los países industrializados. El elemento cambiario explica más de un cuarto de la diferencia de volatilidad, con rango similar al componente de la volatilidad monetaria. Ello concuerda con el planteamiento teórico de que la rigidez cambiaria reduce la capacidad para enfrentar perturbaciones económicas, sobre todo las de origen externo. La frecuencia de los cambios de régimen, sin embargo, no tiene una influencia estadísticamente significativa sobre la volatilidad del producto. Comparativamente, la evidencia empírica sobre el impacto desestabilizador de regímenes fijos sobre el producto real es más robusta que la evidencia sobre su impacto estabilizador sobre el tipo de cambio real.

El estudio del BID evidencia que en América Latina, y en general en los países en desarrollo, la volatilidad no proviene tanto de la especulación desestabilizadora comúnmente asociada con la flotación cambiaria, sino de la insostenibilidad de tipos de cambio fijos en contextos de alta variabilidad de los impulsos externos y de inestabilidad de las políticas económicas internas. Regímenes fijos con movilidad de capital amplifican internamente por la vía monetaria los impactos externos, lo cual los hace insostenibles en presencia de fuertes perturbaciones externas. Muchos de estos episodios de insostenibilidad de regímenes fijos terminan en "caída libre", lo cual tiene severos impactos sobre el tipo de cambio real y la actividad económica.

No necesariamente economías afiliadas al club de regímenes cambiarios fijos son menos volátiles en términos macroeconómicos. Ello es así porque la variable fundamental determinante de la volatilidad macroeconómica no ha sido tanto la existencia de un régimen u otro, sino la frecuencia de los cambios de régimen. La experiencia latinoamericana demuestra que pretender ganar estabilidad macroeconómica mediante el anclaje del tipo de cambio sin que estén dadas las condiciones fundamentales para sostenerlo en el tiempo, termina conduciendo al colapso del régimen fijo, con graves repercusiones para la estabilidad de las magnitudes reales. No cabe duda de que un anclaje cambiario sin condiciones de viabilidad termina desestabilizando tanto la esfera real como la nominal. A la luz de estas experiencias, la mayor parte de los países latinoamericanos se inclinaron desde fines de los 90 por regímenes pragmáticos de flexibilidad intermedia, en los que la política cambiaria flexible se asienta sobre los cimientos de políticas macroeconómicas más ortodoxas.

3.3. Incertidumbre y comercio internacional

Otra cuestión central para la evaluación de méritos de los regímenes cambiarios-monetarios es el impacto de la volatilidad cambiaria sobre la inversión y los flujos comerciales internacionales. Es razonable esperar que la volatilidad excesiva de los tipos de cambio tienda a generar efectos perjudiciales sobre la producción, sobre el comercio y sobre la inversión. La posibilidad de modificaciones de los tipos de cambio puede disuadir a comerciantes e inversores de acometer ciertas transacciones u obligarles a asumir un costo para eliminar el riesgo cambiario. Los costos directos e indirectos de la volatilidad cambiaria afectan el comercio internacional del mismo modo que lo pudieran hacer los costos de transporte o los costos de seguros. Costos directos serían, por ejemplo, pérdidas generadas por fluctuaciones cambiarias adversas; indirectos los generados por los esquemas de cobertura del riesgo cambiario.

Desde un punto de vista más general, estudios empíricos sobre los países en desarrollo, como el anteriormente mencionado del Banco Interamericano de Desarrollo, establecen una correlación negativa –por la vía del comercio internacional y de la inversión– entre la volatilidad macroeconómica en general y el bienestar económico. La volatilidad tiende a reducir la inversión tanto en infraestructura física como en capital humano, al igual que afecta los volúmenes de importaciones y exportaciones. Indirectamente, la volatilidad afecta también el bienestar a través de su efecto adverso sobre la extensión y profundidad del sistema financiero, sobre la desigualdad del ingreso y sobre el nivel absoluto de pobreza.

En principio, la volatilidad cambiaria tiene efectos directos sobre el comercio a causa de la incertidumbre sobre la futura relación entre costos y precios. En la medida en que una de estas magnitudes esté determinada por o denominada en una moneda distinta a la local, la incertidumbre sobre la rentabilidad del negocio se incrementa directamente con la incertidumbre sobre la paridad cambiaria. Otro efecto directo de la volatilidad cambiaria son los costos de ajuste por tener que movilizar recursos entre sectores productivos o entre localizaciones en respuesta a modificaciones no permanentes de la competitividad. Tanto los costos de la incertidumbre como los costos de movilización de recursos tenderán a reducir el volumen del comercio internacional y a modificar su estructura.

Indirectamente, la volatilidad del tipo de cambio pudiera afectar el comercio internacional por diferentes vías. La volatilidad puede forzar a una diversificación geográfica de las inversiones internacionales, que no sea óptima en términos de eficiencia y que solo responda al deseo de minimizar riesgos cambiarios. Eso sucede cuando una empresa se ve obligada a duplicar instalaciones productivas en dos países para atenuar el riesgo de fluctuaciones cambiarias. Por otra parte, debido a que la volatilidad del tipo de cambio afecta en mayor medida los bienes y servicios transables, puede producirse un desplazamiento gradual de la estructura productiva en detrimento de los sectores transables y a favor de los no transables, que están expuestos a un menor riesgo cambiario. Dado que la relación capital/producto es presumiblemente menor en el sector no transable, esta modificación de la estructura productiva disminuiría el nivel global de inversión. Otro efecto negativo adicional pudiera ser el surgimiento de presiones proteccionistas, cuando la variabilidad excesiva del tipo de cambio afecte la posición competitiva de un país, sin que exista una "razón económica" justificada o permanente.

Finalmente, un efecto pernicioso indirecto pudiera derivarse también del impacto que la volatilidad cambiaria tendría sobre la inflación por una de las dos siguientes vías. Primeramente por el denominado "efecto trinquete" (*ratchet effect*), según el cual las depreciaciones del tipo de cambio generan un aumento de los precios internos mayor que la reducción de precios que numéricamente se derivaría de apreciaciones de igual magnitud relativa. En segundo lugar, la mayor propensión inflacionaria de regímenes con mayor volatilidad cambiaria puede inducir reacciones acomodaticias por parte de las autoridades económicas, que deriven en el llamado "círculo vicioso" de depreciación e inflación. La cadena de causación del "círculo vicioso" parte del efecto que la devaluación causa sobre los precios de los bienes y servicios importados. Dependiendo del grado de apertura de la economía, ello incrementa el costo de vida, genera presiones para aumentos salariales y termina manifestándose también en alza de precios de los bienes y servicios nacionales. La consiguiente pérdida de competitividad obliga a reiniciar el círculo de devaluación-inflación. El mecanismo supone que la autoridad monetaria reacciona de forma acomodaticia frente a la presión inflacionaria. Dado que la inflación crea un clima inadecuado para la inversión, el crecimiento económico de largo plazo y el flujo comercial externo, esa sería otra vía a través de la cual la volatilidad cambiaria afectaría el bienestar.

Una vía adicional a través de la cual la inversión puede verse afectada se relaciona con el riesgo global de la economía. En general, la incertidumbre cambiaria impacta el riesgo sistémico de una economía a través del mecanismo de la tasa de interés, ya que el incremento de la incertidumbre eleva en términos netos el nivel de la tasa de interés real. Como consecuencia de ello, únicamente proyectos de mayor rendimiento y alto riesgo son seleccionados en el proceso de evaluación y selección de alternativas de inversión, mientras que los proyectos más seguros y de menor rendimiento no logran superar la barrera[62]. A mayor

---

[62] Conforme se eleva el riesgo sistémico, el fenómeno de la "aventura moral" (*moral hazard*) hace su aparición en el comportamiento de los agentes económicos, sobre todo en el área financiera. La contribución seminal sobre el problema de la *moral hazard* fue realizado por Stiglitz y Weiss (1981). El concepto describe el incentivo del inversionista para acometer proyectos de inversión cada vez más riesgosos.

183

incertidumbre y, por ende, mayor tasa de interés, menor será la propensión a invertir.

Defensores de la flexibilidad cambiaria contra-argumentan que la incertidumbre puede ser contrarrestada mediante operaciones de *hedging* o cobertura de riesgo cambiario. Ciertamente, en la medida en que los países desarrollados fueron adoptando regímenes flotantes, los mercados financieros y de divisas a futuro desarrollaron una amplia gama de mecanismos de cobertura de riesgo cambiario. Sin embargo, aun cuando es cierto que el costo de la incertidumbre puede ser atenuado o, en muchos casos, eliminado mediante operaciones de cobertura de riesgo, estas también tienen un costo monetario que afectaría igualmente el comercio. Por otra parte, no todas las obligaciones cambiarias pueden ser cubiertas, especialmente las que se derivan de contratos de largo plazo. También se contra-argumenta que la volatilidad de "corto plazo" de los tipos de cambio no suele generar efectos adversos "permanentes" sobre el comercio. Los agentes económicos no acostumbran embarcarse en costosas estrategias de entrada o salida del mercado hasta tanto no perciban que la variación cambiaria es permanente.

Quizás la cuestión sobre los efectos de la volatilidad cambiaria sobre el bienestar de la economía no debería centrarse tanto en el riesgo cambiario y en el costo asociado de su cobertura, sino en su impacto sobre otros mecanismos microeconómicos de toma de decisión. Más allá de la discusión sobre la conveniencia o no de la flexibilidad cambiaria a nivel macroeconómico, los costos de la volatilidad son principalmente de naturaleza microeconómica. De ahí que el caso a favor de la estabilidad cambiaria se base más en argumentos de carácter microeconómico que macroeconómico. La incertidumbre sobre el tipo de cambio futuro reduce la flexibilidad y la eficiencia de la economía mundial para responder a cambios en los costos relativos. Por un lado, la incertidumbre cambiaria promueve entre los inversionistas la actitud de "ver y esperar". A mayor incertidumbre, mayor será el incentivo para posponer decisiones. Los costos de invertir en un país, cuya moneda posteriormente se aprecia, son mayores que los costos de oportunidad (pérdida de beneficios) de haber pospuesto la inversión en un país, cuya moneda posteriormente se deprecia[63]. Esta actitud atenta contra la flexibilidad de respuesta del comercio mundial frente a cambios en la competitividad relativa. Adicionalmente, oscilaciones amplias del tipo de cambio pueden causar "histéresis" en el comercio internacional, concepto que explica la persistencia de efectos sobre el comercio de las oscilaciones cambiarias. Una vez que las empresas, inducidas por un tipo de cambio atractivo, han invertido en entrar a un mercado, tenderán a permanecer en ese mercado aun cuando el tipo de cambio se revierta.

Por otro lado, sin embargo, las empresas buscan compensar esta pérdida de flexibilidad mediante la dispersión geográfica de la capacidad instalada. El temor a fluctuaciones sustanciales del tipo de cambio obliga a las corporaciones a duplicar capacidades de producción en diferentes localidades de la geografía mundial. Si las compañías disponen de capacidad excedentaria en diferentes países, estarán en condiciones de trasladar rápidamente la producción a los lugares con menores costos, es decir, a los países con tipos de cambio más competitivos. Esta mayor agilidad de respuesta en el corto plazo –basada en capacidades de producción ya existentes– coexiste con la lentitud de toma de decisiones sobre creación de nuevas capacidades productivas. Desde el punto de vista del bienestar, sin embargo, toda creación de capacidad ociosa implica socialmente un "costo muerto" y una pérdida de eficiencia y de bienestar globales.

---

[63] Este punto ha sido exhaustivamente tratado por Dixit (1992), quien analiza las decisiones de entrada y salida de las empresas en contextos de fluctuación cambiaria.

Concluyendo, los anteriores argumentos apuntan intuitivamente a establecer una relación de causalidad entre volatilidad cambiaria y daños al comercio y a la inversión internacionales. Numerosos estudios empíricos, sobre todo los emprendidos hasta la década de los ochenta, parecen confirmar esta visión[64]. No faltan, sin embargo, algunos estudios que solo muestran leves o ningún efecto adverso de la volatilidad cambiaria sobre el comercio[65]. Esta disparidad de resultados empíricos encuentra su explicación en el hecho de que la variabilidad de los tipos de cambio no es el único factor que determina el comercio internacional. Por otra parte, un determinado régimen cambiario pueden tener efectos contrapuestos, como sucede con un régimen fijo que al mismo tiempo que estabiliza el tipo de cambio nominal, exige también emprender acciones de política que pueden generar incertidumbre monetaria. La defensa del tipo de cambio exige acciones de política, como la intervención en el mercado de divisas o la manipulación de las tasas de interés de corto plazo, que pueden conferirle considerable volatilidad a las variables monetarias y crear incertidumbre sobre el entorno

---

[64] Es prolífica la literatura teórica y la investigación empírica sobre la relación entre incertidumbre cambiaria y comercio internacional. Véase, por ejemplo, Hooper y Kohlhagen (1978) o el amplio estudio del Fondo Monetario Internacional (1984), que analiza el problema durante la primera década de flotación post Bretton Woods. Cushman (1983) analiza los efectos del riesgo cambiario sobre los flujos de comercio internacionales. De Grauwe (1988) destaca también el efecto nocivo de la volatilidad cambiaria y llama la atención sobre la disminución de la tasa de crecimiento del comercio mundial desde 1973. Este autor constata un efecto negativo, aunque débil, de la variabilidad de largo plazo del tipo de cambio real sobre el crecimiento del comercio, aun cuando reconoce que son otros los factores más relevantes. Arellano (1993) encuentra esta misma correlación negativa para el caso de América Latina. Frankel y Wei (1993) destacan evidencias de que la estabilidad bilateral de los tipos de cambio puede tener un (pequeño) efecto sobre el comercio.

[65] Krugman (1989b) y Krugman y Obstfeld (2009) invitan a adoptar una actitud más cautelosa en vista de que la correlación entre volatilidad y comercio no siempre es diáfanamente positiva. Más extrema es la posición de Feldstein (1992), quien sugiere que tasas de cambio flotantes son más favorables al comercio que tasas fijas.

económico futuro. Y cuando la defensa del tipo de cambio fracasa, la inestabilidad resultante suele tener consecuencias devastadoras sobre todas las variables financieras. Incertidumbre sobre las tasas de interés y sobre los precios futuros pueden inhibir las decisiones de inversión y de comercio.

Ahora bien, con toda la cautela que este complejo tema aconseja, puede afirmarse que la volatilidad cambiaria, que suele venir típicamente asociada con regímenes de cambio flexible, no favorece el comercio internacional. La incertidumbre cambiaria, considerada aisladamente, inhibe las decisiones de inversión. El hecho de que el comercio mundial haya tenido una vigorosa expansión post 1973 no invalida la hipótesis de que esta expansión pudiera haber sido mayor en un contexto de más estabilidad cambiaria.

4. CONCLUSIONES PRELIMINARES DEL DEBATE

En este debate entre la integración (régimen cambiario fijo) y la autonomía (régimen cambiario flexible) monetaria no parece vislumbrarse un claro ganador, al menos no uno en todas las dimensiones del problema. Y es que los mismos retos intelectuales que plantea entender y formular la política macroeconómica, especialmente la monetaria, nos los encontramos en el ámbito cambiario. Aquí tampoco son posibles recetas fáciles. Intentemos, sin embargo, extraer del debate algunas conclusiones preliminares.

En lo atinente al aislamiento y estabilización de la economía frente a perturbaciones, pertenecer a un área monetaria implica tener que usar mecanismos de estabilización alternativos y distintos al ajuste cambiario. Estos pueden revestir muchas formas, pero en su generalidad todos implican modificar los precios relativos con el fin de restablecer el equilibrio de las cuentas externas sin modificar el tipo de cambio nominal. Dado que este ajuste de precios relativos en una economía que ha desmejorado su competitividad suele venir acompañado de deflación de precios y recesión, el mecanismo automático de ajuste se torna doloroso a causa de la pérdida de empleo y el deterioro del salario real. Por el contrario, cuando no hay integración monetaria ni atadura cambiaria, el ajuste de precios relativos puede realizarse mediante la modificación del tipo de cambio, que se encarga de afectar la estructura de precios relativos a lo largo y ancho de la economía sin tanto impacto sobre el empleo y el salario real. Así, el mecanismo de ajuste cambiario tendría, en teoría, ventajas sobre el mecanismo automático de ajuste interno para aislar la economía frente a perturbaciones, al menos en el corto plazo.

Más compleja es la evaluación cuando nos movemos del corto al largo plazo, donde los precios y salarios son más flexibles y las expectativas sobre movimientos futuros del tipo de cambio afectan las variables del mercado monetario. En el marco de la autonomía monetaria con flexibilidad cambiaria, la respuesta frente a la perturbación (por ejemplo, una reducción de la demanda por los productos de un país) es una devaluación de la moneda y, probablemente, una caída inicial de la actividad económica. Pero cuando la perturbación es considerada permanente, de largo plazo, entran en juego las expectativas de los agentes económicos, que esperarán un deterioro de la posición competitiva del país en el futuro, lo cual se traduce en una devaluación adicional del tipo de cambio. Este ajuste adicional de la paridad cambiaria le devuelve a la economía la competitividad perdida y restituye el nivel de actividad económica, aunque a costa de una mayor devaluación y de una desmejora del salario real. Pero el ajuste en el largo plazo sigue siendo relativamente eficiente y poco doloroso.

Más costoso es el escenario de ajuste en el contexto de una integración monetaria con rigidez cambiaria. Inclusive en el corto plazo se hace imposible evitar una afectación del nivel de actividad económica. La visión clásica del mecanismo automático de ajuste, en la que los precios y salarios internos son suficientemente flexibles como para restituir el equilibrio de la economía en relativamente poco tiempo, no es realista en tiempos modernos, por lo que una caída de la actividad económica es lo esperable. Adicionalmente, la intervención de la autoridad monetaria para defender el tipo de cambio conlleva una contracción monetaria que refuerza la caída de actividad en el mercado de bienes y servicios. En el largo plazo, cuando la perturbación se percibe como permanente y la presión para devaluar el tipo de cambio se incrementa, nuevas intervenciones cambiarias y mayor endurecimiento del mercado monetario son necesarios para defender la paridad cambiaria, lo cual implica una reducción adicional de la actividad económica. En definitiva, los efectos monetarios restrictivos que se derivan de la defensa del tipo de cambio fijo elevan el costo del ajuste económico en el contexto de integración monetaria con regímenes fijos o moneda común, razón por la cual se considera que la flexibilidad cambiaria tiene mayor capacidad estabilizadora frente a perturbaciones económicas y hace menos costoso el proceso de ajuste. Regímenes de cambio flexible proporcionan un mejor aislamiento de la economía real frente a *shocks* externos, tanto reales como nominales, aun cuando es importante no olvidar que cuando se utiliza generosamente la flexibilidad del tipo de cambio para ganar competitividad externa, esta política desemboca usualmente en altas inflaciones.

Igualmente favorable a la autonomía cambiaria-monetaria luce el panorama cuando evaluamos la independencia y efectividad de las políticas. La política monetaria en el contexto de una integración cambiaria-monetaria es poco eficiente, porque nuevamente la obligada intervención de la autoridad en el mercado cambiario contrarresta las acciones de política monetaria. Contario es el caso para la política fiscal, porque los efectos monetarios de la intervención cambiaria corren en la misma dirección que los impulsos fiscales iniciales. A diferencia de lo anterior, la política monetaria en el contexto de flexibilidad cambiaria no es contrarrestada ni reforzada por ninguna actuación de intervención en el mercado cambiario, por lo que su impacto es el que se derive de su propio impulso. Lo mismo sucede con la política fiscal en el marco de la flexibilidad cambiaria.

También se hace evidente que la autonomía de las políticas económicas, especialmente la monetaria, es mayor en el caso de la flexibilidad cambiaria. Por definición, este régimen permite que la autoridad monetaria emprenda el curso monetario y fiscal que más le convenga sin estar condicionada a los dictados monetarios del país al que esté atada una moneda o a los de un banco central común. No tiene que preocuparse del impacto que pudiera tener, por ejemplo, un alza de las tasas de interés internas sobre el mercado cambiario, ya que la variación del tipo de cambio se encargará de restituir la paridad con los rendimientos externos del dinero. También podrá elegir el nivel de inflación que desee sin tener que "importar" la inflación de los socios comerciales.

Ahora bien, nada es lineal y simple en esta materia. En primer lugar, la efectividad de la política monetaria en el mediano y largo plazo suele ser muy cuestionada, porque las expectativas de los agentes económicos sobre la inflación futura hacen que el efecto sobre la actividad económica se revierta total o parcialmente. Es lo que se denomina la "neutralidad" del dinero en el largo plazo. Si esto es así, la supuesta ventaja de la autonomía monetaria se diluye bastante en lo que se refiere a la efectividad de la política monetaria. En segundo lugar, es muy frecuente observar límites que las mismas autoridades monetarias se imponen a sí mismas en cuanto a permitir variaciones del tipo de cambio. Una excesiva volatilidad es considerada inconveniente, razón por la cual la autoridad interviene más o menos sutilmente en el mercado cambiario y se ve sometida a constreñimientos parecidos a los que afectan a quienes tienen regímenes cambiarios fijos. De tal forma que la autonomía, en la práctica, suele ser menor a la que la teoría permitiría suponer.

Donde el balance se inclina más a favor de la rigidez cambiaria y la integración monetaria es en lo que se refiere a la promoción de la eficiencia microeconómica y del comercio internacional. De gran importancia aquí es dilucidar si la flexibilidad cambiaria es propensa a permitir episodios esporádicos de especulación desestabilizadora e inestabilidad cambiaria, porque hay consenso en que la volatilidad y la incertidumbre cambiarias no propician un buen ambiente de negocios. Para quienes defienden que los mercados financieros son "perfectos", la especulación se convierte en una herramienta beneficiosa y eficiente para equilibrar los mercados. Sin embargo, las experiencias históricas de colapsos irracionales de mercados financieros no sustentan este optimismo, por lo que no es descartable que la especulación asociada a la flexibilidad cambiaria genere de vez en cuando climas inhibidores del crecimiento económico. Aun cuando no está garantizado que un régimen de cambio fijo poco creíble no termine desatando poderosas olas especulativas, en general la rigidez cambiaria es poco proclive a crear el ambiente para una especulación desestabilizadora.

Tampoco la volatilidad cambiaria es buena para el clima de negocios, especialmente para las transacciones inter-fronterizas. La incertidumbre que genera la volatilidad puede inhibir a los agentes económicos en la realización de negocios u obligarlos a incurrir en costos adicionales de cobertura de riesgo. Tal pareciera ser que esta volatilidad es mayor en contextos de autonomía monetaria y flexibilidad cambiaria. Al final de la historia, los principales beneficios de la integración monetaria-cambiaria deben buscarse en la esfera microeconómica: mayor eficiencia de la localización geográfica de las estructuras productivas, menores costos de información, menores costos transaccionales, mayor certidumbre de costos y precios.

V

NUEVOS ENFOQUES SOBRE LA INTEGRACIÓN MONETARIA

De la presentación de argumentos teóricos y evidencias empíricas del capítulo anterior no cabe duda de que el debate sobre la elección de régimen y sus efectos ha sido intenso, controvertido y, no pocas veces, desconcertante. Es la naturaleza misma del problema. Se observa también una evolución del enfoque sobre el tema que guarda estrecha relación tanto con el cambio en la función objetivo de la política económica – íntimamente relacionado con cambios en las prioridades de la sociedad– como con el cuestionamiento teórico del activismo keynesiano de la posguerra por parte del pensamiento monetarista.

El pensamiento económico dominante en las décadas de los sesenta y setenta –cuando surgieron las primeras formulaciones de la teoría de las áreas monetarias óptimas– aboga por esquemas de flexibilidad cambiaria con el argumento de preservar la autonomía monetaria de los gobiernos para actuar anticíclicamente. Pero, con el paso de los años, el escepticismo respecto de la efectividad y oportunidad de las políticas económicas crece al mismo ritmo que el pobre desempeño de la flotación cambiaria. Tanto el avance teórico como el cambio de preferencias estimulan una interesante revisión de las cuestiones que atañen la viabilidad y la condición óptima de diferentes regímenes cambiario-monetarios.

No se libran tampoco de la crítica opciones que buscan en los noventa ponerle coto a la flexibilidad cambiaria y promueven activamente la integración monetaria, como es el caso de los países europeos con su mecanismo cambiario de bandas desde 1973. El colapso de este mecanismo a fines de 1992 reaviva la polémica acerca de las condiciones que definen un área monetaria óptima y arroja dudas sobre la viabilidad de regímenes intermedios en un contexto de globalización financiera. Los años de la antesala al arranque de la unión monetaria europea en 1999, marcados por los esfuerzos de convergencia macroeconómica para ingresar a la unión, son testigos de una vigorosa resurrección de la discusión sobre los requisitos de conformación de un área monetaria. Un grupo importante de economistas abrigaban y planteaban serias dudas sobre la existencia de condiciones necesarias en todos los países que decidieron ingresar al nuevo espacio monetario europeo, pero finalmente la lógica política se impuso sobre las objeciones económicas. El éxito inicial de la eurozona coloca una sordina a esos criticismos del mundo de la academia, al que no le queda más remedio que desarrollar una explicación del éxito y atribuirlo a un fenómeno de "endogeneidad", que potencia virtuosamente los procesos de integración. La crisis de la Unión Monetaria Europea post 2008, sin embargo, ha reavivado la discusión sobre las condiciones necesarias para conformar un área monetaria[66].

La discusión de las pasadas décadas se ha enriquecido mucho con los postulados y el instrumental de la *economía política*. En este capítulo emprenderemos una revisión crítica de algunos de los postulados centrales de la teoría de áreas monetarias óptimas, como son la función objetivo de la política económica y la

---

[66] Ver el capítulo IX de Purroy (2013), donde se aborda la discusión sobre las fallas de origen y de desempeño de la Unión Monetaria Europea.

creencia en la efectividad de cambios nominales como herramienta para alcanzar efectos reales. Previamente, procederemos a ubicar la discusión en el contexto general de las grandes opciones a las que se enfrenta todo gobierno o sociedad que debe elegir un régimen cambiario-monetario. Pasaremos a discutir seguidamente la cuestión de la viabilidad de regímenes de cambio fijo y regímenes intermedios en el actual contexto de globalización y alta movilidad de capital, cuestión que ha motivado a considerar la alternativa de soluciones en los extremos, como la unión monetaria o la autonomía plena.

El elemento central que caracteriza el enfoque de la segunda generación de teorías sobre áreas monetarias óptimas es la preocupación preferente por la estabilidad *nominal* de la economía. La integración monetaria y la rigidez cambiaria son vistas como un arreglo institucional que favorece la credibilidad antiinflacionaria del marco que rige la política monetaria, aunque se advierte insistentemente sobre la necesidad de que existan condiciones apropiadas para esa integración. Adicionalmente, la *coordinación internacional* de políticas macroeconómicas, el grado de *similitud* de las perturbaciones entre los países y la *simetría* de sus ciclos económicos recibieron especial atención a la hora de definir criterios para la elección de régimen. Dentro de esas condiciones, son dos las que se perfilan como fundamentales: la simetría entre países y la flexibilidad en cuanto a la fuerza laboral y los precios y salarios.

1. INTEGRACIÓN O AUTONOMÍA: OPCIONES IMPLÍCITAS DE POLÍTICA

En la vida real, los criterios para la elección de régimen cambiario-monetario van más allá de las intrincadas consideraciones técnicas que tradicionalmente han ocupado la atención de los teóricos sobre el tema. Por encima de consideraciones sobre el tipo de perturbaciones a las que se ve sometida la economía o sobre sus características estructurales, la elección de régimen implica una decisión sobre el modo de relacionarse con el entorno internacional, así como sobre el grado de activismo de la política económica interna[67]. A la hora de decidir entre un régimen u otro, es poco realista que un gobierno entre a analizar si las perturbaciones son de carácter nominal o real, de origen externo o interno, transitorias o permanentes. Tomar la decisión sobre la base de estos criterios técnicos es inmanejable en la práctica, puesto que suele ser difícil determinar la verdadera naturaleza de las perturbaciones, aparte de que es frecuente observar la presencia simultánea de diferentes tipos de perturbaciones, razones por las cuales es frecuente el recurso a regímenes de flexibilidad intermedia. Igual complejidad existe en relación con las características estructurales presentes en un mismo país, donde unas pueden aconsejar un tipo de régimen y otras desaconsejarlo.

En primer lugar, la elección de régimen cambiario refleja, en el fondo, la preferencia de la sociedad por una economía abierta e integrada o una economía aislada y autónoma, entendiendo por "abierta / aislada" no solo la apertura o aislamiento comercial, sino también la mayor o menor influencia del entorno internacional en el devenir económico interno. Si la preferencia es por una economía *integrada*, la decisión será a favor de un régimen de cambio fijo. Ello es así porque un tipo de cambio *fijo*, para ser sostenible, requiere convergencia de políticas macroeconómicas con los países con cuya moneda se establece el enganche. Como ya escribió David Hume en 1752, la rigidez del tipo de cambio es una forma de importar la política monetaria de otro país. En teoría, la inflación doméstica

---

[67] Véase el trabajo de Guitián (1993), que analiza la elección de régimen cambiario dentro del contexto general de la economía política y de la política económica de un país.

y la tasa de interés serán las mismas prevalecientes en el ámbito internacional al cual un país se integra. La política monetaria deberá ser estrechamente coordinada con los otros países. La oferta monetaria estará directamente ligada a la evolución de la balanza de pagos, ya que el banco central debe intervenir en el mercado cambiario para defender la paridad fija (precio fijo con monto de intervención variable). De esta forma, las perturbaciones externas tendrán un impacto directo sobre la economía doméstica.

Pero si la preferencia es por una economía *autónoma*, la decisión será a favor de un régimen de cambio flexible. En teoría, las variaciones del tipo de cambio permitirán aislar la economía doméstica de perturbaciones externas, positivas o negativas. El gobierno estará en libertad de elegir el nivel de inflación y las tasas de interés que desee para propósitos domésticos. La flexibilidad del tipo de cambio permitirá atender el ciclo coyuntural doméstico con recetas propias. El banco central tendrá control sobre la oferta monetaria, ya que no necesitará intervenir en el mercado cambiario (precio variable con monto de intervención fijo o nulo). La flexibilidad del tipo de cambio mantendrá los efectos de las políticas económicas dentro del ámbito doméstico, al tiempo que aislará al país de los efectos de las políticas económicas de terceros países.

Ahora bien, interdependencia o aislamiento no son buenos o malos en sí mismos. Cuando la preocupación principal de un gobierno sea la inflación, la elección de régimen cambiario dependerá del mejor o peor comportamiento histórico del país en esa materia en comparación con los vecinos. Si un país ha tenido peor desempeño inflacionario, le conviene adoptar un régimen fijo para importar de esa forma la credibilidad antiinflacionaria de sus vecinos. Pero si el desempeño de sus vecinos ha sido peor, un régimen flexible le permite aislarse del contagio inflacionario externo y perseguir una tasa de inflación menor.

En segundo lugar, es evidente que el margen de maniobra de la política económica varía según el tipo de régimen elegido. En consecuencia, la elección de régimen implica también una opción respecto del grado de activismo e independencia de la política económica doméstica. Un régimen *fijo* implica *dependencia* y pasividad de la política económica, especialmente la monetaria, frente a la política del país emisor de la moneda de enganche o la política del banco central único. El país acepta restringir el espectro de combinaciones de política a aquellas que sean consistentes con el objetivo de defender una determinada paridad cambiaria o la permanencia en una moneda común. Dicho en otros términos, la política económica doméstica es un resultado endógeno del régimen cambiario elegido. La política fiscal debe ser congruente con el objetivo cambiario. La oferta monetaria debe adecuarse a la demanda de dinero que sea consistente con el equilibrio de la balanza de pagos. A mayor movilidad de capitales, mayor será el vínculo entre los flujos externos y el mercado monetario. Un régimen de cambio *flexible*, por el contrario, permite independencia y uso activo de la política económica. Las autoridades pueden determinar libremente la oferta monetaria, puesto que la no-intervención en el mercado cambiario rompe el vínculo entre los flujos externos y el mercado monetario. El tipo de cambio variable se encarga de producir el equilibrio de la balanza de pagos.

Es bueno advertir, sin embargo, que estas consideraciones sobre dependencia o independencia de la política económica son excesivamente esquemáticas y solo responden al propósito de contrastar las opciones. Como veíamos en el capítulo anterior, en la vida real ni la dependencia es total, ni la independencia puede ser siempre ejercida en su plenitud, principalmente debido a que las autoridades económicas buscan evitar una excesiva volatilidad del tipo de cambio. Por otra parte, la creciente liberalización y globalización de los mercados financieros ha incrementado la interdependencia entre los países hasta el punto de que un total aislamiento se hace imposible. Pero no cabe duda, sin embargo, de que la flexibilidad cambiaria abre ciertos espacios de autonomía.

En tercer lugar, en la elección de régimen suelen estar implícitas las preferencias de los países, ya sea en pro de objetivos de estabilidad nominal –control de la inflación– o en pro de objetivos reales –pleno empleo. De hecho, cambios en las preferencias acerca de la inflación o del empleo explican gran parte de los cambios de régimen que se han producido en las décadas pasadas. Cuando la sociedad, a través de su gobierno, privilegia la disciplina y la estabilidad financieras como medio de controlar la inflación, es muy probable que esté ganada a la idea de usar el tipo de cambio como *ancla nominal*, en cuyo caso la elección obvia es un régimen de cambio fijo o adherirse a una unión monetaria. Pero cuando el objetivo prioritario del gobierno es promover y preservar la competitividad externa del país, el gobierno deseará usar el tipo de cambio como herramienta de política para alcanzar su *objetivo real*, en cuyo caso un régimen de cambio flexible se adecuará mejor a su propósito.

Detrás de cada una de estas opciones suelen subyacer también concepciones teóricas diferentes respecto de la efectividad de políticas nominales. Quienes propugnan el uso del ancla cambiaria para lograr la estabilidad de precios suelen albergar un fuerte escepticismo respecto de la efectividad de variaciones del tipo de cambio nominal para lograr objetivos reales sostenibles en materia de empleo o de competitividad externa. En su opinión, no hay espacio ya en el mundo actual para la "ilusión" monetaria o cambiaria; iluso sería quien viendo una expansión monetaria o una devaluación cambiaria, no se anticipa a protegerse de la inflación esperada. Este escepticismo no es compartido por quienes persiguen objetivos reales, en cuya opinión estos pueden ser alcanzados mediante el uso de instrumentos nominales de política, tales como variaciones del tipo de cambio o variaciones de la oferta monetaria.

Una elección entre objetivos nominales y objetivos reales es ineludible, puesto que acostumbran a moverse en direcciones opuestas. Un deslizamiento permanente del tipo de cambio para ganar competitividad externa tendrá un fuerte impacto inflacionario. Un anclaje del tipo de cambio nominal en presencia de inercias inflacionarias conducirá a una apreciación real y a pérdida de competitividad. Por esta razón, a la hora de elegir régimen cambiario-monetario las autoridades deben sopesar el balance de costos y beneficios que se derivará de su decisión. Cada alternativa acarrea costos económicos y políticos. Si el gobierno anuncia su apego a un tipo de cambio fijo, debe estar dispuesto a soportar el costo político de eventuales pérdidas de empleos a causa de la competencia externa. A la inversa, una devaluación frecuente del tipo de cambio se pagará con una mayor inflación. Como es lógico de esperar en un ente eminentemente político, la consideración del costo político esperado se convertirá en el criterio central para la elección de régimen por parte del gobierno. En función del peso relativo asignado por la sociedad a cada objetivo, el gobierno evaluará las pérdidas esperadas en cada régimen y decidirá en consecuencia.

2. REVISIÓN DEL ENFOQUE ESTRUCTURAL

Otra esfera de revisión del enfoque tradicional se refiere a los supuestos estructurales excesivamente restrictivos del modelo en el que los precursores basan sus recomendaciones sobre conformar o no un área monetaria. Entre estos supuestos restrictivos cabe destacar la inflexibilidad de precios y salarios hacia la baja, la inmovilidad de la fuerza laboral o la reducción del modelo a un mundo de dos países-regiones que producen un solo bien[68]. Los modelos tradicionales, por otra parte, concentraban su atención excesivamente en analizar perturbaciones de tipo real y asimétrico. En la evaluación de costos y beneficios, las ganancias microeconómicas que se derivan de la adopción de una moneda única o de paridades estables tampoco recibían suficiente atención. Por estas razones no es de extrañar que el enfoque tradicional estuviera sesgado hacia esquemas de flexibilidad cambiaria y que la condición óptima de las áreas monetarias quedara reducida a ámbitos muy pequeños y a casos muy especiales.

2.1. Características estructurales: la cuestión central de la simetría

La cuestión acerca de las características de los países, así como acerca del tipo de perturbaciones que hacen deseable y viable una integración cambiaria-monetaria, ha experimentado a lo largo de las décadas un cambio de énfasis. En enfoques posteriores, la cuestión de las características estructurales dejó de tener la importancia central que tenía en los inicios de la teoría de las áreas monetarias, puesto que la asimetría entre países fue cediendo paso a una creciente simetría productiva e institucional. El análisis de Mundell favorecía la autonomía monetaria y la flexibilidad cambiaria porque partía de la existencia de perturbaciones *asimétricas* de demanda que, dadas las rigideces internas de los países, solo podían ser enfrentadas mediante variaciones del tipo de cambio o mediante movilidad de factores de producción entre países. Con el tiempo, sin embargo, el desarrollo productivo y la eliminación de barreras arancelarias ha

---

[68] Ver Bofinger (1994) con una consideración detallada de las debilidades teóricas de los modelos iniciales de "área monetaria óptima".

dado como resultado que los países tengan estructuras productivas cada vez más simétricas y se vean sometidos a perturbaciones más simétricas. Especialmente en el mundo desarrollado, el intercambio comercial es crecientemente un intercambio intra-industrial, en el que todos los países compran y venden el mismo tipo de productos. En el marco de esta diversificación es hoy menos frecuente el surgimiento de perturbaciones específicas a un sector productivo que afecten de manera especial a un país específico y ameriten el uso del instrumento cambiario.

Es cierto que esta visión acerca de la creciente simetría productiva entre los países estaba excesivamente teñida por el optimismo que imperaba en la Europa de los años previos al arranque de la unión monetaria. La crisis post 2008 se encargó de cuestionar este optimismo, porque en ella resurgieron a la superficie asimetrías reales que estaban presentes ya desde el arranque de la unión, pero que la bonanza y los flujos de inversiones hacia los países débiles permitieron hacerse la vista gorda sobre ellas. Pero no cabe duda de que desde que Mundell formuló la teoría del área monetaria óptima el mundo desarrollado ha disminuido sustancialmente sus niveles de asimetrías.

Otro requisito de similitud, poco considerado por el enfoque tradicional, es la convergencia de los ritmos de crecimiento de la economía y de la productividad subyacente. Un país de crecimiento más rápido puede verse eventualmente en la necesidad de recurrir a la devaluación para evitar déficits crónicos e insostenibles en su cuenta corriente. Dado que dentro de una integración monetaria la única forma de reducir el déficit de la cuenta corriente es mediante deflación y recesión, hacer converger el ritmo de crecimiento facilita la vía hacia la unión monetaria. Igual requisito de convergencia se plantea para las tasas de crecimiento de la productividad. Diferenciales en las tasas de crecimiento de productividad alteran los precios relativos y, por ende, los tipos de cambio reales. De no haber convergencia de las productividades, la única alternativa compatible con una unión monetaria sería que los trabajadores de las regiones o países menos productivos acepten percibir remuneraciones inferiores, lo cual reviste su dificultad social y política.

Este aspecto nos lleva directamente a la esfera de las similitudes institucionales y políticas, que debe recibir atención a la hora de evaluar la viabilidad de la integración monetaria o de regímenes cambiarios rígidos. Incluso si dos países integrantes de un área monetaria se enfrentan a perturbaciones simétricas, diferencias institucionales de sus respectivos mercados laborales, por ejemplo, pueden conducir a divergencias en los movimientos de precios y salarios, que puedan dar al traste con la estabilidad cambiaria. La variable clave para evaluar la similitud de la institucionalidad laboral es el grado de centralización o de descentralización de las negociaciones salariales. Mecanismos de negociación altamente concentrados facilitan que se imponga la moderación, lo cual favorece la integración monetario-cambiaria. Igualmente compatible con la integración es la existencia de una representación laboral descentralizada, ya que la atomización, al mermar el poder de negociación laboral, hace que los salarios sean más flexibles. Mecanismos institucionales semi-centralizados, sin embargo, suelen ser más proclives a posiciones de negociación más radicales y menos cooperativas, en cuyo caso la unión monetaria puede no ser viable.

Otra esfera institucional importante es la fiscal, puesto que un grado adecuado de coordinación fiscal o el consenso político para realizar transferencias a los países o regiones afectados pueden suplir deficiencias en otros flancos. Mecanismos institucionales de coordinación macroeconómica o la existencia de un consejo fiscal central se consideran esenciales para la super-vivencia de un área monetaria.

2.2. Beneficios microeconómicos

El enfoque tradicional del área monetaria óptima le prestó poca atención a los costos y beneficios *microeconómicos* de los diferentes esquemas cambiarios, quizás porque en el momento de su formulación no se había producido todavía la explosión del comercio internacional. Pero no hay duda de que las ventajas más obvias e inmediatas de la rigidez cambiaria y de la integra-ción monetaria son de carácter microeconómico[69]. Tipos de cambio fijos o una moneda común mejoran la calidad del dinero a escala internacional. Entre otros efectos, un tipo de cambio fijo o una unión monetaria aumentan la utilidad del dinero como guía para la planificación racional de los negocios. Dado que los agentes económicos basan sus decisiones de inversión o de consumo en la información disponible, una mayor certidumbre sobre los precios relativos futuros de los bienes y servicios mejora la calidad de las decisiones. La recopilación de información relevante es más eficiente y menos costosa con certidumbre cambiaria o con un área monetaria más amplia.

Beneficios se derivan también de las "economías de escala" que significa el uso de una moneda en áreas más extendidas. La ampliación de los mercados cambiarios tiende a reducir la volatilidad de los tipos de cambio, en buena parte debido a que los especuladores pierden fuerza relativa. Adicionalmente, la ampliación del mercado cambiario abre paso a la ampliación de los mercados financieros en general, con lo cual se enriquece el

---

[69] Una evaluación exhaustiva de los costos y beneficios microeconómicos de conformar una unión monetaria puede verse en Emerson, Gros et al. (1992).

espectro de instrumentos financieros disponibles. Por otra parte, los países integrantes de una unión monetaria disfrutan de ahorros importantes al poder reducir el nivel de reservas internacionales, porque ya no se necesitan para la defensa de la moneda.

Cuanto más amplia el área en la que se utilice una misma moneda o, al menos, se rija por tasas de cambio fijas, menores serán los costos de información y mayor será la utilidad del dinero. Al igual que en el caso de los costos de la incertidumbre, los beneficios de ampliar un área monetaria o una unión cambiaria son equivalentes a una reducción de los costos de comercialización internacional. Dentro de ellos, pueden diferenciarse los costos "monetarios" de los "no monetarios". Costos no monetarios son aquellos que se derivan de la información, la distribución, el seguro y el litigio relacionados con el intercambio de bienes y servicios entre países con diferencias en lenguajes, marcos legales, regímenes aduaneros, etcétera. Aun cuando redunda también en reducciones de los costos no monetarios, el principal beneficio de la fijación cambiaria reside en la disminución de los costos monetarios. Estos surgen precisamente por la existencia de múltiples monedas, que causan problemas y costos de conversión entre ellas, y múltiples unidades de cuenta, que causan problemas y costos de cálculo. Los costos de transacción monetarios se incrementan en proporción a la variabilidad de las paridades de las monedas. En esencia, los costos de conversión son "costos de peso muerto". Otro beneficio indirecto es que la eliminación de los costos de transacción monetarios limita la posibilidad de prácticas de precio discriminatorias entre los mercados, con lo que se incrementa la competencia y eficiencia de estos.

Conviene matizar, sin embargo, estos beneficios microeconómicos. Aun cuando en el saldo final los integrantes de una unión monetaria salen beneficiados por su incorporación a la unión, no está claro el efecto neto sobre el bienestar a escala mundial, ya que el mejoramiento del bienestar de los miembros de la unión puede venir acompañado por un empeoramiento del bienestar de los países excluidos. La razón se debería a que las ganancias de bienestar quedan restringidas a los miembros de la unión, mientras que los costos –en forma de menor crecimiento a causa de la rigidez nominal– afectan a todos por igual. Tampoco está claro si el país grande y estable se beneficia de la unión, ya que las ganancias comerciales deben contrapesarse con pérdidas inevitables de estabilidad por el efecto de convergencia. Una vez formada la unión, no está siempre claro si esta elevará su bienestar con la incorporación de un nuevo miembro. Donde no parece haber duda es en el beneficio neto que representa para un país pequeño de moneda inestable incorporarse a una unión monetaria, ya que se beneficia indubitablemente de la reducción de costos de transacción con los países de la unión.

2.3. Endogeneidad del proceso de integración: Europa como caso de estudio

Otro cuestionamiento a la teoría convencional de la integración monetaria tiene que ver con la secuencia del proceso de integración y con la dirección de causalidad de las fuerzas integradoras /desintegradoras. Las características estructurales de las economías que hacían propicia o desaconsejable una integración monetaria eran una condición precedente al inicio de esa integración. Si un país, por ejemplo, no tenía un buen nivel de apertura e integración comerciales, debía construir primero esta base de partida antes de pensar en cualquier tipo de integración. Los siguientes niveles de integración se concebían también como una secuencia de prelaciones: sobre los cimientos de la integración comercial se construía la unión aduanera, sobre el incremento de las relaciones comerciales se asentaba la integración económica, que luego tenía que ser acompañada por la integración financiera, la coordinación cambiaria-monetaria y, finalmente, la integración monetaria.

Esta visión secuencial unilineal, entre otras cosas, subyació al escepticismo de buena parte de los economistas académicos europeos, que en la década de los 80 y los 90 pusieron en duda que Europa reuniera las condiciones estructurales para conformar un área monetaria integrada[70]. Aun cuando el nivel de apertura e integración comercial era razonablemente alto, las asimetrías económicas existentes entre los países se percibían como una amenaza para el éxito del proyecto de integración. Tampoco se consideraba que hubiera suficiente movilidad de la fuerza laboral o flexibilidad de precios y salarios internos.

No se presentaron en los primeros años de la Unión Monetaria Europea (UME) *shocks* asimétricos importantes. También la integración comercial fluyó adecuadamente y continuó su moderado y constante incremento. Los mercados financieros experimentaron significativos avances de integración. ¿Constituía el éxito de los primeros años de la UME la prueba de que Europa sí era un área monetaria óptima? Los economistas que antes de la puesta en marcha de la UME albergaban dudas sobre la conveniencia macroeconómica de la conformación de esta área monetaria, tuvieron que moderar su escepticismo inicial y reconocer que la experiencia europea estaba resultando un "gran éxito". Buscando reconciliar posiciones pasadas con realidades presentes, desde inicios de la década del 2000 se conformó una línea de reflexión teórica y de investigación empírica acerca de la "endogeneidad" de los beneficios de una unión monetaria. El impulso principal vino del economista Andrew Rose que en el marco del estudio de los impactos de diferentes uniones monetarias en el pasado afirma que la integración monetaria conduce a una significativa

---

[70] Ver, por ejemplo, Feldstein (1997) y Wyplosz (1997).

profundización de los flujos comerciales recíprocos[71]. La consecuencia de ello era que, aunque un grupo de países no cumpliera ex ante con los criterios de idoneidad de un área monetaria, pudiera justificarse la integración monetaria con la expectativa de que *ex post* la unión incrementaría el grado de integración y de simetrías. De hecho, esta fue siempre la argumentación esgrimida por las instancias técnico-políticas de la Comisión Europea frente al escepticismo de los académicos, previo a la puesta en escena de la unión.

Las "endogeneidades" de un área monetaria abarcarían las cuatro grandes áreas o criterios que la teoría siempre puso sobre la mesa:

- endogeneidad de la integración económico-comercial;
- endogeneidad de la integración financiera;
- endogeneidad de las simetrías de las perturbaciones y de los ciclos económicos, y
- endogeneidad de la flexibilidad de los mercados de factores de producción.

La lógica económica del fenómeno de la endogeneidad reside en que una integración monetaria va acompañada de una remoción radical de fronteras y de barreras y ello modifica sustancialmente la estructura de incentivos de los agentes económicos para reorientar sus transacciones hacia el ámbito comunitario. Una unión monetaria constituye una señal fuerte de que el compromiso de los países por la integración es irrevocable, de que no va a haber en el futuro devaluaciones

---

[71] Ver Rose (2000) y Frankel y Rose (2002), quienes llegan a la conclusión de que países integrantes de una unión monetaria intercambian entre sí tres veces más de lo que pudiera haberse esperado sin unión. Igualmente estiman que por cada uno por ciento de incremento del comercio sobre el PIB, el ingreso per cápita crece en un tercio de uno por ciento. Estas magnitudes han sido consideradas muy exageradas por posteriores estudios (ver Baldwin 2006), pero nadie discute que el denominado "efecto Rose" existe.

competitivas y de que los gobiernos van a crear las instituciones y los arreglos necesarios para facilitar la integración.

Ahora bien, ¿qué se concluye de los estudios empíricos realizados sobre el efecto de la endogeneidad? Con referencia específica a la UME, las investigaciones sobre el efecto de la unificación monetaria en la *integración comercial* reseñan un efecto positivo, pero su cuantificación es muy dispersa y va desde un moderado cinco a diez por ciento de incremento del comercio por efecto de la unión hasta magnitudes mucho mayores[72]. La dificultad de estimación reside en que la comunidad europea ya había alcanzado niveles muy avanzados de integración comercial para la fecha de inicio de la unión monetaria en 1999, después de un largo período de convergencia. Por otra parte, los efectos generadores de comercio toman mucho más tiempo que un lustro para hacerse sentir. Igualmente ambiguas y de largo plazo son las conclusiones sobre el efecto endógeno de la unión monetaria en la *flexibilidad y movilidad de la fuerza de trabajo*; los estudios no reflejan todavía avances significativos de la flexibilidad en los primeros años de la UME.

Más evidente e inmediato, por el contrario, ha sido el efecto endógeno sobre la *integración de los mercados financieros*. La existencia de una moneda única aceleró el proceso de globalización financiera, especialmente al darles profundidad y liquidez a los mercados monetarios. En los mercados de bonos y de valores el proceso fue más lento aunque también intenso, como lo demostró a posteriori la voracidad del fenómeno del contagio que se manifestó post 2008.

---

[72] Un amplio repaso de la literatura especializada sobre este asunto puede verse en Beetsma y Giulodori (2010). De Grauwe y Mongelli (2005) recogen el estado del arte sobre el tema hasta mediados de la década 2000. Lane (2006) se enfoca en los efectos de la unión monetaria sobre la economía real.

En cuanto a la expectativa de que la integración monetaria aumentaría la *simetría de las perturbaciones* y de los ciclos económicos, las observaciones empíricas previas a la crisis de 2008 parecían alimentar un moderado optimismo sobre los efectos beneficiosos de la unión en este aspecto específico[73]. Pero este optimismo inicial se debió al hecho de que los primeros siete años de la UME coincidieron con el período de la "gran moderación" a nivel de la economía mundial, en el que no hubo perturbaciones, ni simétricas ni asimétricas. Simplemente, no sucedieron eventos que permitieran validar o invalidar la suposición de que la unión monetaria reducía las asimetrías de los ciclos económicos. Radicalmente distinta, sin embargo, ha sido la visión sobre la endogeneidad de las simetrías de las perturbaciones que se impuso entre los estudiosos después del inicio de la crisis financiera de 2008. Más allá de ciertos círculos virtuosos que se pudieran haber producido en los años iniciales de la bonanza mundial, la crisis dejó claro que las asimetrías de partida no pueden ser ignoradas y que, más importante aún, una unión monetaria puede producir un estado de "facilismo" que más bien profundice la brechas estructurales entre países.

3. REFORMULACIÓN DE LOS ELEMENTOS ESENCIALES DE LA TEORÍA DE LAS ÁREAS MONETARIAS ÓPTIMAS

La propuesta inicial de integrar áreas monetarias respondió a la preocupación por eliminar los costos e inconvenientes que se generan en las relaciones económicas entre países por el hecho de la existencia de distintas monedas que se intercambian a precios inciertos. Debían darse, sin embargo, ciertas condiciones para que el balance de costos y beneficios fuera favorable. Cinco décadas después de los primeros planteamientos teóricos sobre

---

[73] Ver Wyplosz (2006).

las áreas monetarias óptimas, ¿cuáles son los criterios que han mantenido relevancia en cuanto a la optimización de las áreas monetarias?

La cuestión crucial desde que el problema fuera planteado por Mundell y McKinnon es la disponibilidad de otros mecanismos de ajuste, distintos al cambiario, para enfrentar perturbaciones y asincronías con los ciclos económicos de los países vecinos. En función de esta disponibilidad es que la conformación de un área monetaria alrededor de una moneda común es posible y recomendable para aprovechar los beneficios fundamentalmente microeconómicos que se derivan de una moneda única para el intercambio de bienes y servicios. La optimización es definida en función de la capacidad para estabilizar los niveles de empleo y de precios. Mundell cuestiona que las fronteras de las soberanías nacionales, uno de cuyos principales símbolos es la potestad de emitir una moneda propia, sean el espacio óptimo para la existencia de una moneda. El concepto importante es el de la "región", que por sus sincronías estructurales presenta un nivel suficiente de homogeneidad económica y, por ende, se beneficia de una moneda común. Los límites geográficos de una región económica muy frecuentemente no coinciden con los límites políticos de las naciones. El mismo Mundell argumentaba que los Estados Unidos de América, como un todo, no conformaban un área monetaria óptima, mientras que los estados del Este o los del Oeste conformaban regiones más homogéneas y más aptas para compartir una moneda. Similar consideración podía hacerse para el Canadá.

Medio siglo después hay consenso sobre el hecho de que, en ausencia de flexibilidad cambiaria, la única forma de enfrentar las perturbaciones asimétricas entre regiones es a través de la movilidad de los factores de producción y/o flexibilidad en los precios de esos factores, fundamentalmente salarios, que permitan restituir los equilibrios de mercado después de una perturbación, sea esta positiva o negativa. Si esa movilidad y flexibilidad de factores son insuficientes, debe existir algún mecanismo de compensación o transferencia –de carácter fiscal, por ejemplo– que equilibre las cuentas externas y haga viable el ajuste recesivo de los precios internos. En la ecuación de costos y beneficios de renunciar a la flexibilidad cambiaria, el grado de integración económica entre las regiones, especialmente en los flujos comerciales, es un elemento que pesa a favor de la unión monetaria.

En consecuencia, las siguientes condiciones se consideran indispensables para la conformación de un área monetaria integrada[74]:

1. Simetría de las perturbaciones
2. Flexibilidad y/o movilidad de los factores de producción
3. Integración económica
4. Integración fiscal

El término integración fiscal que aquí se utiliza va más allá del cumplimiento de metas de déficit o de similares parámetros, y se refiere principalmente a la existencia de posibles mecanismos institucionales de transferencias fiscales entre los miembros de una unión monetaria.

Los países de un área monetaria deberían estar sometidos a perturbaciones macroeconómicas que presenten un grado suficiente de simetría y homogeneidad. Sin embargo, en la presencia inevitable de perturbaciones asimétricas, los países miembros del área monetaria integrada deben ser capaces de mostrar la necesaria flexibilidad en los mercados de factores de producción, especialmente en el mercado laboral, para enfrentar la asimetría. Y, lógicamente, la integración económica y fiscal de los países miembros del área monetaria debe ser suficientemente

---

[74] Para un desarrollo sistemático y pedagógico de los fundamentos económicos de la integración monetaria-cambiaria, ver de Grauwe (2009).

alta como para que los beneficios de usar una misma moneda excedan los costos de la rigidez cambiaria al interior de la unión.

Pueden presentarse múltiples combinaciones de diferentes grados de presencia de cada uno de estos criterios o condiciones que harán más o menos recomendable la conformación de un área monetaria común. Si la simetría de las perturbaciones es alta, menos necesario será recurrir a la flexibilidad de los factores para enfrentar eventuales perturbaciones. Este *trade off* o trueque queda expresado en el gráfico V.1.

GRÁFICO V.1
Simetría y flexibilidad

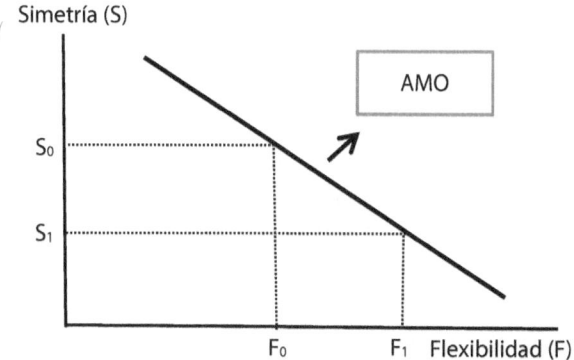

La línea diagonal representa todas las combinaciones de grado de simetría *s* y de flexibilidad *f* de factores que igualan los costos y beneficios de conformar una unión monetaria. La línea tiene una inclinación negativa ya que a menor nivel de simetría, más flexibilidad de factores será necesaria para absorber el impacto de perturbaciones. Dado un determinado nivel de simetría s_0 y de flexibilidad f_0, los puntos a la derecha de la línea diagonal representan un grado de flexibilidad más que suficiente como para que los beneficios de conformar un área monetaria superen sus costos. A la izquierda de la línea diagonal, la insuficiente flexibilidad hará que el costo macroeconómico de permanecer en una unión monetaria en términos de deflación, caídas del salario real y desempleo exceda el beneficio de la moneda común. Si el grado de simetría disminuyera a s_1, sería necesario disponer de una flexibilidad igual o mayor a f_1 para compensar las eventuales perturbaciones asimétricas.

Similar *trade off* se presenta entre el grado de simetría y el nivel de integración económica (gráfico V.2), cuya línea

GRÁFICO V.2
Simetría e integración

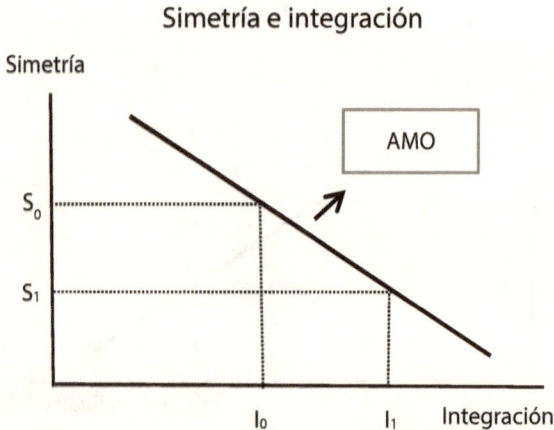

diagonal representa todas las combinaciones de simetría e integración mínimas para que haga sentido conformar un área monetaria entre un grupo de países. La inclinación es también negativa porque al reducirse la simetría de las perturbaciones aumenta el costo macroeconómico de formar parte de una unión monetaria y este costo debe ser compensado por un mayor grado de integración económica que incremente las ganancias en eficiencia microeconómica por el hecho de usar una moneda común. A la derecha de la línea y para un determinado grado de simetría s_0, los beneficios del mayor nivel de integración exceden los costos del ajuste frente a perturbaciones. Si el grado de simetría desciende a s_1, hará falta un grado de integración igual o mayor a i_1 para que los beneficios de ésta compensen la mayor presencia de perturbaciones asimétricas.

La lista de prerrequisitos o condiciones para la conformación de un área monetaria puede ser ampliada en función de regiones o circunstancias específicas. Sebastian Edwards (2006) presenta un "decálogo" de condiciones para un área monetaria integrada desde una perspectiva de países emergentes, específicamente de la región latinoamericana:

1. Similitud/sincronización de los choques externos
2. Movilidad de factores, especialmente de la fuerza laboral
3. Flexibilidad de precios y salarios
4. Alto nivel de integración comercial
5. Diversificación de las estructuras productivas y del comercio
6. Integración de los mercados financieros y de capitales
7. Similitud de tasas de inflación
8. Niveles bajos y similares de deuda pública
9. Ausencia de "dominancia fiscal" en países individuales
10. Coordinación de las políticas

Los primeros cinco puntos coinciden básicamente con los primeros tres aspectos resaltados por Paul de Grauwe (simetría, flexibilidad, integración económica), pero se añade la condición de la diversificación productiva entre países, la cual ha sido muy discutida en la literatura especializada desde que Peter Kenen la pusiera sobre el tapete en 1969 y postulara que economías poco diversificadas era mejores candidatas para conformar un área monetaria, ya que parecía existir una relación inversa entre diversificación productiva y el grado de integración y simetría entre países (ver sección 2 del capítulo III). En línea con este pensamiento de Kenen y contradiciendo la visión optimista de los precursores de la unión europea que estaban convencidos de que la moneda común iba a potenciar una creciente integración económica y una mayor simetría de los ciclos económicos, Paul Krugman (1991) plantea la tesis de que aun cuando las facilidades de un área monetaria única y las economías de escala asociadas a ella pudieran conducir a un incremento de la integración comercial, también conducirían a una mayor especialización y divergencia de las estructuras productivas de los países miembros. La reducción de barreras arancelarias tiene un doble efecto contrapuesto sobre la dispersión geográfica de las industrias, lo cual hace que el impacto de la integración comercial sobre la reducción de la asimetría no sea del todo univoco. Por una parte, el desmantelamiento de las barreras de entrada/salida permite a las industrias ubicarse cerca de los clientes. Pero por otra parte, ello permite también concentración geográfica de capacidades industriales con el objetivo de aprovechar economías de escala. De esta forma, la integración económica, en vez de mejorar endógenamente los niveles de simetría y sincronía de las perturbaciones, haría que perturbaciones específicas de sectores económicos se conviertan en perturbaciones específicas de países, lo que tornaría menos recomendable la renuncia a una moneda propia flexible. Cuál sea el saldo neto de este efecto contrapuesto de la integración económica y monetaria sobre el comercio intraunión, continúa siendo objeto de debate, pero la mayoría de los autores se inclinan a destacar el efecto positivo de la moneda común sobre la integración comercial.

El resto de los condicionamientos adicionales del decálogo tiene que ver, primero, con la extensión del requisito de integración al ámbito financiero y, segundo, con el marco institucional y la coordinación de las políticas económicas que garanticen una convergencia de las tasas de inflación y de los niveles de endeudamiento público. La experiencia histórica del ámbito latinoamericano está plagada de episodios de inestabilidad asociados a la debilidad de los marcos institucionales nacionales.

No cabe duda de que el marco institucional de coordinación de las políticas ha demostrado, a posteriori, ser crucial para la viabilidad de las uniones monetarias. La adopción de una política monetaria común no se pone en discusión, no así el establecimiento comunitario del marco fiscal, ya que las decisiones de tributación, endeudamiento y gasto público se quieren preservar para el ámbito de la soberanía de cada país. Sin embargo, la existencia de un grado mínimo de centralización fiscal que permita realizar transferencias de recursos entre los miembros de la unión, se ha venido perfilando como un elemento central para la viabilidad de las uniones monetarias[75]. Estas transferencias fiscales disminuyen directamente el costo del ajuste cuando los grados de simetría, flexibilidad o integración no son suficientes.

Está empíricamente demostrado, por ejemplo, que los Estados Unidos de Norteamérica no necesariamente conforman un área monetaria óptima, específicamente en lo referente a asimetrías y al nivel de integración económica entre sus diferentes regiones. Las disparidades macroeconómicas entre una región predominantemente agrícola y otra con vocación industrial dentro de los Estados Unidos probablemente sean mayores a las que se puedan presentar entre cualesquiera de dos países de la Unión Monetaria Europea. Estas asimetrías, sin embargo, pueden ser compensadas a través de dos mecanismos: en el corto plazo, las transferencias fiscales desde el nivel federal hacia los niveles estadales permiten absorber temporalmente los impactos negativos de las perturbaciones asimétricas; a mediano y largo plazo, la movilidad de factores de producción, especial-

---

[75] Ver Beetsma et al. (2010).

mente de la fuerza laboral, se encarga de completar el ajuste necesario, en ausencia de un mecanismo de ajuste cambiario. Debe advertirse, empero, que la centralidad fiscal, aun cuando se considera un elemento crucial de la arquitectura de una integración monetaria, no está en capacidad de sustituir permanentemente la ausencia de otros mecanismos de movilidad e integración.

4. REVISIÓN DE LA EFECTIVIDAD DE LAS POLÍTICAS EN EL MARCO DE LAS NUEVAS PRIORIDADES DE ESTABILIDAD NOMINAL

El cambio de preferencias de la sociedad ha sido el elemento de mayor influencia en el replanteamiento teórico y práctico del tema de la integración monetaria. Al menos desde mediados de los ochenta, el objetivo de una tasa de inflación baja y estable ha pasado a ocupar el más alto rango en la formulación de las políticas económicas. La libertad para modificar el tipo de cambio se considera deseable, siempre y cuando ella permita aislar la economía de impulsos inflacionarios externos. Quienes eventualmente más tendrían que perder con la renuncia a la flexibilidad cambiaria serían los países con baja inflación. Pero cuando una economía confronta dificultades internas para alcanzar un nivel adecuado de inflación, la incorporación a un área monetaria dominada por una moneda fuerte con alta reputación antiinflacionaria aporta un claro y determinante beneficio para el país entrante. En los nuevos enfoques, por lo tanto, reputación y credibilidad de la autoridad monetaria son elementos esenciales para la definición de condición óptima de un área monetaria. Tanto la flotación pura como formas más avanzadas de integración monetaria-cambiaria se sopesan ahora predominantemente en función de su repercusión sobre la inflación y la estabilidad nominal dentro del marco de preferencias de la sociedad.

En la teoría tradicional de las áreas monetarias óptimas, la pérdida de independencia de la política monetaria en un régimen de integración con movilidad de capital era considerada un costo excesivamente alto en comparación con el potencial beneficio de la estabilidad de precios. A tono con la preferencia del momento por la consecución del pleno empleo y la moderación de los ciclos económicos, cualquier renuncia a un instrumento de política para el logro de ese objetivo no se percibía como justificable. La política cambiaria era uno de esos instrumentos de gran valor. En la medida en que es mayor la flexibilidad cambiaria, mayor margen de actuación existe para la política monetaria anticíclica, y viceversa.

4.1. El trueque inflación vs. desempleo y la ilusión monetaria

Esta percepción positiva acerca de los beneficios de la autonomía monetaria se basaba en gran medida en la creencia de que realmente existía un trueque (*trade off*) "estable" entre inflación y desempleo del tipo expresado en la curva de Phillips. Mediante políticas monetarias expansivas, que eventualmente iban a generar una mayor inflación, era posible estimular la actividad económica, el consumo, la inversión y, al final, el empleo, que era el objetivo prioritario de las políticas públicas. La inflación resultante se consideraba justificada por el logro de una reducción del nivel de desempleo.

Gráficamente este trueque adquiere la forma de una curva cóncava, la llamada curva de Phillips, como la expresada en el Gráfico V.3. En la coordenada vertical se reflejan los valores de la inflación y en la horizontal los niveles de desempleo. En la medida en que el gobierno quiera moverse hacia la izquierda en la línea del desempleo, deberá adoptar políticas monetarias expansivas para estimular la actividad económica, aunque ello signifique validar aumentos de precios. El proceso inflacionario se desata por el doble efecto de, por una parte, el impacto directo del aumento de la masa monetaria sobre los precios y, por otra parte, del impacto indirecto de los aumentos salariales en un mercado laboral más demandado por el mayor deseo de contratación por parte de las empresas. De esta forma la economía se desplazaría sobre la curva desde el punto A hasta el punto B, caracterizado por un menor desempleo y una mayor inflación.

Si la economía se encuentra en el punto B y las autoridades consideran que ese nivel de inflación es inconveniente o que el

GRÁFICO V.3
Trueque inflación-desempleo con ilusión monetaria

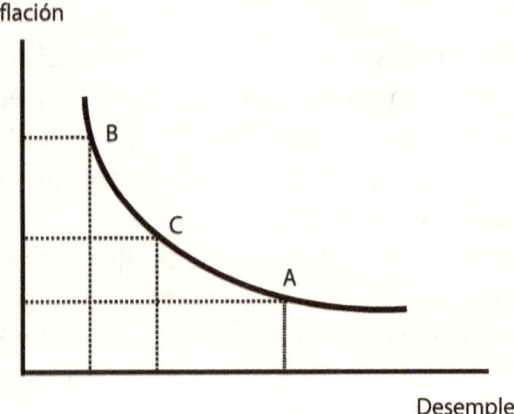

mercado laboral está recalentado, el curso de acción anti-inflacionario consistiría en la aplicación de políticas restrictivas que enfríen la economía y disminuyan la presión sobre los precios, a costa de un aumento del desempleo. La economía se desplazaría sobre la curva desde el punto B a eventualmente el punto C, consistente en una combinación de inflación y de desempleo que resulte aceptable dentro de la función de preferencias del gobierno y la sociedad.

En el desarrollo teórico-empírico posterior, la supuesta relación de intercambio entre inflación y desempleo fue cuestionada por dos fenómenos crecientemente presentes en las economías modernas. En primer lugar, los contratos salariales suelen pactarse cada vez más sobre la base de la inflación "esperada", tal como lo asumían Friedman (1968) y Phelps (1968) en su crítica a la ilusión monetaria. Y, por otra parte, los agentes económicos acostumbran a anticipar las políticas gubernamentales en línea con el comportamiento de las "expectativas racionales", lo cual fue resaltado ya por Muth (1961) y Lucas (1973). A pesar de que los aportes de estos autores fueron formulados durante los sesenta y principio de los setenta, no entraron a formar parte del bagaje teórico y práctico de la economía "oficial" sino hasta bien entrada la década de los ochenta, cuando los *shocks* inflacionarios de la década anterior en un contexto de flotación cambiaria cuestionaron importantes principios del activismo keynesiano.

La clave de esta revisión de la teoría convencional es que más allá de la "ingenuidad" del corto plazo, los agentes económicos actúan de manera racional en función de expectativas, las cuales se forman en el proceso de aprendizaje de experiencias pasadas. Si los asalariados han observado que anteriores políticas monetarias expansivas han derivado en mayores niveles de inflación que han erosionado el valor real de su salario, presionarán por aumentos salariales compensatorios que preserven su ingreso real. El incentivo inicial de la reducción del costo real de la mano de obra que las empresas pudieran haber tenido para contratar más trabajadores y reducir el desempleo se diluye frente a estas reivindicaciones salariales anticipadas. Todo ello redunda en que la reducción del desempleo es mucho menor por efecto de estas anticipaciones.

GRÁFICO V.4
Trueque inflación-desempleo con expectativas
racionales

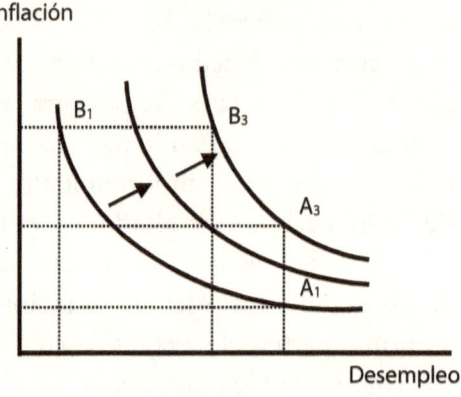

Expresado visualmente en el Gráfico V.4, el efecto expectativa se traduce en un desplazamiento iterativo de la curva de Phillips hacia arriba, lo cual significa que para reducir una determinada proporción de desempleo, las autoridades tienen que emprender políticas expansivas cada vez más agresivas y aceptar niveles de inflación cada vez más altos. Si inicialmente el nivel de desempleo del punto A_1 se podía lograr con relativamente moderada expansión monetaria y baja inflación, con el efecto de las expectativas habrá que "inflacionar" más y más la economía para simplemente preservar un determinado nivel de empleo. De esta forma, la economía se terminaría posicionando en un eventual punto A_3 de sensiblemente mayor inflación sin ganancias de empleo. Y si inicialmente la economía se encontrara en el punto B_1, caracterizado por una apreciable reducción del desempleo y una alta inflación a causa del estímulo monetario, el aprendizaje de los agentes económicos, especialmente de los asalariados, de que la inflación reduce su salario real haría que se anticiparan a la inflación en futuras negociaciones contractuales. Así es que la economía pudiera terminar ubicándose en un punto B_3, donde no es posible reducir la inflación ni siquiera aceptando un mucho mayor desempleo. Es decir, que en el mediano y largo plazo la economía no se mueve sobre la curva (el trueque), sino que se desplaza hacia arriba en nuevas curvas, cada vez más verticales. En la medida en que la relación entre inflación y desempleo se torna más vertical, o dicho en otras palabras, cuanto menor sea la "ilusión" monetaria de los agentes económicos, más ineficiente es la política monetaria o cambiaria para influenciar la economía real y el empleo.

Más allá del corto plazo, por consiguiente, la curva de Phillips tiende a ser vertical, indicando que el mecanismo de inflacionar la economía para disminuir el desempleo no pasa de tener un efecto pasajero. A largo plazo, las economías se ubican en su nivel "natural" de empleo, que es determinado exclusivamente por factores reales (población, productividad, nivel educativo y tecnológico...) y no manipulaciones de los niveles nominales de precios internos o del tipo de cambio. Esta tasa natural de desempleo se denomina técnicamente "tasa de desempleo no aceleradora de la inflación" (NAIRU: *Non Accelerating Inflation Rate of Unemployment*).

Conforme la evidencia empírica mostraba que el trueque inflación-desempleo no era estable, es decir, que a lo sumo era válido en el muy corto plazo, el valor asignado a la independencia monetaria en el debate sobre la elección de régimen cambiario-monetario fue disminuyendo. Si los niveles de producto y empleo no eran influenciables sostenidamente por actuaciones monetarias, la pérdida de autonomía monetaria que implicaba un régimen de integración monetaria era menos grave. Igual argumentación es aplicable al mecanismo de la devaluación y su efecto sobre la competitividad real. El desplazamiento de la curva de Phillips sobre la línea vertical de la tasa natural de desempleo significa que el único beneficio de la flotación cambiaria es la posibilidad de elegir tasas de inflación diferentes a las de los países vecinos, pero sin un efecto permanente sobre los niveles de actividad y de empleo.

En el fondo del asunto está nuevamente la cuestión acerca de la efectividad de cambios nominales como herramienta de política para alcanzar efectos reales. En qué medida la renuncia a la flexibilidad cambiaria implica un costo para la sociedad, dependerá de la capacidad de afectar permanentemente el tipo de cambio *real* mediante variaciones del tipo de cambio nominal, así como el rezago con el que variaciones del tipo de cambio real se traducen en efectos reales. La evidencia empírica en la mayoría de los países industrializados indica que las devaluaciones nominales únicamente son capaces de provocar una devaluación real *temporal*, lo cual sugiere que el tipo de cambio nominal (al igual que el dinero) es neutral en el largo plazo. Ciertamente existe una correlación estrecha entre variaciones nominales y reales del tipo de cambio, pero esa correlación no es extensible en el largo plazo. Mientras que la mayoría de los economistas coinciden en reconocer ciertos efectos de corto plazo, la polémica se centra en cuán corto es ese corto plazo y cuán intensivo y perdurable sea el efecto.

Ello no quiere decir, sin embargo, que la herramienta cambiaria no pueda ser útil para suavizar temporalmente el proceso de ajuste de una economía, pero la conclusión más aceptada hoy parece ser que las devaluaciones no pueden ser usadas con frecuencia para corregir perturbaciones, ya que desatan expectativas nocivas que anulan su efectividad. Adicionalmente existe un rezago en la transmisión de variaciones nominales del tipo de cambio a las magnitudes reales por la existencia de "costos perdidos" de instalación en un mercado y de retiro de ese mercado, lo cual hace que la reacción de los agentes económicos frente a modificaciones del tipo de cambio real sea más bien lenta.

4.2. Construcción de reputación: reglas y credibilidad prestada

Dos son los motivos principales que tienen los gobiernos para inflacionar la economía. El primero de ellos, el financiamiento monetario del déficit a través del impuesto del señoreaje, afecta especialmente a economías menos desarrolladas con sistemas impositivos deficientes. El segundo motivo responde al deseo de obtener ganancias de empleo a costa de inflacionar la economía. En ambos casos, la persistencia de la inflación, una vez desatada, se explica por el alto costo real que implica la reducción de la inflación en presencia de comportamientos de formación de precios basados en observaciones pasadas. En ambos casos también, la dinámica de acción y reacción de los agentes privados y del gobierno, que actúa guiado por expectativas racionales y por el deseo de minimizar las pérdida, se convierte en el principal motor de aceleración o desaceleración de la inflación.

Una forma de aumentar la efectividad de las acciones de política económica es a través de una mejor reputación de las autoridades en cuanto a su compromiso en pro de la estabilidad inflacionaria. Acabamos de ver que la ganancia de empleo a través de políticas expansivas que generan inflación pierde eficiencia en el transcurso de ese juego de acción y reacción entre el gobierno y los agentes económicos. La única forma de que una expansión monetaria o una devaluación cambiaria surtan su efecto es cuando son sorpresivas, es decir, cuando los agentes económicos no las esperan y, por ende, no se pueden proteger contra ellas. De ahí que todo gobierno tiene el incentivo inicial de "engañar" a través de acciones sorpresivas, pero que son racionales y consistentes con su mandato de generar empleo y actividad económica. De este incentivo racional para engañar se deriva la "inconsistencia temporal" de las políticas económicas.

Ahora bien, se puede sorprender al público algunas veces durante algún tiempo, pero no siempre. Al final, el gobierno deja de ser creíble, pierde su reputación. Cuando más allá del corto plazo los agentes económicos establecen el vínculo de las actuaciones del presente con las consecuencias del futuro y la autoridad económica sopesa el efecto de su acción sorpresiva hoy sobre la formación de expectativas de los agentes en períodos posteriores, lo que en un momento inicial pudo haber sido un comportamiento racional del gobierno empieza a dejar de serlo. El gobierno empieza a percatarse que el desempeño en materia de inflación podría mejorar si un conjunto de reglas comprometieran la acción futura de la autoridad económica a favor de una mayor estabilidad de precios. Tales reglas son en última instancia contratos de largo plazo entre el gobierno y los agentes privados, que reducen la discrecionalidad y reflejan el compromiso del gobierno de no hacer trampa. Similar efecto estabilizador pudiera conseguirse si el gobierno logra construir una reputación antiinflacionaria a base de renunciar consistentemente a las ganancias de corto plazo obtenidas mediante inflación sorpresiva. Si la autoridad, por ejemplo, se ata desde un principio a un objetivo de inflación baja o nula, el resultado final pudiera ser el mismo nivel de desempleo natural, pero con un nivel de inflación inferior al del equilibrio discrecional.

Para que la reputación se consolide, el público tiene que percibir a priori, y comprobar a posteriori, que el gobierno le otorga al costo de la inflación un mayor peso dentro de su función de ganancias y pérdidas. Para que esto suceda, el gobierno tiene que incorporar en el costo actual de la inflación el valor presente de las pérdidas futuras de una creciente inflación. Cuanto más alta sea la tasa de descuento de esas pérdidas futuras, más factible es que el gobierno opte por construir la reputación.

El problema con la reputación es que tarda tiempo en ser construida. Un atajo para conseguir el mismo efecto pudiera consistir en reforzar la institución responsable de la política monetaria, asignándole como objetivo prioritario el control de la inflación y dotando al banco central de las personas adecuadas y de independencia de actuación. En su influyente ensayo, Rogoff (1985) propone como una posible solución nombrar al frente del banco central a "conservadores", que le asignen al objetivo de estabilizar la inflación un mayor peso del que el resto del gobierno y de la sociedad le otorgan. Ello es necesario por cuanto la dinámica del juego inflacionario en un contexto discrecional muestra que la economía termina posicionándose sistemáticamente en un nivel de inflación excesivamente alto, incluso si la autoridad monetaria se atiene estrictamente a maximizar la función de bienestar social.

La credencial antiinflacionaria del banco central puede ser también fortalecida mediante el establecimiento de reglas que apunten hacia objetivos monetarios intermedios o directamente hacia un nivel objetivo de inflación. La adopción de reglas constituye una respuesta institucional al problema de la incon-sistencia temporal de las políticas, por el hecho de que las reglas reducen los incentivos de la autoridad para recurrir al meca-nismo de la inflación inesperada. La clave del efecto beneficioso de las reglas reside en el hecho de que incrementan el costo político de su incumplimiento. Conocedores de este costo político, los agentes económicos privados tienen más motivos para creer en el anuncio del compromiso de las autoridades de controlar la inflación, lo cual ejerce un efecto moderador sobre sus expectativas a la hora de fijar los precios que regirán en cada nuevo periodo. Los costos derivados del incumplimiento de la inflación esperada son mayores en un marco reglado que en un marco discrecional. En consecuencia, un compromiso creíble del banco central conduce a una menor tasa de inflación de equilibrio, entendiendo por equilibrio la estabilidad en el tiempo de esa tasa[76].

4.3. Flexibilidad discrecional vs. compromiso: potencial estabilizador

Otra vía para incrementar la credibilidad, especialmente en países con mal record en materia inflacionaria, consiste en subordinar la política monetaria a la de otro banco central que tenga una alta reputación de estabilidad. Ello puede hacerse en la versión suave de atar la paridad de la moneda local a la moneda del país fuerte, o en la versión fuerte de adoptar la moneda de ese país como moneda de curso legal (dolarización) o conformar un área monetaria integrada alrededor de una nueva moneda común. De cualquiera de estas formas, el banco central del país con mal record inflacionario "toma prestada" la credibilidad del banco central de mejor reputación.

Veamos gráficamente cómo la credibilidad puede hacer que una economía alcance su nivel natural de empleo a un costo de inflación mucho menor. El proceso interactivo de determinación de la inflación de equilibrio arriba descrito se expresa diagramáticamente en los gráficos V.5 y V.6, donde se observa la dinámica de los sucesivos intentos de obtener ganancias de empleo mediante políticas expansivas inflacionarias y se compara cual sería el nivel de equilibrio en cada uno de los dos tipos de régimen cambiario-monetario.

---

[76] La credibilidad del compromiso depende estrechamente del grado de independencia efectiva del banco central frente al gobierno. Alesina y Summers (1993) y Cukierman (1992) han estudiado ampliamente la importancia de esta independencia para la estabilidad de precios. Una interesante polémica sobre el tema puede verse en los trabajos de Fischer (1995), Alesina y Gatti (1995) y McCallum (1995).

GRÁFICO V.5
Proceso inflacionario bajo régimen flexible discrecional

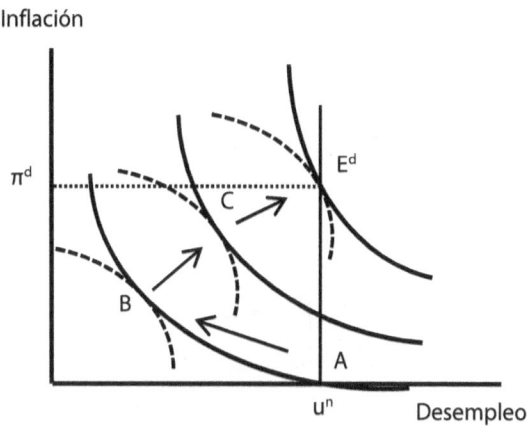

El escenario base (Gráfico V.5) es el de un gobierno que ejerce su política monetaria de manera discrecional en un marco de autonomía y flexibilidad cambiaria y que, como consecuencia de ello, goza de un bajo nivel de credibilidad antiinflacionaria. En este escenario es previsible que la inflación de equilibrio sea relativamente alta. Se incorpora a continuación el escenario de compromiso creíble de la autoridad monetaria en pro de la estabilización de la inflación en un nivel bajo (Gráfico V.6). La credibilidad del compromiso puede estar basada tanto en la acumulación de reputación a través del tiempo, como en la existencia de reglas que constriñan la actuación gubernamental o en la incorporación a un área monetaria de buena reputación antiinflacionaria. La representación gráfica sirve para mostrar cómo un gobierno más proclive a la inflación y a la devaluación puede mejorar su desempeño, si decide tomar "prestada" la credibilidad de un banco central conservador al atar su moneda a la de ese país.

GRÁFICO V.6
Proceso inflacionario bajo compromiso creíble

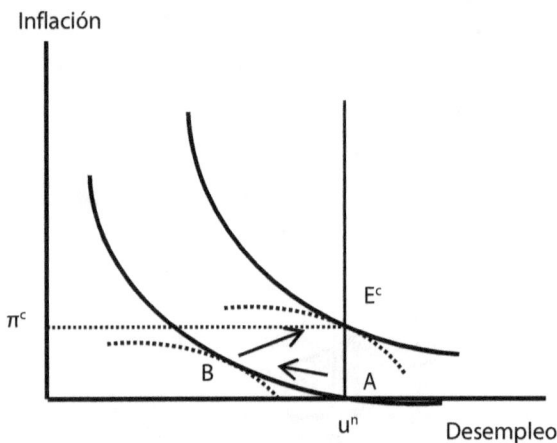

La diferencia básica entre ambos escenarios reside en las preferencias de las autoridades respecto al trueque entre inflación y desempleo. Gobiernos más populistas y más amigos de tener las manos libres para adoptar discrecionalmente políticas que incentiven la actividad económica y el empleo, acostumbran a darle más importancia a la disminución del desempleo que al logro de una baja inflación. Gobiernos más ortodoxos que privilegian la estabilidad de precios por sobre el estímulo del empleo, le dan más importancia al control de la inflación y asumen el compromiso correspondiente. Estas diferentes preferencias de las autoridades se expresan gráficamente mediante las curvas de indiferencia –las curvas convexas de trazo punteado–, en las que están representadas las funciones objetivo de las autoridades y de la sociedad. Se denominan curvas de "indiferencia" porque ellas representan las combinaciones –preferencias– de inflación y desempleo que tienen el mismo valor para el gobierno o la sociedad, es decir, aquellas donde le resulta indiferente ubicarse en unas o en otras combinaciones. Igual valor dentro de las preferencias del gobierno tiene un punto en la parte alta de la curva, caracterizado por mayor inflación y menor desempleo, que otro en la parte baja de la curva, con menor inflación y mayor desempleo.

La pendiente de las curvas de indiferencia revela el peso relativo que las autoridades confieren a los objetivos de reducir la inflación y el desempleo. Pendientes más pronunciadas como las del Gráfico V.5 corresponden a gobiernos discrecionales (activistas monetarios y cambiarios), que están dispuestos a sacrificar la estabilidad de la inflación a cambio de menor desempleo o, dicho en otros términos, valoran proporcionalmente más la reducción del desempleo que la inflación que se pueda generar con las políticas expansivas. Mientras que curvas con pendientes menores (Gráfico V.6) se corresponden con una actitud más dura respecto de la inflación, según la cual el gobierno está dispuesto a aceptar proporcionalmente un mayor aumento del desempleo a cambio de una disminución relativamente menor de la inflación.

¿En qué punto concreto de la curva de indiferencia decidirá colocarse el gobierno? ¿Qué combinación de inflación y desempleo elegirá? Para ello necesitamos introducir en la representación las ya conocidas curvas de Phillips, que son las curvas cóncavas de trazo continuo. Ese punto de decisión es la confluencia tangencial de la curva convexa de indiferencia con la curva cóncava de Phillips, el cual define ese trueque de inflación y desempleo que coincide con un punto de indiferencia del gobierno o de la sociedad.

Combinando las curvas punteadas de indiferencia con las curvas continuas de Phillips de corto plazo, observemos gráficamente el proceso de engaño y reacción que conduce al equilibrio, entendiendo por éste aquel donde la tasa de inflación se torna temporalmente consistente, es decir, donde la inflación observada coincide con la inflación esperada y, por lo tanto, los agentes económicos ya se sienten anticipadamente protegidos contra la inflación venidera y se quedan "quietos". En el caso de la política discrecional (Gráfico V.3), el proceso arranca en el punto A de un mundo ideal, en el que la inflación es inexistente y el desempleo está ubicado en su nivel natural de largo plazo u^n. En un mundo de expectativas racionales, sin embargo, esta tasa de inflación cero no es sostenible, mientras exista el incentivo de un agente del juego de sacar ventaja del otro mediante la acción sorpresiva. Este incentivo existe porque el gobierno tiene la posibilidad de ubicarse en una curva de indiferencia inferior, en la que obtiene –temporalmente– una combinación de menor desempleo y un nivel moderado de inflación (punto B). Para pasar de A a B, el gobierno solo tiene que generar inflación inesperada. Los agentes privados reaccionan frente a este engaño en el siguiente período y elevan sus expectativas de inflación, con lo cual desplazan hacia arriba la curva de Phillips (equivalente a una mayor inflación para una misma tasa de desempleo) y ubican la economía en una curva de indiferencia superior (punto C). El proceso de engaño y reacción continúa en períodos sucesivos hasta que la economía encuentra la tasa de inflación de equilibrio E^d (equilibrio discrecional), en la que la inflación observada y la esperada se igualan, porque las autoridades no tienen más incentivos para generar inflación sorpresiva. La tasa de desempleo resultante será la misma tasa natural del punto de partida, u^n, evidenciando que en el largo plazo la curva de Phillips es vertical.

Suponiendo que las autoridades hubieran adoptado desde el inicio un compromiso antiinflacionario creíble (Gráfico V.6), las curvas de indiferencia hubieran tenido una pendiente menos pronunciada como reflejo de la mayor preferencia por la estabilidad de precios. También en este escenario es posible que el gobierno intente moverse sobre la curva de Phillips para reducir el desempleo con un moderado aumento de la inflación. El proceso de aprendizaje de los agentes económicos desplazará igualmente la curva hacia arriba, pero con la gran diferencia de que ahora las curvas de indiferencia son más chatas y la economía alcanza en un tiempo más corto una inflación de equilibrio en el punto E^c (equilibrio creíble). Esta es una inflación inferior a E^d, y con una tasa de desempleo similar a la del escenario discrecional. Incluso no es descartable que la tasa de desempleo no aceleradora de la inflación pueda ser inferior en economías más estables (es decir, $u^{cn} < u^{dn}$) a causa de los efectos nocivos que la inflación causa sobre el potencial de crecimiento de la economía.

Dado que este mismo efecto de achatamiento de las curvas de indiferencia puede conseguirlo un gobierno adoptando la moneda de otro país con baja inflación o conformando un área monetaria con un banco central más creíble, esta representación gráfica pudiera extrapolarse para analizar la dinámica diferenciada entre un país que opta por la autonomía monetaria y la flexibilidad cambiaria, sin gozar de suficiente credibilidad, y otro país que opta por tomar prestada la credibilidad de la unión monetaria a la que se integra. De hecho, esta ha sido la motivación de casi todos los países que han optado por la dolarización o por la moneda común desde una posición de relativa debilidad. En efecto, una vía usual para incrementar la credibilidad, especialmente en países con mal record en materia inflacionaria, consiste en subordinar la política monetaria a la de otro banco central que tenga una alta reputación de estabilidad. Ello puede hacerse en la versión suave de atar la paridad de la moneda local a la moneda del país fuerte, o en la versión fuerte de adoptar la moneda de ese país como moneda de curso legal (dolarización) o conformar un área monetaria integrada alrededor de una nueva moneda común. De cualquiera de estas formas, el banco central del país con mal record inflacionario "toma prestada" la credibilidad del banco central de mejor reputación.

5. MOVILIDAD DE CAPITAL Y CREDIBILIDAD IMPERFECTA: LOS AVATARES DE LA RIGIDEZ CAMBIARIA Y DE LA INTEGRACIÓN MONETARIA

Más allá del atractivo natural que tiene la estabilidad cambiaria, la vida real demuestra la alta vulnerabilidad de esquemas de rigidez cambiaria. Diversas amenazas se han mencionado a lo largo del libro. Definitivamente, la rigidez cambiaria no es un sustituto de la estabilidad monetaria, ni tampoco un atajo para evadir la difícil senda de construcción de credibilidad. Un cambio fijo no es sostenible, por ejemplo, cuando subsisten diferencias importantes de inflación. En la economía real, tales diferencias erosionan la posición competitiva del país con mayor inflación y terminan generando déficit insostenibles en su cuenta corriente. Solamente mediante restricciones al flujo de capitales pudiera concebirse la coexistencia de diferenciales de inflación con tipo de cambio fijo. Desde el punto de vista monetario, la combinación de cambio fijo, movilidad de capital y divergencias en la política monetaria es sencillamente imposible de compatibilizar (lo que en el capítulo II denominábamos la "trinidad imposible").

Tampoco es sostenible un cambio fijo cuando el tipo de cambio real de equilibrio sufre modificaciones sustanciales y frecuentes, debido, por ejemplo, a *shocks* contra los términos de intercambio. La percepción de los agentes económicos de que el tipo de cambio nominal no se corresponde con un nivel real de equilibrio desata movimientos especulativos que debilitan la posición de reservas del país débil hasta el punto de hacer insostenible la paridad cambiaria. Incluso en ausencia de movimientos especulativos, la desviación del tipo de cambio real generará desequilibrios en la balanza de pagos, que terminarán afectando también la posición de reservas. Finalmente, un cambio fijo no es políticamente viable, si los precios y salarios no son suficientemente flexibles hacia la baja, porque en ese caso el costo del ajuste en desempleo sería excesivamente alto.

En otro orden de ideas, la volatilidad de los precios de los activos financieros, que en el capítulo anterior se mencionó como argumento en pro de la rigidez cambiaria, tiene también una cara opuesta, en el sentido de que la sensibilidad del tipo de cambio a los cambios de expectativas puede conducir a reacciones erráticas del mercado cambiario, que terminen afectando la credibilidad del compromiso de defensa de un determinado nivel de tipo de cambio. Cuando la credibilidad del compromiso se resquebraja, un régimen de cambio fijo puede derivar en una inestabilidad mayor que un régimen de cambio flexible, tal como lo demuestra la mayor volatilidad relativa de las economías latinoamericanas con regímenes fijos. También la experiencia cambiaria europea del bienio 1992-1993 demostró que regímenes de tipo de cambio fijo no son garantía automática de estabilidad de precios e, incluso, pueden en determinadas circunstancias generar brotes inflacionarios. El posible conflicto entre tipo de cambio fijo y estabilidad de precios obedece al hecho de que, en determinadas circunstancias, la defensa del tipo de cambio induce una política monetaria procíclica de carácter desestabilizador.

La vulnerabilidad frente a ataques especulativos es, ciertamente, la principal objeción contra regímenes de cambio fijo. Esta clase de regímenes se convierten usualmente en "apuestas de una sola dirección" para los especuladores. Esto no sería motivo de preocupación si los mercados cambiarios fueran eficientes y racionales, pero, como argumentábamos más arriba, la hipótesis de la eficiencia del mercado cambiario no ha sido validada por la observación empírica, en cuyo caso la especulación puede tener un efecto desestabilizador en vez de estabilizador. La economía se ve sometida a un grado de incertidumbre y volatilidad superior al que hubiera sido teóricamente necesario para restituir el equilibrio real y monetario.

Hablando desde un punto de vista estrictamente técnico-cuantitativo, el problema de la viabilidad de regímenes de cambio fijo no depende principalmente de la disponibilidad de reservas. La mayoría de los bancos centrales estarían hoy en día en condiciones de defender su tipo de cambio fijo. Ya sea individualmente o en esquemas de intervención conjunta, los bancos centrales tienen usualmente acceso a suficientes reservas como para recomprar totalmente la base monetaria. Es cierto que la base monetaria puede experimentar un brusco incremento si, como consecuencia de una crisis bancaria sistémica, el banco central se ve forzado a actuar como prestamista de última instancia. Pero incluso en ese caso existe la posibilidad de esquemas de salvamento internacional del país víctima de la corrida, que podrían hacerle frente a demandas de conversión de la liquidez ampliada o, en otros casos, apelar a esquemas de seguros contra tal eventualidad.

La viabilidad de regímenes fijos depende más de factores políticos que de condiciones técnicas. Obstfeld y Rogoff (1995) hicieron a mediados de los 90 un recuento de los países que habían logrado mantener un tipo de cambio fijo por cinco años o más e indagan sobre las causas de su sobrevivencia. Ninguna economía grande entró en esa categoría. Solo un puñado de países medianos (Austria, Holanda, Luxemburgo, Hong Kong y Arabia Saudita) habían perseverado con un cambio fijo, la mayor parte de ellos por más de 10 años continuos. El resto de los países con cambio fijo, 28 en total, eran todos países muy pequeños, algunos diminutos y varios sin real autonomía política o económica. Prácticamente todos esos minipaíses estaban atados a una moneda hegemónica desde hacía más de 20 años frecuentemente la moneda de reserva y de la moneda local coexistían como monedas de curso legal.

Puestos a indagar sobre elementos comunes que explicarían la capacidad de sobrevivencia de la rigidez cambiaria en esos países, llama la atención, en primer lugar, que todos ellos han decidido subordinar su política monetaria a la de un país más grande. En segundo lugar, todos se caracterizan por un alto grado de credibilidad del compromiso de fijación cambiaria. Ello se debe al fuerte consenso social y político sobre la primacía de la estabilidad cambiaria por encima de cualquier otro objetivo. Con frecuencia, la existencia de arreglos institucionales y legales (juntas monetarias, caja de conversión, leyes de convertibilidad, etcétera) refuerzan el compromiso cambiario de las autoridades de turno [77] Por lo general, todos estos países mantienen reservas internacionales iguales o superiores a la base monetaria. Lo importante es que el público perciba que las autoridades están dispuestas a utilizar *todas* sus reservas en la defensa del tipo de cambio, no importa cuales sean las consecuencias de la contracción de la liquidez interna.

Pero si el compromiso de mantener la paridad carece de credibilidad suficiente, un régimen de cambio fijo suele ser muy costoso de preservar. Cuando, por ejemplo, en la segunda mitad de 1992 varias monedas pertenecientes al Mecanismo Cambiario Europeo sufrieron severos ataques especulativos, los mercados sabían que la defensa de esas monedas iba a ser demasiado costosa y dolorosa y que las paridades cambiarias terminarían siendo abandonadas. Ante esta falta de credibilidad de los países individuales fue necesario adelantar el calendario de

---

[77] Entre la condiciones para adoptar un régimen de cambio fijo, Williamson (1991) enfatiza especialmente la disposición del país para poner en práctica arreglos institucionales que aseguren la continuidad de la credibilidad en el compromiso de defensa de la paridad fija.

la unificación monetaria europea y firmar los tratados correspondientes. Este episodio, y muchos otros en la historia financiera mundial, demuestran que el desarrollo y mantenimiento de la credibilidad se ha convertido en una tarea crecientemente difícil en un mundo de altísima movilidad de capital e integración de los mercados financieros. Fueron estas experiencias las que en la década de los 90, en la que tuvo lugar la crisis europea de 1992-1993 y luego la crisis asiática de 1997-1999, hicieron surgir legítimas dudas sobre la viabilidad de esquemas cambiarios intermedios entre la flotación pura y la unión monetaria.

La razón es simple: los tipos de cambio expresan el valor relativo entre dos monedas fiduciarias, cuyo valor es determinado por decisiones soberanas de las autoridades económicas respectivas. Por definición, los tipos de cambio están ahí para ser modificados. La única forma de mantener fija la paridad, y siempre y cuando no sucedan modificaciones de los "fundamentos" de las respectivas economías reales, es por medio de una perfecta coordinación de políticas macroeconómicas, sobre todo monetarias, o a través de la renuncia de uno de los dos países a su autonomía monetaria. En ambos casos, la pregunta obvia es por qué no adoptar directamente una moneda única o, en el extremo opuesto, abandonar totalmente la idea de la rigidez cambiaria. Esta "huida hacia las esquinas", que reseñábamos en el capítulo II, hizo pasar temporalmente de moda las soluciones intermedias.

Todas estas consideraciones, pero especialmente la magnitud y la velocidad de los movimientos de capital en ambientes de credibilidad imperfecta han obligado a la teoría económica a tomarse nuevamente muy en serio la discusión de las áreas monetarias óptimas. La visión tradicional era más bien pesimista acerca de la viabilidad y conveniencia de uniones monetarias. Los costos de renunciar a la política cambiaria se consideraban altos y los beneficios de la fijación cambiaria prácticamente inexistentes. La inflación no era un problema. Sin embargo, una revisión más sobria de los costos y beneficios de la flexibilidad cambiaria a la luz de la experiencia concreta ha inclinado la balanza a favor de esquemas que propicien la estabilidad. La renuncia al uso del tipo de cambio como herramienta de ajuste puede únicamente considerarse un costo, si esa herramienta fuese realmente efectiva para aislar la economía de perturbaciones externas, cosa que los hechos no siempre han validado. Por otra parte, el eventual beneficio de la autonomía cambiaria y/o monetaria debe ser sopesado contra la eventual inestabilidad resultante del nivel de precios.

Tal como señalábamos más arriba, la experiencia ha enseñado que el tipo de cambio no es un instrumento que la autoridad económica pueda usar a su antojo y gratuitamente. El (ab)uso repetido de la devaluación como mecanismo expansivo solo conduce a una mayor inflación, que no suele venir acompañada de una mejoría duradera del empleo o del nivel de actividad económica. El beneficio de la autonomía monetaria, aun suponiendo que fuera factible ejercerla, no pasa de ser un derecho a inflacionar la economía por encima del nivel de inflación circundante, lo cual difícilmente puede ser considerado un beneficio.

Al convertirse la estabilidad de precios en un objetivo indiscutido de prácticamente todos los países avanzados, la argumentación en pro de la creación de áreas monetarias gira ahora en torno al posible beneficio de reducción de la inflación que se derivaría de tales esquemas. Si un país con una moneda débil a causa de su baja reputación en materia de inflación pretende reducir la inflación mediante el mero mecanismo de anclar el tipo de cambio, muy probablemente terminará en el fracaso, por cuanto la fijación del tipo de cambio no es más creíble que la fijación de la tasa de inflación. Con la eventual aparición de diferenciales de inflación, las expectativas de los agentes económicos reforzarán la tendencia devaluacionista hasta que la presión en contra de la paridad fija se haga insostenible. En esta situación, el país con moneda débil puede beneficiarse de la unión monetaria con un país de moneda fuerte y alta reputación antiinflacionaria. La moneda débil gozará así de una "credibilidad prestada" por la moneda fuerte. Al "atarse la manos" al dictamen de una autoridad monetaria fuerte, la credibilidad prestada puede evitar el surgimiento de los diferenciales de inflación que usualmente socavan la estabilidad cambiaria.

Cerremos el capítulo con unas invitaciones finales a la reflexión, basadas en la experiencia europea. En primer lugar, los problemas y vulnerabilidades que hemos identificado para el sostenimiento de esquemas de cambio fijo o administrado no desaparecen con el paso hacia una unión monetaria. La unión constituye ciertamente un compromiso más creíble de estabilidad nominal, aunque solo sea por la creación del marco institucional de una política monetaria única, pero los miembros de una unión no están eximidos de los deberes de disciplina fiscal, sanidad financiera y convergencia de productividad. La Eurozona post 2008 no puede ser un ejemplo más claro[78]. En ella se hicieron patentes las consecuencias de las asimetrías de arranque en la esfera de la economía real, que en vez de converger hacia un campo común abrieron brechas cada vez mayores de productividad y de potenciales de crecimiento. Al no poder absorber estas asimetrías en las paridades cambiarias, los desequilibrios adquirieron variadas formas, la más importante de ellas los desequilibrios de balanza de pagos y la excesiva dependencia de flujos de capital para financiar esos déficit. Con la

---

[78] Nos remitimos al análisis detallado del autor de la génesis y causas estructurales de la crisis europea de fines de la primera década de este siglo. Ver Purroy (2013).

exuberancia de los flujos de capital y de la demanda agregada en los países deficitarios hizo su aparición el fenómeno del sobre-endeudamiento de los países soberanos, de sus bancos y de los hogares. El necesario desapalancamiento hizo entrar a esos países en una destructiva espiral de crisis bancarias, crisis de mercados de bonos soberanos, austeridad y recesión.

A un nivel más constitutivo y propio de su esencia, la experiencia de la unión monetaria europea mostró serias falencias estructurales de su diseño original, en cuanto a la in-congruencia entre una unión monetaria y una autonomía fiscal llena de incentivos para actitudes de *free riding* de los países individuales. Tampoco había congruencia entre un banco central único y un sistema bancario atomizado, pleno de arbitrajes regulatorios y carente de prestamista de última instancia; ni consistencia entre una política monetaria de "talla única" y la creciente divergencia de las dinámicas coyunturales de los países individuales; ni congruencia entre los severos dictados de una moneda única y la débil legitimidad democrática de las autoridades comunitarias.

En segundo lugar, la crisis de fines de la década 2000, con sus secuelas de recesión profunda y la amenaza permanente de la deflación, ha trasladado el énfasis de la política económica mundial hacia el crecimiento y la preservación del empleo. La estabilidad de precios se considera una conquista ya consolidada y casi irreversible: ahora la preocupación es la economía real. ¿Significa esto una pérdida de importancia estratégica de la integración monetaria como instrumento para mejorar el desempeño inflacionario de los países con modesto historial en la materia? ¿Se reivindica nuevamente el valor de la flexibilidad cambiaria para atender las perturbaciones asimétricas de los países? Sin duda que se tiene que hablar de un antes y un después de esa crisis. Quienes no están dentro de la unión monetaria europea, como Inglaterra o Suecia, se han sentido beneficiados por la flexibilidad de tener una moneda propia en este contexto turbulento. Pero los que están dentro de la unión monetaria se aferran desesperadamente a salvarla, aun cuando ciertamente añoren el margen de maniobra que les daría una moneda propia. Saben que un colapso de la unión los arrastraría hacia un largo período de especulación desestabilizadora.

En general, todos los gobiernos están muy conscientes de la fuerza indetenible de los mercados financieros. Este miedo impedirá que el péndulo del pensamiento y de las actuaciones de las autoridades vuelva excesivamente al campo de la autonomía monetaria. Quienes ya estén integrados dentro de un área monetaria se esforzarán en defenderla y preservarla; y quienes estén ubicados en la trinchera de la autonomía monetaria buscarán cuidadosamente esquemas más intermedios y pragmáticos. En cualquier caso, la crisis de 2008 ha remecido las placas tectónicas de la teoría pasada y reciente de las áreas monetarias óptimas, aun cuando sus expresiones académicas presente el natural rezago. La discusión sobre costos y beneficios de la integración monetaria y la fijación cambiaria sigue hoy abierta.

EPÍLOGO

Habrá podido apreciar el lector que el tema cambiario y su relación con la esfera monetaria reviste múltiples aristas y no se presta para recetas sencillas e invariables eternamente. Habrá visto también que los enfoques sobre la integración cambiaria-monetaria han evolucionado al unísono de los cambios de moda del pensamiento económico, los cuales a su vez han estado muy influenciados por los retos y necesidades propias de los grandes ciclos del devenir económico mundial. De ahí que a la complejidad teórica del problema en sí se añade su permanente dinamismo y evolución.

Algunas lecciones, sin embargo, hemos podido extraer de este extenso periplo por la problemática de las áreas monetarias y la indagación sobre cuándo y por qué a los países les conviene integrarse monetariamente. Una constante de la historia económica mundial es el deseo de conformar ámbitos de integración más allá de las fronteras de las naciones individuales, pero igualmente recurrente ha sido la aparición de perturbaciones políticas o económicas que han dado al traste con la utopía de la unión. El péndulo ha oscilado entre períodos de coordinación y armonización de los sistemas cambiario-monetarios y períodos de autarquía, muy frecuentemente acompañados por anarquía y confrontación destructiva. Pero siempre, cuando retorna la calma, renace la búsqueda de El Dorado de la integración cambiaria-monetaria, porque este esquema de relacionamiento cooperativo entre países se asocia con la prosperidad, el aprovechamiento de sinergias y la expansión de la actividad económica. La flexibilidad cambiaria, por el contrario, se asocia con inestabilidad, episodios especulativos, retaliaciones comerciales y afectación del comercio internacional.

Pero los desarrollos teóricos y las indagaciones empíricas a las que se ha hecho referencia a lo largo de la obra no sustentan esta dicotomía tan simple a la hora de evaluar los costos y beneficios de la integración frente a la autonomía cambiaria-monetaria. No han sido pocas las experiencias de rigidez cambiaria que han estado acompañadas de inestabilidad, como también han sido frecuentes los esquemas de flexibilidad cambiaria y autonomía monetaria que han creado un ambiente propicio al crecimiento y a la armonía de las relaciones comerciales. La realidad es que a estas alturas del siglo XXI todavía sabemos poco acerca de los efectos del régimen cambiario-monetario sobre la economía real, es decir, sobre el crecimiento económico, el empleo o la productividad. La opinión dominante entre los economistas es que la política cambiaria-monetaria no suele tener efectos *permanentes* sobre la economía *real*. Distinta es la opinión acerca de los efectos nominales de los arreglos cambiario-monetarios, en especial sobre la estabilidad de los precios. De ahí que uno de los principales focos de interés se haya centrado en estudiar la relación entre el régimen cambiario-monetario y la inflación. Pero aquí tampoco existen recetas únicas, por cuanto elementos como las perturbaciones a las cuales puede verse sometida la economía o la preferencia política de las autoridades en el conflicto entre empleo y baja inflación son determinantes a la hora de elegir el régimen cambiario-monetario más beneficioso para un país en un determinado momento.

Recordemos algunas de las principales conclusiones en cuanto al impacto del régimen cambiario-monetario sobre la estabilidad nominal de la economía.

- En el balance entre autonomía e integración (flexibilidad y rigidez), no hay duda de que la flexibilidad cambiaria amplía la gama de instrumentos de política monetaria, pero esta ventaja debe ser siempre sopesada con el costo del eventual efecto desestabilizador de la flexibilidad sobre los precios. Ahora bien, dudas sobre la efectividad de las políticas nominales y el cambio de preferencias sociales a favor de una tasa de inflación baja han revivido el interés por regímenes monetarios más proclives a la integración y que, por ende, le confieran mayor rigidez a los movimientos del tipo de cambio.

- El efecto moderador de la integración cambiaria sobre la inflación actúa fundamentalmente a través del efecto disciplinador que las reservas finitas ejercen sobre la actuación monetaria de las autoridades. El mecanismo actúa a través del incremento del costo político que significaría el incumplimiento del compromiso en pro de la estabilidad cambiaria, costo que crea un clima más propicio para la disciplina financiera y para la consiguiente moderación de la inflación. La clave reside en cuán eficaz sea este compromiso para disminuir el incentivo racional del gobierno para generar sorpresivamente inflación más alta.

- Sin embargo, no es posible establecer una relación de causalidad simple y unívoca entre integración cambiaria y estabilidad nominal. Dependiendo del grado de exposición de la economía a perturbaciones y de la estructura de preferencias de las autoridades, un régimen de autonomía monetaria puede ser más adecuado en términos de menores pérdidas para el gobierno y también menor inflación. Una condición necesaria para ello es que las autoridades tengan suficiente capital de credibilidad como para ejercer la flexibilidad sin excesivo costo inflacionario.

- La experiencia demuestra también que los regímenes fijos son altamente vulnerables a ataques especulativos. Estos ataques pueden provenir no solo de la ausencia de suficiente disciplina financiera, sino también de contagios derivados de la ocurrencia de crisis en un contexto de creciente globalización de la economía mundial. La crisis asiática de fines de los noventa, la crisis financiera global de 2008 y la posterior crisis de la Unión Monetaria Europea son ejemplos de ello.

Este viejo problema de la viabilidad de regímenes fijos condujo durante la década de los noventa a una polarización de las posiciones entre esquemas muchos más fuertes de integración cambiaria, tipo Junta Monetaria, por ejemplo, y esquemas realmente flexibles y autónomos. Pero también estas formas fuertes de compromiso de tipo de cambio fijo han sido vistas con escepticismo. El problema reside en que la credibilidad del compromiso nunca será perfecta mientras existan monedas nacionales. Las monedas nacionales son, por definición, monedas fiduciarias. Su valor de intercambio, es decir, su tasa de cambio, depende de decisiones monetarias soberanas de los gobiernos. Cuando un gobierno anuncia su intención de atar irrevocablemente su moneda a otra, la pregunta obvia es por qué ese gobierno no renuncia a emitir una moneda propia y adopta la moneda común. Mientras exista la potestad de emitir dinero en la propia moneda, ningún compromiso es irrevocable. De ahí que el péndulo se moviera a fines del siglo pasado a favor de verdaderas uniones monetarias o sistemas de flexibilidad intermedia con pragmatismo.

En este contexto, a comienzos de 1999 nace la Unión Monetaria Europea (UME). Lo apasionante de la experiencia de la UME es que por primera vez una unión monetaria abarca a un número significativo de países medianos y grandes, ha tenido varias décadas de preparación, ha cubierto tres lustros de vida y ha sido sometida a una perturbación mayor como lo ha sido la crisis mundial de 2008. Mejor laboratorio para poner a prueba los postulados de la teoría de las áreas monetarias óptimas no se podía imaginar. Quizás luzca sorprendente la conclusión, pero el caso europeo demuestra la validez de –o para ser más precisos, no invalida– esos postulados teóricos y reivindica la importancia central de los dos elementos claves para considerar la conformación de un área monetaria: la flexibilidad de los mercados de factores de producción, especialmente de la fuerza laboral, y la simetría / sincronía de las economías entre sí.

En línea con nuestro análisis teórico, los países europeos, especialmente los pertenecientes a la periferia europea, tomaron la decisión política de integrarse en la unión monetaria para "tomar prestada" la credibilidad y estabilidad inflacionaria de la Europa central, concretamente Alemania. En su función de ganancias y pérdidas políticas, estos países creyeron estar adoptando lo mejor de los dos mundos: la estabilidad nominal sin sacrificar el crecimiento económico. El problema fue que, más allá de la convergencia nominal, la unión monetaria arrancó con fuertes divergencias reales en los ciclos económicos, en las estructuras productivas y, sobre todo, en los niveles de productividad de los países. El manto protector de pertenecer a la unión, el acceso cuasi ilimitado a los mercados de deuda a la misma baja tasa de interés que el mejor de los socios y la alegre irresponsabilidad con la que los países superavitarios financiaron a los deficitarios, no hizo sino agravar los desequilibrios profundos que subyacían la UME desde su mismo inicio. La aparición de los déficit en cuenta corriente y el desbocado incremento de los niveles de endeudamiento de las instituciones financieras, de las empresas, de los hogares y de los estados, no recibieron la atención que se merecían, porque se consideraban parte de los "buenos" desequilibrios que suelen acompañar los procesos iniciales de superación de los desniveles de riqueza entre los miembros de una unión.

La crisis de 2008 representó un amargo despertar de una historia de éxito construida sobre bases poco sólidas. La UME nació con problemas de origen y, además, con fallas de diseño que agravaron esos problemas originales en vez de superarlos. Los problemas estructurales que se han identificado no son inherentes al hecho mismo de la unión monetaria, sino a la incongruencia entre la política cambiaria-monetaria y el resto de las políticas. A lo largo del libro se ha insistido hasta la saciedad en el tema de la inconsistencia. Básicamente se trata de renunciar a la autonomía de las políticas económicas –la política monetaria y la política fiscal– para someterlas plenamente al objetivo de la moneda única. En el fondo se trata de avanzar hacia estadios más maduros de integración política, hacia una institucionalidad supranacional que garantice la armonía plena de políticas, y también los mecanismos fiscales de transferencias y solidaridad que un país miembro requiera para enfrentar los embates de perturbaciones. De lo contrario, la unión monetaria puede resultar muy costosa para sus miembros, tanto para los que fueron indisciplinados, como para los que se ven obligados a rescatar a sus vecinos.

En este dilema entre integración y autonomía surge con frecuencia la tentación de abrazar enfoques de bipolaridad extrema después de que determinadas soluciones intermedias han fracasado. Para el caso de América Latina y el Caribe debemos afirmar que estos extremos no son ineluctables, ni convenientes. No es fácil determinar si la conclusión del mundo académico de que la región no reúne las condiciones para conformar áreas monetarias ha sido una cómoda racionalización del poco interés de los liderazgos políticos en la integración monetaria, o viceversa. Pero con la entrada del nuevo siglo, una nueva generación latinoamericana de liderazgos y de pensamiento económico aborda la ambición integracionista desde una perspectiva más pragmática y gradual, y, sobre todo, con muestras de clara voluntad política de avanzar en esa dirección. De lo que queda poca duda, empero, es de que la integración económica debe ir de la mano con la integración monetaria y que esta debe construirse paulatinamente sobre la base de la coordinación cambiaria, la integración de los sistemas de pago y una arquitectura financiera regional.

América Latina es radicalmente distinta a Europa, pero ello no le quita relevancia a la experiencia de integración europea para aprender qué funciona y qué no funciona en la construcción de espacios de integración. Una primera lección es que, a pesar de las apariencias, el proceso europeo no ha seguido los pasos del "librito" convencional de que primero es la integración comercial y luego viene la integración financiera y monetaria. Una segunda lección es que las dicotomías del todo o nada son paralizantes y que el camino europeo ha estado jalonado por esquemas intermedios muy pragmáticos. Una tercera lección es que la construcción de institucionalidad para soportar la integración es ineludible, pero que ésta debe adaptarse a la historia y cultura de los países; en América Latina y el Caribe no sería replicable una institucionalidad "legalista" labrada a costa de cesiones progresivas de soberanía por parte de los países. Se necesitaría un abordaje más basado en la cooperación, coordinación y creación de consensos, para lo cual los liderazgos nacionales deben dejar de lado personalismos e ideologizaciones excluyentes. Queda finalmente la duda de si un proyecto ambicioso de integración es posible sin el concurso benevolente de un país hegemónico. Históricamente este concurso ha demostrado ser fundamental en la conformación exitosa de ámbitos de integración, pero también es cierto que sus fracasos han sido en gran medida consecuencia de la irresponsabilidad y egoísmo del hegemón del sistema.

BIBLIOGRAFÍA

AGHEVLI, B. y P. MONTIEL, (1991), "Exchange rate policies in developing countries", en: Claassen, E. M., ed., *Exchange rate policies...*

ALESINA, A. y L. SUMMERS, (1993), "Central bank independence and macroeconomic performance", *Journal of Money, Credit and Banking*, 25.

ALESINA, R. y R. GATTI, (1995), "Independent central banks: Low inflation at no cost?", *The American Economic Review*, Vol. 85, N° 2.

ALIBER, R., (1977), *The political economy of monetary reform*, Allanheld, Osmun and Co., New York.

ARELLANO, R., (1993), *Incertidumbre cambiaria y desarrollo económico: la experiencia de América Latina y del este de Asia*, Centro de Estudios Monetarios Latinoamericanos, México.

ARGY, V. y P. DE GRAUWE, EDS., (1990), *Choosing an exchange rate regime: The challenge for smaller industrial countries*, IMF & Katholieke Universiteit Leuven.

ARTUS J. y J. YOUNG, (1979), "Fixed and flexible exchange rates: A renewal of the debate", *IMF Staff Papers*, 3:654-98.

BAILLIE, R. y P. MCCAHON, (1989), *The foreign exchange market: Theory and econometric evidence*, Cambridge University Press, Cambridge.

BALDWIN, R., (2006), "The Euro´s Trade Effects", *Working Papers Series*, No. 594, European Central Bank, March.

BARTH, R. y CH. WONG (eds.), (1993), *Approaches to exchange rate policy: Choices for developing and transition economies*, IMF, Washington.

BAXTER, M. y A. STOCKMAN, (1989), "Business cycles and the exchange-rate regime", *Journal of Monetary Economics*, March.

BAYOUMI, T. y J. OSTRY, (1995), "Macroeconomic shocks and trade flows within Sub-Saharan Africa: Implications for optimum currency arrangements", *IMF Working Paper* /95/142.

BEETSMA, R. y M. GIULIODORI, (2010), "The Macro-economic Costs and Benefits of the EMU and Other Monetary Unions: An Overview of Recent Research", *Journal of Economic Literature* 48, 603-641, Sept.

BILSON, J. y R. MARSTON, (EDS.), (1984), *Exchange rate theory and practice*, University of Chicago Press, Chicago.

BIRD, G., (1979), "The choice of exchange rate regime in developing countries", *Philippine Economic Journal*, 18(2).

BLACK, S., (1976), "Exchange policies for LDCS in a world of floating rates", *Princeton Essays in International Finance*, N° 119, Princeton University.

BLUNDELL-WIGNALL, A., (Ed.), (1993), *The exchange rate, international trade, and the balance of payments*, Reserve Bank of Australia, Sidney.

BOFINGER, P., (1994), "Is Europe an optimum currency area?", *CEPR Disc. Paper N° 915*, Feb.

BORDO, M., (1993), 'The gold standard, Bretton Woods and other monetary regimes: A historical appraisal", *Federal Reserve Bank of St. Louis*, March/April.

BOUGHTON, J., (1991), "The CFA franc Zone: Currency union and monetary standard", *IMF Working Paper* /91/133.

BOYER, R., (1978), "Optimal foreign exchange market intervention", *Journal of Political Economy*, Dec.

BRUNNER, K. y A. MELTZER, (1986), "Real business cycles, real exchange rates and actual policies", *Carnegie-Rochester Conference Series on Public Policy*, North Holland, Amsterdam.

BUBULA, A. y I. ÖTKER-ROBE, (2002), "The Evolution of Exchange Rate Regimes since 1990: Evidence from De Facto Policies," *IMF Working Paper*, 02/155.

CALVO, G.A. y C. REINHART, (2002), "Fear of Floating", *The Quarterly Journal of Economics*, Vol. 117, No. 2, May.

CALVO, G. y C. VEGH, (1992), "Currency substitution in developing countries: An introduction", *IMF Working Paper* /92/40.

CLAASSEN, E. (ED.), (1991), *Exchange rate policies in developing and post-socialist countries: An overview*, International Center for Economic Growth Publication, ICS Press, San Francisco.

CORDEN, W., (1993), "Exchange rate policies for developing countries", *Economic Journal*, 103.

CROCKETT, A., (1994), "Monetary Policy Implications of Increased Capital Flows", *Changing Capital Markets: Implications for Monetary Policy, Symposium sponsored by Federal Reserve Bank of Kansas City*, Jackson Hole, August 1993.

CUKIERMAN, A., (1992), *Central bank strategy, credibility, and independence: Theory and evidence*, MIT Press, Cambridge.

CUSHMAN, D., (1983), "The effects of real exchange rate risk on international trade", *Journal of International Economics*, August.

DE GRAUWE, P., (1988), "Exchange rate variability and the slowdown in growth of international trade", *IMF Staff Papers*, N° 35.

_____, (1994), *The economics of monetary integration*, Oxford University Press.

_____, (2009), *Economics of Monetary Union*, Oxford University Press.

DE GRAUWE, P. y F. MONGELLI, (2005), "Endogeneities of optimum currency areas. What brings countries sharing a single currency closer together?", *Working Paper* No. 468, European Central Bank, April.

DEVARAJAN, S. y D. RODRIK, (1991), "Do the benefits of fixed exchange rates outweight the costs?: The franc zone in Africa", *NBER Working Paper No. 3727 & World Bank*, WPS 777.

DIXIT, A., (1992), "Investment and hysteresis", *Journal of Economic Perspectives*, Vol. 6:1.

DOOLEY, M, y P. ISARD, (1983), "The Portfolio Balance model of exchange rates and some structural estimates of the risk premium", *IMF Staff Papers*, 30.

DORNBUSCH, R., (1988), *Exchange rates and inflation*, MIT Press.

DORNBUSCH, R. y A. GIOVANNINI, (1990), "Monetary policy in the open economy", en: Friedman y Hahn, eds., *Handbook...*

EDISON, H. (1993). "The effectiveness of central bank intervention: A survey of the literature after 1982", *Special Papers in International Economics*, 18, Princeton University, Intern. Finance Section, July.

EDWARDS, S., (2006), "Monetary Unions, external shocks and economic performance: a Latin American perspective", *Working Paper 12229*, National Bureau of Economic Research, Cambridge, MA, May.

EICHENGREEN, B., (1995a), *International monetary arrangements for the 21st century*, Washington, The Brookings Institution.

____, (1995b), 'The endogeneity of exchange rate regimes", en: Kenen, ed., *Understanding...*

EICHENGREEN, B.; A. ROSE y C. WYPLOSZ, (1994), "Speculative attacks on pegged exchange rates: An empirical exploration with special reference to the European Monetary System", *NBER Working Paper*, N° 4898, Oct.

EICHENGREEN, B. y P. TEMIN, (2010), "Fetters of Gold and Paper", *NBER Working Paper* Series, *Working Paper 16202*, National Bureau of Economic Research, Cambridge, July.

EICHENGREEN, B. y R. RAZO-GARCIA, (2011), "How Reliable are De Facto Exchange Rate Regime Classifications?", Working Paper 17318, *NBER Working Paper Series, National Bureau of Economic Research*, Cambridge, MA, October.

EMERSON, M. y D. GROS et al., (1992), *One market, one money: An evaluation of potential benefits and costs of forming an economic and monetary union*, Oxford University Press.

ENDERS, W. y H. LAPAN, (1979), "Stability, random disturbances, and the exchange rate regime", *Southern Economic Journal* 46.

FEENSTRA, R. y J. KENDALL, (1994), "Pass-through of exchange rates and purchasing power parity", *NBER Working Paper*, N° 4842, Aug.

FELDSTEIN, M., (1992): "The case against EMU", *The Economist*, June 13.

____, (1997), "The Political Economy of the European Economic and Monetary Union: Political Sources of an Economic Liability", *The Journal of Economic Perspectives*, Vol. 11, No. 4, Autumn.

FISCHER, S., (1977), "Stability and exchange rate systems in a monetarist model of the balance of payments", en: Aliber, R., ed., *The political economy of monetary reform....*

____, (1995), "Central-bank independence revisited", *The American Economic Review*, Vol. 85, No. 2.

FLEMING, M., (1971), "On exchange rate unification", *Economic Journal*, 81.

FLOOD, R., (1979), "Capital mobility and the choice of exchange rate system", *International Economic Review*, 20.

FLOOD, R. y A. ROSE, (1995), "Fixing exchange rates: a virtual quest for fundaments", *Journal of Monetary Economics*, 36.

FRANKEL, J., (1988), "International capital mobility and exchange rate volatility", *Paper Presented at Federal Reserve Bank of Boston Conference at Bald Peak*.

____, (1999), "No Single Currency Regime is Right for All Countries or At All Times", *NBER Working Paper Series, Working Paper 733 8*, National Bureau of Economic Research, Cambridge, MA, Sep.

FRANKEL, J. y A. ROSE, (2002), "An Estimate of the Effect of Common Currencies on Trade and Income", The *Quarterly Journal of Economics*, Vol. 117, No. 2.

FRANKEL, J. y S. WEI, (1993), "Trade blocks and currency blocks", *NBER Working Paper*, N° 4335, April.

FRENKEL, J. y J. ARZENMAN, (1982), "Aspects of the optimal management of exchange rates", *Journal of International Economics*, 13.

FRENKEL, J. y M. GOLDSTEIN, (1989), "Exchange rate volatility and misalignment: Evaluating some proposal for reform", en: Financial Market Volatility, Federal Reserve Bank of Kansas City.

FRIEDMAN, B. y F. HAHN, (1990), *Handbook of monetary economic*, North-Holland, Amsterdam.

FRIEDMAN, M., (1953),. "The case for flexible exchange rates", en: *Essays in positive economics*, University of Chicago Press, Chicago.

_____, (1968), "The role of monetary policy", *American Economic Review*, 58 (1).

GARBER, P. y L. SVENSON, (1995), "The operation and collapse of fixed exchange rate regimes", en: Grossman y Rogoff, *Handbook*...

GENOTTE, G. y H. LELAND, (1990), "Market liquidity, Hedging and Crashes", *American Economic Review*, Vol. 80.

GHOSH, A.; A. GUILDE; J. OSTRY y H. WOLF, (1995), "Does the nominal exchange rate regime matter?", *IMF Working Paper, WP /95/121.*

GIAVAZZI, F. y A. GIOVANNINI, (1989), *Limiting exchange rate flexibility: The european monetary system*, Cambridge, MIT Press.

GIAVAZZI, F.; S. MICOSSI y M. MILLER, (EDS.), (1988), *The european monetary system*, Cambridge University Press, Cambridge.

GIAVAZZI, F. y M. PAGANO, (1988), "The advantage of tying one's hands: EMS Discipline and Central Bank Credibility", *European Economic Review*, 32.

GIERSCH, R., (1973), "On the desirable degree of flexibility of exchange rates", *Weltwirtchaftliches Archiv*, Vol. 109.

GLICK, R.; P. KRETZMER y C. WIHLBORG, (1995), "Real exchange rate effects of monetary disturbances under different degrees of exchange rate flexibility: An empirical analysis", *Journal of International Economics*, 38.

GRILLI, V. y G. DE KOCK, (1989), "Endogenous exchange rate regime switches", *NBER Working Paper*, 3066.

GRILLI, V. y G. KAMINSKY, (1991), "Nominal exchange rates regimes and the real exchange rate", *Journal of Monetary Economics*, 27.

GROSSMAN, G., y K. ROGOFF (1995-2005), *Handbook of International Economics*, North Holland Elservier, Amsterdam.

GUITIÁN, M., (1992), "Rules and discretion in international economics policy", *IMF Occasional Paper*, 97.

____, (1993), "The choice of an exchange rate regime", en: Barth y Wong, eds., *Approaches to exchange...*

HAKKIO, C., (1993), "Is purchasing power parity a useful guide to the dollar?", *Federal Reserve Bank of Kansas City Economic Review*, III Q.

HANSEN, L. y R. HODRICK, (1980), "Forward exchange rates as optimal predictors of future spot rates: An econometric analysis", *Journal of Political Economy*, 88.

HASAN, S. y M. WALLACE, (1996), "Real exchange rate volatility and exchange rate regimes", *Economic Letters*, 52(1).

HELLER, R., (1978), "Determinants of exchange rate practices", *Journal of Money*, Credit and Banking, 10.

HENDERSON, D., (1984), "Exchange market intervention operations: Their role in financial policy and their effects", en: Bilson, J. y R. Marston, (eds.), *Exchange rate theory and practice...*

HENDERSON, D. y S. SAMPSON, (1983), "Intervention in foreign exchange markets: A summary of ten staff studies", *Federal Reserve Bulletin*, 69, Nov.

HESTON, A. y R. SUMMERS, (1988), "What we have learned about prices and quantities from international comparisons", *American Economic Review*, 78.

HODRICK, R. y S. SRIVASTAVA, (1984), "An investigation of risk and return in forward foreign exchange", *Journal of International Money and Finance*, 3.

HOOPER, P. y S. KOHLHAGEN, (1978), "The effect of exchange rate uncertainty on the prices and volume of international trade", *Journal of International Economics*, Vol. 8.

INTER-AMERICAN DEVELOPMENT BANK, (1955), *Overcoming volatility in Latin America*, Washington, IADB.

INSTITUTE OF INTERNATIONAL FINANCE, (2012), "The Anesthetic Wears Off a Little", *IIF Euro Briefing*, IIF Reports, April.

INTERNATIONAL MONETARY FUND, (2011), *Annual Report on Exchange Arrangements and Exchange Restrictions*, IMF.

INTERNATIONAL MONETARY FUND, "Exchange Arrangements and Exchange Restrictions, Annual Reports", *IMF*.

ISARD, P., (1995), *Exchange rate economics*, Cambridge University Press.

ISHIYAMA, Y., (1975), "The theory of optimum currency areas: A survey", *IMF Staff Papers*, Vol. 22.

JAMES, H. (2012), *Making the European Monetary Union*, The Belknap Press of Harvard University Press, Cambridge MA.

JOHNSON, H., (1969), "The case for flexible exchange rates", *Federal Reserve Bank of St, Louis Review*.

KENEN, P., (1969), "The theory of optimum currency areas: An eclectic view", en: Mundell, R. y A. Swoboda, " eds., *Monetary problems of the…*

____, (ED.), (1995), *Understanding interdependence: The macroeconomics of the open economy*, Princeton University Press.

KINDLEBERGER, CH., (1984), *A financial history of western Europe*, George Allen & Unwin, London.

KLEIN, M. y J. SHAMBAUGH, (2010), *Exchange Rate Regimes in the Modern Era*. MIT.

KRUGMAN, P., (1979), "A model of balance-of-payments crises", *Journal of Money, Credit and Banking*, Aug.

____, (1989a), *Exchange rate instability*, MIT Press, Cambridge.

____, (1989b), "The case for stabilizing exchange rates", *Oxford Review of Economic Policy*, 5(3).

____, (1991), *Geography and trade*, MIT Press, Cambridge.

_____, (1993), "Recent thinking about exchange rate determination and policy", en: Blundell-Wignall, ed., *The exchange rate...*

KRUGMAN, P. y M. MILLER, (EDS.), (1992), *Exchange rate targets and currency bands*, NBER & CEPR, Cambridge University Press.

_____, (1993), "Why have a target zone?", *Carnegie–Rochester Conference on Public Policy*, 38.

KRUGMAN, P. y M. OBSTFELD (2009), *International Economics: Theory and Policy*, Pearson, Boston.

LANE, PH., (2006), "The Real Effects of European Monetary Union", *The Journal of Economic Perspectives*, Vol. 20, No. 4.

LEVY-YEYATI, E. y F. STURZENEGGER, (2005): "Classifying Exchange Rate

Regimes: Deeds vs. Words," *European Economic Review*, 49(6), 1603-1635.

LITTLE, L.; R. COOPER; W.M. CORDEN y S. RAJAPATIRANA, (1993), *Boom, crisis and adjustment: The macroeconomic experience of developing countries*, World Bank, Oxford University Press,

LUCAS, R., (1973), "Some international evidence on output-inflation tradeoffs", *American Economic Review*, Vol. 63(3).

MACDONALD, R., (1988), *Floating exchange rates, Theories and evidence*, Unwind Hyman, London.

MACDONALD, R. y M. TAYLOR, (1992), "Exchange rate economics: A survey", *IMF Staff Papers*, 39, March.

MACHLUP, F. (1972). The Case for Floating Exchange Rates. Approaches to Greater Flexibility of Exchange Rates.

MCCALLUM, B., (1995), "Two fallacies concerning central-bank independence", The American Economic Review, Vol. 85, N° 2.

MCKINNON, R., (1963), "Optimum currency are as", *American Economic Review*, 52, Sept.

_____, (1979), *Money in international exchange: The convertible currency system*, Oxford University Press, New York.

_____, (1993), "The rules of the game: International money in historical perspective", *Journal of Economic Literature*, March.

MEADE, J., (1951), *The theory of international economic policy, Volume One: The Balance of Payments*, Oxford University Press,

_____, (1955), "The case for variable exchange rates", *Three Banks Review*, 27(3), Sept.

MEESE, R., (1986), "Testing for bubbles in exchange markets: A case of sparkling rates?", *Journal of Political Economy*, 94.

MELITZ, J., (1993), "The theory of optimum currency areas, trade adjustment and trade", *CEPR Disc, Paper*, N° 847, Oct.

_____, (1995), "The current impasse in research on optimum currency areas", *European Economic Review*, 39.

MELVIN, M., (1985), "The choice of an exchange rate system and macroeconomic stability", *Journal of Money, Credit and Banking*, 17.

MILESI-FERRETTI, G., (1995), "The disadvantage of tying their hands: On the political economy of policy commitments", The *Economic Journal*, 105.

MILLS, T. y G. WOOD, (1993), "Does the exchange rate regime affect the economy?", *Federal Reserve Bank of St. Louis Review*, 75(4), July.

MUNDELL, R.A., (1961), "A Theory of Optimum Currency Areas", *The American Economic Review*, Vol. 51, No. 4, Sept.

MUNDELL, R. y A. SWOBODA, (EDS.), (1969), *Monetary problems of the international economy*, University of Chicago Press, Chicago.

MUSSA, M., (1986), "Nominal exchange rate regimes and the behavior of real exchange rates: Evidence and implications", en: Brunner y Meltzer, *Real business cycles...*

MUTH, J., (1961), "Rational expectations and the theory of price movements", *Econometrica*.

NURKSE, R., (1944), *International currency experience: Lessons of the Interwar Period*, League of Nations, Geneva.

OBSTFELD, M., (1985), "Floating exchange rates: Experience and prospects", *Brookings Papers on Economic Activity*, 2.

____, (1986), "Rational and self-fulfilling balance-of-payments crises", *American Economic Review*, 76, March.

____, (1990), 'The effectiveness of foreign-exchange intervention: recent experience, 1985-1988", en: Branson, W.H., et al, eds., *International policy...*

OBSTFELD, M, y K. ROGOFF, (1995), "The mirage of fixed exchange rates", *Journal of Economic Perspectives*, 9 (4).

OSLER, C.L. y J. CARLSON, (1996), "Rational speculators and exchange rate volatility", Federal Reserve Bank of New York, *Staff Reports*, 13,

OTTO, S., (1989), "The determinants of choice of exchange rate regime", Georgetown University, *PhD Thesis*,

PADOA SCHIOPPA, T., (1985), "Squaring the Circle, or the Conundrum of International Monetary Reform Catalyst", *Journal of Policy Debate*, Spring, 1:1

____, (1988), "'The EMS: A long term view", en: Giavazzi et al, eds, *The European Monetary System*, Cambridge University Press.

PHELPS, E., (1968), "Money, wage dynamics, and labor market equilibrium", *Journal of Political Economy*, 76 (4).

POOLE, W., (1970), "Exchange rates in theory and in reality", *Essays in International Finance*, 179, Princeton University.

PURROY, M. I., (1997), "Costos y beneficios de la rigidez cambiaria: La Junta Monetaria Argentina", *Cuadernos BCV No. 7*, Serie Técnica, Caracas.

____, (2002), *Inflación y régimen cambiario: un enfoque de economía política*, Banco Central de Venezuela, Caracas, Segunda Edición.

____, (2013), *¿Moneda común o propia? Teoría y experiencias de la integración monetaria*, Editorial La Hoja del Norte, Caracas.

QUIRK, P., (1989), "Issues of openness and flexibility for foreign exchange systems", *IMF Working Paper*, WP / 89 /3, Jan.

____, (1994), "Fixed or floating exchange rate regimes: Does it matter for inflation?" *IMF Working Paper*, WP / 94 /134, Nov.

REINHART, C. y K. ROGOFF, (2004), "The Modern History of Exchange Rate Arrangements: A Reinterpretation.", *Quarterly Journal of Economics*, 119 (1), 1–48.

ROSE, A.K., (1995), "After the deluge: Do fixed exchange rates allow intertemporal volatility trade-offs?", *CEPR Disc, Paper*, N° 1240, Sep.

____, (2000), "One money, one market: the effect of currency unions on trade," *Economic Policy* 30.

____, (2011), "Exchange Rate Regimes in the Modern Era: Fixed, Floating, and Flaky", *Journal of Economic Literature*, 49(3).

SOHMEN, E., (1961), *Flexible Exchange Rates. Theory and Controversy*, The University of Chicago Press.

STEIN, J., (1963), "The optimum foreign exchange market". *American Economic Review*, 53.

STIGLITZ, J. y A. WEISS, (1981), "Credit rationing in markets with imperfect information", *American Economic Review*, 71.

STOCKMAN, A., (1988), "Real exchange rate variability under pegged and nominal floating exchange rate systems: And equilibrium theory". *NBER, Working Paper*, 2565.

TAVLAS, G., (1993), "The 'new' theory of optimum currency areas", *The World Economy*, 16.

TOWER, E. y T. WILLETT, (1976), "The theory of optimum currency areas and exchange rate flexibility", *Princeton Special Papers in International Economics*, 11, Princeton University.

TURNOVSKY, S., (1976), "The relative stability of alternative exchange rate systems in the presence of random disturbances", *Journal of Money, Credit, and Banking*, Feb.

VOLCKER, P., (1995), "The quest for exchange rate stability: Realistic or quixotic?", University of London, *The Stamp 50th Anniversary Lecture*.

WEBER, A., (1992), "The role of policymakers reputation in the EMS disinflations", *European Economic Review*, Vol. 38.

WICKHAM, P., (1985), "The choice of exchange rate regime in developing countries", *IMF Staff Papers*, 32, June.

WILLIAMSON, J., (1991), "Advice on the choice of an exchange rate policy", en: Classen, E.M., ed., *Exchange rate policies*...

WYPLOSZ, CH., (1997), "EMU: Why and How It Might Happen", *The Journal of Economic Perspectives*, Vol. 11, No. 4, autum.

____, (2006), "European Monetary Union, the dark sides of a major success", *Economic Policy*, Great Britain, April.

ÍNDICE DE CUADROS Y GRÁFICOS

1. Cuadros

2. Gráficos

SOBRE EL AUTOR

Miguel Ignacio Purroy Unanua, con grados en Economía, Ciencias Políticas y Filosofía de las universidades de Hamburgo y Múnich, ha ejercido simultáneamente la docencia y la dirección de empresas financieras. Desde su paso por el Directorio del Banco Central de Venezuela y su trabajo como profesor invitado en la Universidad de Oxford en la década de los noventa se ha especializado en economía monetaria internacional. Es autor de varios libros sobre la materia.

www.ingramcontent.com/pod-product-compliance
Lightning Source LLC
Chambersburg PA
CBHW020948180526
45163CB00012B/261